红河学院学术著作出版基金资助出版

资助情况：云南省哲学社会科学学术著作出版专项经费资助

项目成果：红河学院“工商管理”学科培育项目、红河学院“应用经济学”学科建设项目、红河学院博士科研基金项目（14bs03）

本书受到云南省哲学社会科学学术著作
出版专项经费资助

边疆民族地区民生问题可持续发展专题研究：
基于云南红河州的实证调查

孙立新　王仕铭　著

中国社会科学出版社

图书在版编目(CIP)数据

边疆民族地区民生问题可持续发展专题研究：基于云南红河州的实证调查／孙立新，王仕铭著．—北京：中国社会科学出版社，2017.4

ISBN 978－7－5161－9069－2

Ⅰ.①边…　Ⅱ.①孙…②王…　Ⅲ.①边疆地区－民族地区－居民生活－可持续性发展－研究－红河哈尼族彝族自治州　Ⅳ.①D669.3

中国版本图书馆 CIP 数据核字(2016)第 241727 号

出 版 人　赵剑英
责任编辑　宫京蕾
责任校对　秦　婵
责任印制　李寡寡

出　　版　中国社会科学出版社
社　　址　北京鼓楼西大街甲 158 号
邮　　编　100720
网　　址　http：//www.csspw.cn
发 行 部　010－84083685
门 市 部　010－84029450
经　　销　新华书店及其他书店

印刷装订　北京市兴怀印刷厂
版　　次　2017 年 4 月第 1 版
印　　次　2017 年 4 月第 1 次印刷

开　　本　710×1000　1/16
印　　张　15
插　　页　2
字　　数　246 千字
定　　价　59.00 元

前　言

在我国现阶段，随着“以人为本”理念以及“和谐社会”目标的提出，民生问题日益凸显。改善民生，已经成为我们这个时代的一个重要课题。解决民生问题具有重要的政治意义、社会意义、学术意义和现实意义。本书以云南省红河哈尼族彝族自治州为样本，对边疆民族地区的民生可持续发展进行专题研究，共分三个部分共十章。

第一部分为民生问题与可持续发展的研究和相关理论综述，包括两章：第一章介绍研究背景、研究意义、研究内容、研究方法、局限性和技术路线；第二章提炼民生、可持续发展的理论基础及学术界的研究现状。

第二部分为民生问题的可持续发展专题研究。从第三章到第九章共有七个专题，关注的角度为“住”“行”“企业服务”“休闲”等几个专题。第三章红河州“美丽家园”可持续发展专题是从农村村民的“住”的可持续发展问题展开讨论；第四章红河州城市棚户区改造可持续发展专题研究是从城市市民的“住”的可持续发展问题展开讨论；第五章红河州开远市物业管理可持续发展专题研究是从“住”的服务角度进行研究；第六章红河州轨道交通建设可持续发展专题研究是从“行”的视角展开讨论；第七章红河州小贷公司可持续发展专题研究是从企业服务视角展开讨论；第八章红河州体彩可持续发展专题研究和第九章红河州乡村旅游专题研究是从“休闲”视角展开讨论。每章均根据田野考察加以问卷、访谈等方法，查找问题，然后提出相应的改善建议。每章可独立成篇。

第三部分是本书的最后一章，一方面对边疆民族地区的民生问题提出总体对策，另一方面对红河州的具体民生问题提出相应建议。

以往对民生问题的研究多具宏观性、抽象性，对民生问题的解决归结于政府层面、体制问题，不便于操作；本研究从微观层面出发，对民生问题提出了具有可操作性的改善建议。书中所提建议均被红河州政协全会作为提案形式采用，提交到相关部门予以参考，并对执行情况进行反馈。

王仕铭

2015 年 11 月 25 日

目　　录

第一章

导　论

第一节　研究背景与研究意义

一　研究背景

现阶段，中国正处于发展的黄金期、社会转型期和矛盾凸显期同时并存的时代。这种观点已经成为学术界（舒永久、王玲玲，2013）和实务界包括党和政府[①]的共识。

（一）发展的重大战略机遇期

据中国国家统计局公布数据显示，2014年中国国内生产总值（GDP）首次突破60万亿元人民币大关，达63.6万亿元人民币，同比增长7.4%，如图1-1、表1-1所示；另据国际货币基金组织2015年4月14日公布的2014年世界各国GDP排名，2014年全球GDP总量77.3万亿美元，中国GDP为10.380万亿美元，位居第二，如表1-2所示，占世界总量比重为13.4%，跻身于世界大国的行列，为“中国梦”的实现奠定了坚实的基础。

同时，根据联合国统计，中国已完成或基本完成大部分联合国千年发展目标，在减少贫困和婴儿死亡率，提高医疗卫生、教育、妇幼保健、就业水平等方面表现突出。

---

① 请参见2015年10月29日中国共产党第十八届中央委员会第五次全体会议通过的会议公报。

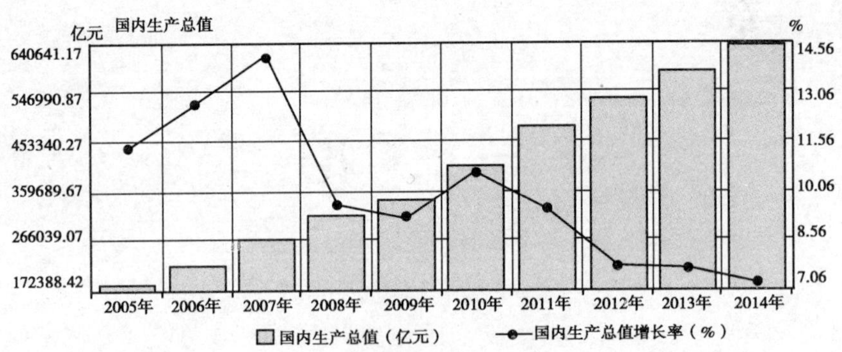

图 1-1 近十年国内生产总值（2005—2014）

数据来源：国家统计局

表 1-1 近十年国内生产总值（2005—2014）

指标	2014	2013	2012	2011	2010
国内生产总值（亿元）	636138.7	588019	534123	484124	408903
国内生产总值增长率（%）	7.27	7.69	7.75	9.49	10.63
人均国内生产总值（元/人）	46628.51	43320.1	39544.3	36017.6	30567.5
人均国内生产总值增长率（%）	6.73	7.15	7.22	8.96	10.1
指标	2009	2008	2007	2006	2005
国内生产总值（亿元）	345629	316752	268019	217657	185896
国内生产总值增长率（%）	9.24	9.62	14.2	12.69	11.35
人均国内生产总值（元/人）	25962.6	23912	20337.1	16602.1	14258.9
人均国内生产总值增长率（%）	8.69	9.06	13.6	12.06	10.7

数据来源：国家统计局

表 1-2 2014 年国际货币基金组织成员 GDP 排行榜（前五国）

总量排名	国家/地区	GDP（亿美元）	增速排名	实际增速（%）	人均排名	人均 GDP（美元）	PPP 排名	GDP（PPP，亿国际元）	人均 PPP 排名	人均 GDP（PPP，国际元）
1	美国	174189.25	115	2.4	10	54597	2	174189.25	11	54597
2	中国	103803.80	12	7.4	80	7589	1	176173.21	90	12880
3	日本	46163.35	172	-0.1	27	36332	4	47507.71	29	37390
4	德国	38595.47	140	1.6	18	47590	5	37215.51	19	45888
5	英国	29451.46	111	2.6	19	45653	10	25488.89	28	39511

数据来源：国际货币基金组织

（二）社会转型期

“转型”本来是一个生物学范畴的概念，后来逐渐地被移用到社会发展过程中，借喻社会的变迁、转型。中国的“社会转型”概念于“十一五”时期在浙江经济社会发展的基本思路中首次提出。社会转型就是社会经济结构、文化形态、价值观念等发生深刻变化。关于“社会转型”的内涵，学术界主要有三方面的理解。一是体制转型，即从计划经济体制向社会主义市场经济体制的转变。二是社会结构变动，即结构转换、机制转轨、利益调整和观念转变。三是社会形态变迁，即从传统社会向现代社会、从农业社会向工业社会、从封闭性社会向开放性社会的社会变迁和发展。

在社会转型时期，往往蕴含着社会生活中经济、政治及人民的行为方式、生活方式、价值体系等方面的重大转变，转型时期具有如下一些基本特征：一是转型时期以新体制的形成为基本目标，不一定兼顾暂时的经济增长绩效；二是转型过程的经济、社会和政治的转轨是平行推进的；三是经济转轨初期稳定化、私有化和自由化政策并举；四是转型时期伴随着短期的经济社会混乱，甚至是退步。

（三）矛盾凸显期

我国正处于发展关键期、改革攻坚期，同时处于社会矛盾凸显期。首先，多种所有制形式、多种分配方式、多种经济成分并存形成了代表不同利益的多元利益群体。其次，利益矛盾主体的复杂性。在现代社会快节奏的背景下，不同利益主体在不同利益领域之间的关系往往是相互交织在一起的，并且相互渗透。这些利益矛盾冲突又通过不同形式反映在不同领域，如经济领域、政治领域、文化领域等。这些复杂因素集结在一起，使当前我国社会利益矛盾主体呈现出较为复杂的态势。再者，具有对抗性特征的群体性事件层出不穷。这些群体性事件既有劳资双方的，如2014年的IBM罢工、康百联盟全国罢工、常德沃尔玛罢工、东莞裕园鞋厂罢工等；也有民众与公务人员之间的，如2014年11月18日海口三江镇发生的群体性事件，因担心对将建的3家职业病防治医院造成环境污染，一批村民聚集在海口三江镇海南康乐花园项目工地，与工人、公务人员发生冲突，造成8人受轻伤，10余辆行政车和执法车被砸被掀。

众多的包括群体性事件在内的社会矛盾几乎都是民生问题所引发的：劳资矛盾的主要起因是劳动者对于不够合理的劳动收入、不达标的劳动条件以及平等对待（如同工同酬）的利益诉求；贫富矛盾的主要起因是为数较多的中低收入者、低收入者以及贫困群体成员对于基本社会保障以及收入公正分配的利益诉求；干群矛盾的主要起因是民众对于基本公共服务的利益诉求；流动人口所引发的社会矛盾的主要起因是流动人口对享有基本市民生活待遇的利益诉求；征地拆迁所引发的社会矛盾的主要起因是被征地拆迁者对于合理补偿的利益诉求（吴忠民，2013）。

与此相关联，一些人出现了一种矛盾心态，一方面对国家快速发展和生活不断改善感到振奋、满意；另一方面对社会上的许多现象和问题感到困惑、纠结。众多个体的矛盾心态汇聚在一起，构成了整个社会的矛盾心态。矛盾心态既体现在对中国现实状况的评价及未来趋势的判断上，也体现在对自身利益得失的感受及行为进退的选择上。

如何面对民生问题？党和国家领导人对此有充分的认识。习近平指出："我们的人民热爱生活，期盼有更好的教育、更稳定的工作、更满意的收入、更可靠的社会保障、更高水平的医疗卫生服务、更舒适的居住条件、更优美的环境，期盼孩子们能成长得更好、工作得更好、生活得更好。""人民对美好生活的向往，就是我们的奋斗目标。"中共中央政治局2015年10月12日召开会议，会议认为，当前，和平与发展的时代主题没有变，中国经济发展进入新常态，中国发展既面临大有作为的重大战略机遇期，也面临诸多矛盾相互叠加的严峻挑战。我们要准确把握战略机遇期内涵的深刻变化，更加有效地应对各种风险和挑战，在改革开放以来打下的坚实基础上，坚定信心，锐意进取，奋发有为，继续集中力量把自己的事情办好，不断开拓发展新境界。到2020年全面建成小康社会，是我们党确定的"两个一百年"奋斗目标的第一个百年奋斗目标。"十三五"时期是全面建成小康社会的决定性阶段，"十三五"规划必须紧紧围绕实现这个奋斗目标来制定。会议同时指出，实现好、维护好、发展好最广大人民根本利益是发展的根本目的，必须把增进人民福祉、促进人的全面发展作为发展的出发点和落脚点。必须坚持以经济建设为中心，从实际出发，创新和完善宏观调控方式，保持经济中高速增长，迈向中高端水平，推动实现更高质量、更有效率、更加公平、更可持续的发展。

二 研究意义

在我国现阶段，随着"以人为本"理念以及"和谐社会"目标的提出，民生问题日益凸显。改善民生，已经成为我们这个时代的一个重要课题。解决民生问题具有重要的政治意义、社会意义、现实意义和学术意义。

（一）政治意义

1. 民生问题，同时也是一个政治问题

民生问题解决的好坏，直接体现我们党的执政能力、执政水平是否到位和执政地位是否稳固的问题。在中国目前的体制政策环境下，民生首先表现为一个政治层面的问题。

2. 与民生问题直接关联的，都与政府的公共服务有关

一个政府行为规范，公共服务意识、公共服务提供能力强，围绕民生问题反映的社会问题也许不是很突出。因为政府的行为和能力容易受到民众的认可。

3. 民生问题与一个国家和政府在一定时期的制度安排有关

民生方面的制度安排得合理不合理、得当不得当，不能归结为一个简单的社会、经济问题，而应该是一个政治问题。因为这种制度安排的后面，直接反映着政府的价值追求和治国理念，也反映着一定时期政府的政策导向，这些都是其政治意志的直接体现。

（二）社会意义

民生问题又是一个社会问题，关系到社会各个阶层如何和谐相处的问题。

1. 改善民生是构建社会主义和谐社会的重要基石

民生问题关系到社会治乱与政权兴亡，“国以民为本，民以食为天”是我国古代朴素的民本思想，也是对民生问题重要性的认识。社会和谐是我们党不懈奋斗的目标，也是我国各族人民的共同社会理想。构建社会主义和谐社会的核心是解决利益平衡和利益兼顾问题，维护社会公平正义。而改善民生问题，特别是解决困难群众的民生问题，是推进社会公平正义，进而实现和谐社会的基本条件。纵观中外发展史，民不聊生必将产生动乱；重视民生则促进社会发展，保持社会和谐。因此，只有在加快经济发展的同时，切实关注全体人民的民生问题，采取更加积极有效的措施，改善困难群众的生活状况，才能使全体人民共享改革开放发展成果，进而实现社会的稳定和谐。

2. 改善民生是社会文明进步的现实需要

随着改革开放的不断深入，特别是由于经济转轨、社会转型，导致各个不同阶层的利益格局发生了新的变化，我国的民生问题面临诸多新课题、新矛盾。由于历史、自然等原因，一些带有基本生存性质的民生问题并未完全解决，由于经济增长目标导向的单一性而产生的就业难问题，由于分配制度不完善而出现的地区间、城乡间、不同阶层间的收入差距日益扩大问题，由于社会事业发展滞后、社会公共产品供给短缺导致的看病难、上学难和住房难问题，由于粗放型经济增长方式转变不到位而产生的生产安全和环境污染的事故频发问题等，这些问题迫切需要我们尽快加以解决，否则不仅影响经济社会的发展，还将危及社会的稳定，影响社会文明的进程。因此，我们必须采取措施，把保障民生、改善民生摆在更加突出的位置。

3. 我国的民生问题与社会变迁有着必然的联系

在社会转型过程中，新旧社会结构因素长期并存，引起社会结构的震荡及不稳定，民生问题也就因此产生。这类问题是社会发展中不可逾越的阶段性现象，往往与本国的政治、经济问题扭结在一起。第一，改革开放以来，我国从计划经济体制向社会主义市场经济体制过渡的过程中，政府的第一要务是发展经济，解决广大人民群众的温饱问题，这使得公共资源大多优先用于经济和产业领域，社会与公共事业方面（救灾、扶贫、公共卫生、环境保护、食品安全等）的比重相对较少，导致民生改善滞后。第二，体制改革过程中，国有经济改革和经济部门的所有制结构多元化，加上20世纪90年代产业结构的高速转换，社会资源被不同阶层和利益集团解构与分割。整个社会追求效率优先，而公平在一定程度上被忽视，由此造成了比较严重的收入差距扩大和分配不公平问题。

4. 民生问题与一定时期社会的公平、正义有密切的关系

如果一个社会公平正义度比较高，即使这个社会的经济能力有限，社会利益分配得比较合理，老百姓的怨声还不至于很高；如果说这个社会不能体现公平、正义，社会利益分配又明显不公，即使经济发展水平比较高了，民众的呼声仍然会很高，甚至成为社会关注的焦点。

（三）现实意义

1. 处理好民生问题，有利于社会稳定

以改善民生为重点的社会建设，就是实现保障人的生存权和发展权，保障各族人民的基本生存权利。在少数民族地区，在温饱问题尚未解决抑或刚刚解决之际，遇到不平等竞争、就业压力增大、收入分配差距过大、贫富差距拉大、社会保障安全网的构建缓慢等问题，不安全感显著增加，被剥夺感更强烈。党和政府及时完善社会保障制度，这本身就是一种社会安全体系，这更是民心所向，通过对没有生活来源者、贫困者、遭遇不幸者和一切工薪劳动者在失去劳动能力或工作岗位后给予救助，满足基本生活需要，保证其基本生活需求，消除社会成员的不安全感，以维护社会稳定。着力解决突出的民生问题，让经济发展成果切实落实到改善民生上，通过改善民生和发展社会事业扩大内需，最大限度减少不稳定、不和谐因素，为经济增长提供动力和社会基础。

2. 改善少数民族的民生问题有利于解决民族问题

少数民族的民生问题集中反映了我国民族问题的本质，党和国家民族工作的价值追求，少数民族和民族地区最现实、最直接的切身利益诉求。全面贯彻落实党和国家的民族政策，离不开切实解决少数民族民生问题；巩固和发展平等、团结、互助、和谐的社会主义民族关系，离不开切实解决少数民族民生问题；促进民族地区科学发展，离不开切实解决少数民族民生问题。

3. 可持续发展是少数民族地区加快发展所必须坚持的战略选择

我国少数民族地区地域辽阔，资源丰富，经济发展潜力巨大。加快少数民族地区的经济发展，改善少数民族人民的生活，已成为当务之急。少数民族地区的可持续发展，具有较大的政治意义。它让少数民族地区的人民感受到国家的力量，能增强整个国家的民族凝聚力，保持社会稳定，巩固国家的统一局面，增强社会主义及中国共产党的吸引力和凝聚力，让人民更多的认同中国共产党的领导，认同中国特色社会主义。少数民族地区的可持续发展，能证明党和国家的民族政策的正确性和科学性，这本身就是整个国家及整个国际社会的一笔巨大的政治及思想财富。

（四）学术意义

1. 研究民生问题可以丰富经济学的内容

民生是中国经济学的永恒主题，民生问题是中国经济学的核心内容。中国经济学从本质上说就是民生经济学，中国经济学应为改善民生建言献策。解决我国当前民生问题，须大力加强社会建设，促进社会科学发展、和谐发展。为此，中国经济学应为改善民生建言献策。

2. 研究民生问题可以丰富经济学的方法

民生问题是中国经济学研究现实中国问题的出发点。民生问题的解决是构建和谐社会，实现科学发展的必不可少的前提，着力改善民生，搞好社会建设是我们当前头等大事，也是中国经济学的根本任务。中国经济学应当为解决中国民生问题提供理论解释和实践指导。

3. 可持续发展观扩展了经济学外部性理论的思维空间

可持续发展观不仅将经济学对资源优化配置的思考从人与人之间的范围拓展到人与自然界，还将经济活动外部性的内涵从当代人延伸到后代人，扩展了经济学外部性理论的思维空间。

第二节　研究内容与研究方法

本研究以云南省红河州为样本，专题研究少数民族地区民生问题的可持续发展。

一　研究内容

（一）研究样本：红河哈尼族彝族自治州

红河州全称为红河哈尼族彝族自治州，位于中国云南省东南部，北连昆明，东接文山，西邻玉溪，南与越南社会主义共和国接壤，北回归线横贯东西。红河是云南省第四大经济体，经济总量和部分社会经济指标居全国 30 个少数民族自治州之首。

红河州州土面积 3.293 万平方公里，行政区划如图 1－2 所示，下辖蒙自、个旧、开远、弥勒 4 个市，绿春、建水、石屏、泸西、元阳、红河 6 个县和金平苗族瑶族傣族、河口瑶族、屏边苗族 3 个自治县，是一个多民族聚居的边疆少数民族自治州，民族聚居区占红河州州土面积的98%；有10个世居民族，人口超过10万人的有彝族、哈尼族、苗族、傣族、壮族。据户籍人口资料显示，2014年红河州户籍人口141.98万户，总人口数为455.09万人，其中，少数民族人口为274.9万人，增加4.06万人，占总人口的60.04%，与上年相比基本持平；非农业人口116.37万人，占总人口的25.6%，与上年相比增长1.1个百分点。迁入人口32164人，迁出人口35577人，仍保持迁出大于迁入的格局。

红河州有滇南政治、经济、军事、文化中心蒙自，有世界锡都个旧，有国家历史文化名城建水；文献名邦石屏；有河口和金水河两个国家级口岸；有锡文化、陶瓷文化和梯田文化。红河是云南经济社会和人文自然的缩影，是云南近代工业的发祥地，也是中国走向东盟的陆路通道和桥头堡。

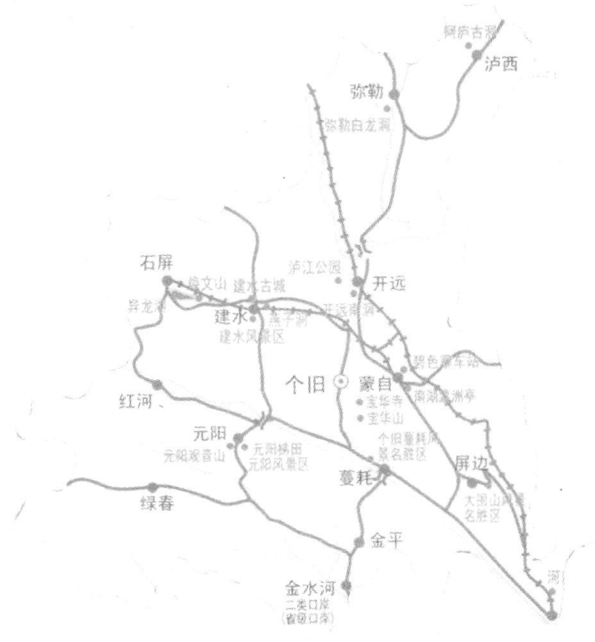

图1-2 红河州行政区划图

（二）研究问题：民生问题

民生问题是与百姓生活密切相关的问题，最主要表现在吃穿住行、养老就医、子女教育等生活必需的问题。一般来说，民生问题由低到高，包括三个层次的内容：第一个层次的民生问题侧重于民众的基本“生存状态”，如社会救济，最低生活保障状况，基础性的社会保障，义务教育，基础性的公共卫生，基础性的住房保障等；第二个层次的民生问题是指民众基本的发展机会和发展能力，侧重于民众基本的“生计来源”问题，如促进充分就业，进行基本的职业培训，消除歧视问题，提供公平合理的社会流动渠道，以及与之相关的基本权益保护问题等；第三个层次的民生问题是指民众基本生存线以上的社会福利状况，侧重于民众基本的“生活质量”问题，如未来公立高等学校的学生应当得到免费的教育；住房公积金应当普及到每一个劳动者；社会成员的权利应当得到全面的保护等。

（三）可持续发展：住、行、休闲

本研究在民生问题的可持续发展上，主要关注住、行、企业服务、休闲等几个专题。

1. 住

所谓的住，既包括农民的住，如美丽家园建设（见第三章）；也包括城市市民的住，如城市棚户区改造（见第四章）、物业管理（见第五章）。

2. 行

所谓的行，以红河州滇南中心城市轨道交通建设为例（见第六章）。

3. 企业服务

所谓的企业服务，以红河州小贷公司为例（见第七章）。

4. 休闲

所谓的休闲，以红河州体彩（见第八章）、乡村旅游为例（见第九章）。

二　研究方法

（一）定性研究——田野考察

田野考察是来自文化人类学、考古学的基本研究方法论，即“直接观察法”的实践与应用，也是研究工作开展之前，为了取得第一手原始资料的前置步骤。所有实地参与现场的调查研究工作，都可称为田野考察。田野考察涉猎的范畴和领域相当广，举凡语言学、考古学、民族学、行为学、人类学、文学、哲学、艺术、民俗等，都可透过田野资料的收集和记录，架构出新的研究体系和理论基础。

本研究在各专题研究中均采用田野考察方法，如红河州美丽家园建设、棚户区改造、小贷公司发展、开远市物业管理、红河州滇南中心城市轨道交通建设、体彩销售研究、乡村旅游研究，以及各项建议研究。

（二）定量研究——问卷调查

本研究除了采用田野考察这种定性方法外，在有些专题调查中还配以问卷调查，如体彩销售、开远市物业管理研究等。

第三节 本书特点、研究局限与技术路线

一 本书特点

（一）研究对象为专题研究

在研究对象上，有许多民生问题值得关注，本研究并没有面面俱到，而是针对某个专题（美丽家园建设、城市棚户区改造、物业管理、城市轨道交通建设、体育彩票、乡村旅游）进行深入研究。

（二）在微观上具可操作性

以往的研究多具宏观性、抽象性，对民生问题的解决归结于政府层面、体制问题，不便于操作；本研究从微观层面出发，对民生问题提出了具有可操作性的建议：无论是在各个专题研究上（美丽家园建设可持续发展、城市棚户区改造可持续发展、物业管理可持续发展、城市轨道交通建设可持续发展、体彩可持续发展、乡村旅游可持续发展等），还是最后的具体建议上（城市发展与农村服务体系建议、企业发展与服务建议），均被红河州政协以提案形式采用，推荐到相关部门予以参考，并对执行情况进行反馈。另外，与本研究相关的研究成果还有三篇期刊论文，其中一篇为 CSSCI、北大双核心。具体成果如表 1－3 所示。

表 1－3 与本研究相关的研究成果

成果名称	成果形式	发表刊物或出版单位	发表时间
《劳动力成本的激励效应与结构优化——基于面板数据的实证分析》	论文	宏观经济研究（CSSCI、北核）	2013 年 7 月

续表

成果名称	成果形式	发表刊物或出版单位	发表时间
《小额信贷公司发展路径分析》	论文	知识经济	2013年2月
《少数民族地区乡村旅游发展研究：基于云南省红河州的田野观察》	论文	旅游纵览	2012年9月
《总结美丽家园建设经验，创建精准脱贫引领示范》	一般提案	政协红河州十一届四次会议第11号提案	2016年1月
《红河州城市棚户区改造中的问题与建议》	重点提案 优秀提案	政协红河州十一届三次会议第235号提案	2015年1月
《关于发挥自然和人文优势，构建红河州特色智慧型城市发展战略的建议》	一般提案	政协红河州十一届三次会议第82号提案	2015年1月
《关于红河州体彩业发展的建议》	一般提案	政协红河州十一届二次会议第163号提案	2014年1月
《滇南中心城市轻轨建设应及早纳入规划》	一般提案	政协红河州十届四次会议第150号提案	2011年2月
《传承创新紫陶工艺 有效利用紫陶资源》	重点提案	政协红河州十届四次会议第247号提案	2011年2月
《政府应多方位支持非公企业应对“后危机时代”影响》	一般提案	政协红河州十届三次会议第220号提案	2010年2月
《蒙自新一轮城市建设中商业设施应优先规划、优先建设的建议》	一般提案	政协红河州十届三次会议第284号提案	2010年2月
《关于将滇南中心城市中的商业街区统一由州级有关职能部门负责对外招商的建议》	一般提案	政协红河州十届一次会议第268号提案	2009年2月
《进一步深化农村供销合作社改革，完善农村社会化服务体系》	一般提案	政协红河州十届一次会议第153号提案	2009年2月

二　研究局限

（一）研究范围较窄

边疆少数民族的民生问题涉及的面太广，本研究限于时间、精力、能力、经费等，不能对所有民生问题一一展开研究，如收入分配、社会救济、医疗、最低生活保障、养老保障、教育、公共卫生、就业、住房、社会治安、安全生产、食品安全、贫富分化、环境污染等。

（二）多学科背景不足

研究边疆少数民族的民生问题需要具备民族学、社会学、管理学、经济学等多方面的学科背景和实际工作经验，这对我们来说，也是一个非常大的挑战。

三 技术路线

根据研究内容和研究方法，本研究提出如下技术路线，如图 1－3 所示。

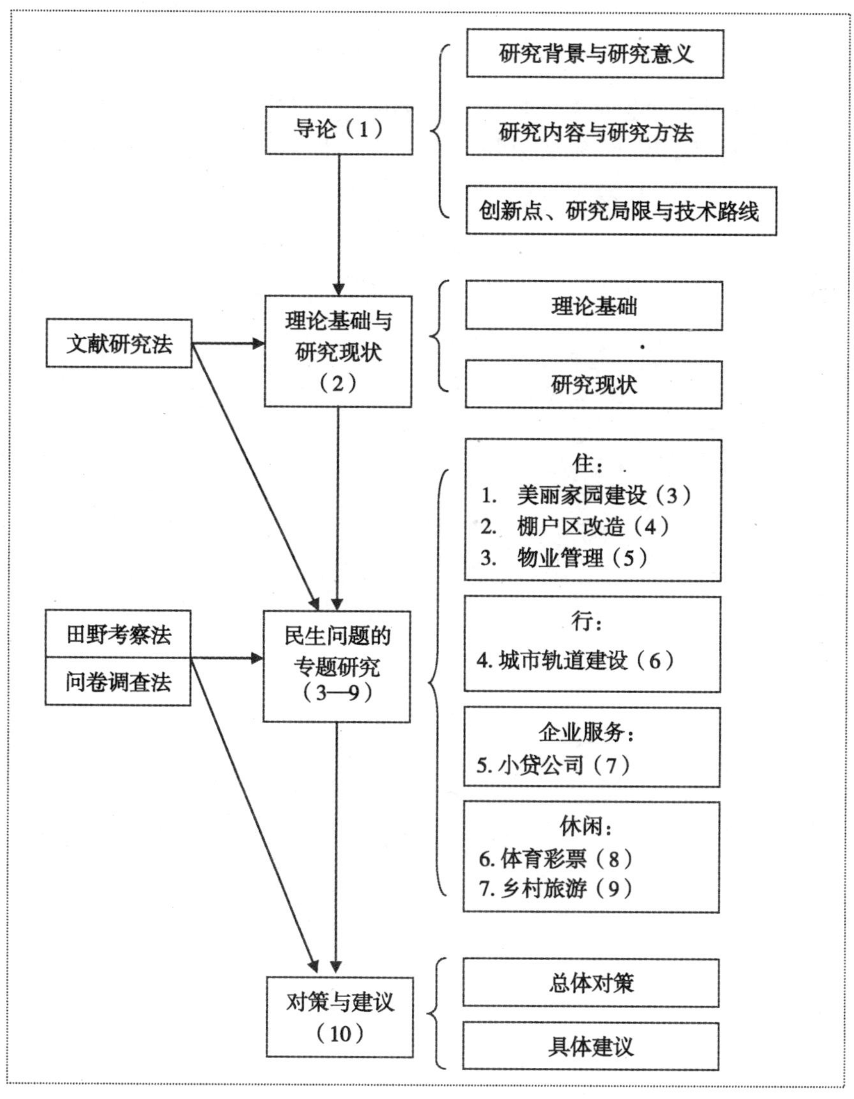

图 1－3 本研究技术路线图

注：图中括号内的数字对应书中的章节

本章小结

现阶段，中国正处于发展的黄金期、社会转型期和矛盾凸显期同时并存的时代。随着“以人为本”理念以及“和谐社会”目标的提出，民生问题日益凸显。改善民生，已经成为我们这个时代的一个重要课题。解决民生问题具有重要的政治意义、学术意义和现实意义。以往的研究多具宏观性、抽象性，对民生问题的解决归结于政府层面、体制问题，不便于操作；本研究从微观层面出发，以云南省红河州为样本，采用田野考察、问卷调查等方法，专题研究少数民族地区民生问题的可持续发展。这些专题包括：美丽家园建设可持续发展、城市棚户区改造可持续发展、物业管理可持续发展、城市轨道交通建设可持续发展、体彩可持续发展、乡村旅游可持续发展等。

第二章

理论基础与研究现状

第一节　民生与民生问题

一　民生概念的演进

在我国的传统社会中，民生一般是指百姓的基本生计。如“民生在勤，勤则不匮”（《左传·宣公十二年》），这也是“民生”一词最早被提及。其意思是说，老百姓只要勤快，就有收获，生活就不会短缺。《辞海》对民生的解释有两种：①人民大众的生活，如民生在勤、国计民生；②民众，民生以德义为本。

中国民主革命的先行者孙中山先生认为“民生就是人民的生活——社会的生存，国民的生计，群众的生命”。“民生就是政治的中心，就是经济的中心和种种历史活动的中心”。“民生是社会一切活动的原动力”。并将民生与民族、民权并列，提出了“民生主义”，其基本内容是平均地权和节制资本。

现代意义上的民生概念有广义和狭义之分。从广义上讲，凡是同民生有关的，包括直接相关和间接相关的事情都属于民生范围内的问题，有所谓政治民生、经济民生、社会民生和文化民生。广义上的民生概念太大，所包括的内容过于庞大，所涉及的面过于宽泛，同具体政策层面上的民生问题难以吻合，难以把握，所以，在具体政策和实际生活领域，人们一般不使用广义上的民生概念。狭义上的民生概念，主要是从社会层面上着眼的。从这个角度来看，所谓民生，主要是指民众的基本生存和生活状态，民众的基本发展机会、基本发展能力，民众的福利、基本权益保护的状况等。我们平时所使用的民生概念一般都是狭义的民生概念。

综上所述，民生，就是指人民的基本生存、基本发展和基本福利，它是人民最关心、最直接、最现实的利益问题。民生问题的本质，是人民的切身利益问题，“最关心”、“最直接”、“最现实”，是民生问题的显著特征。

二　民生问题溯源

中国自古以来就将“民生”与“国计”相提并论，民生问题一直与国家发展存在不可分割的关系。《尚书·五子之歌》云：“民惟邦本，本固邦宁。”意思是说人民才是国家的根基，根基牢固，国家才能安定。这是儒家治国理政的核心思想。《管子·霸业》指出：“以人为本，本治则国固，本乱则国危。”《左传·庄公三十三年》强调：“政之所兴，在顺民心。”这些论述，无不反映了古代先贤对民生问题的重视。民生问题是指国民的生活问题，

民生问题不是一个新问题，其自古有之；中国民生之路艰辛漫长，无数先哲和仁人志士都进行过不懈求索。孙中山认为，民生问题不仅仅是指百姓的生计问题，而且是国家的大政方针问题，是一个历史观问题。孙中山认识到了民生问题的极端重要性，并将民生问题上升到了一个政治哲学的高度。孙中山将民生问题概括为衣、食、住、行四要素。

中国共产党领导的新民主主义革命首先就是解决中国人民最基本的生存问题，就是将中国人民从半封建、半殖民地的旧中国拯救出来，建立人民民主共和国，为中国人民谋幸福。毛泽东在中国革命和社会主义建设过程中，始终高度关注民生问题，提出了一系列的民生建设主张，形成了丰富的民生思想。

邓小平同志说：“社会主义财富属于人民，社会主义的致富是全民共同致富。”构建和谐社会，就是要把民生问题作为重中之重，让广大人民群众有活干、有学上、有饭吃、有衣穿、有屋住，病有医、老有养，生活幸福，都过上好日子。

三　当前我国的民生问题

改善民生首先要客观面对民生问题。当前我国的民生问题主要表现为：收入分配差距问题、弱势群体问题、就业问题、医疗问题、“三

农”问题、新生代农民工问题、教育问题等。

（一）收入分配差距问题

基尼系数，或称洛伦茨系数，是衡量居民收入差距的一个重要指标，1912 年由意大利经济学家基尼（CorradoGini，1884—1965）根据洛伦茨曲线提出，通常用字母 G 表示，其值在 0—1。G 越小，表明收入分配越是趋向平等；反之，收入分配越是趋向不平等。按照国际通行标准，基尼系数低于 0.3，属于均等分配区间；0.3—0.4 属于合理区间；大于 0.4，表明收入差距拉大，当 G 值达到 0.6 时，则表示收入悬殊。一般发达国家的基尼指数在 0.24 到 0.36，国际上通常把 0.4 作为贫富差距的警戒线。

根据国家统计局发布的中国全国居民收入的基尼系数，近年来我国人均年收入的基尼系数一直在 0.41—0.49，如表 2－1 所示。西南财经大学中国家庭金融调查发布的报告显示，2010 年中国家庭收入的基尼系数为 0.61，城镇家庭内部的基尼系数为 0.56，农村家庭内部的基尼系数为 0.60。这一系列的数据显示出中国无论是从全国、城镇还是农村来看，贫富差距都过大。报告结论称：“当前中国的家庭收入差距巨大，世所少见。”另据王小鲁在 2010 年发布的《灰色收入与国民收入分配》研究报告，2008 年，中国居民的“隐性收入”为 9.3 万亿元，其中“灰色收入”为 5.4 万亿元。中国收入最高的 10% 的家庭与收入最低的 10% 的家庭的人均收入相差 65 倍。北京师范大学收入分配与贫困研究中心主任李实从 20 世纪 80 年代起参与了 4 次大型居民收入调查。他说，收入最高的 10% 的人群和收入最低的 10% 的人群的收入差距，已从 1988 年的 7.3 倍上升到 2007 年的 23 倍。以上对我国居民收入的基尼系数大小的统计虽然不同，但一个不可争议的现实是，近年来我国人均年收入的基尼系数一定高于 0.44 的全球平均水平。

表 2－1　　我国人均年收入的基尼系数

年份	2003	2004	2005	2006	2007	2008
基尼系数	0.479	0.473	0.485	0.487	0.484	0.491
年份	2009	2010	2011	2012	2013	2014
基尼系数	0.490	0.481	0.477	0.474	0.473	0.469

（二）弱势群体问题

弱势群体是指由于自然、经济、社会和文化等方面的低下状态而难以像正常人那样去化解社会问题造成的压力，导致其陷入困境、处于不利社会地位的人群或阶层。目前，中国弱势群体在整体上具有以下五个重要特征。

1. 弱势群体的主体是社会性弱势群体

学术界一般把弱势群体分为两类：生理性弱势群体（如年龄、疾病等）和社会性弱势群体（如下岗、失业、受排斥等）。从中国弱势群体的整体情况来看，主体是社会性弱势群体，主要是由于社会原因导致其陷于弱势地位的。

2. 现有弱势群体中的很多人是在原体制下做出贡献的人

特别是一些早年退休者和国有集体企业的失业、下岗职工。

3. 目前弱势群体是在社会分化加剧的情况下出现的，很多人有较强的相对剥夺感

改革开放30多年来，中国人民的整体生活水平是提高了，但是地区之间、群体之间和个人之间很不均衡，中国已经由改革开放前的平均主义盛行的社会转变为一个收入分配差距较大的社会，基于经济分化的社会分化也越来越大，一些人的相对社会地位下降了，引发了比较严重的相对剥夺感，必须引起高度重视。

4. 目前的全球化进程有可能对国内弱势群体造成更加不利的影响，并且有可能使弱势群体的规模继续扩大

在全球化进程中，那些接近资本、接近权力或者受过良好教育的强势群体有可能得到更多的利益，而普通的劳动者不仅获利机会少，而且可能降低福利，成为全球化成本的承担者。在我们关注国内弱势群体问题时，必须充分考虑到全球化这一背景。

5. 目前我们对于弱势群体的支持还很有限，难以有效地改变其弱势地位

（三）就业问题

近年来，随着我国经济快速发展，就业再就业工作取得明显成效。但我国就业压力仍旧很大，主要表现如下。

1. 大学生就业高峰与全社会就业高峰重叠，大学生就业压力也开

始凸现。我国人口基数大，需要就业人员多，就业高峰持续时间长。

2. 就业机制不完善，人才市场、劳动力市场发育不成熟，劳动力要素的配置还未达到完全优化。

3. 就业观念陈旧，缺乏主动择业创业的积极性，“等”“靠”“要”的思想仍然存在，不从自身和现实环境出发，就业期望值过高。

（四）医疗问题

1. 医疗费用高涨的问题日渐突出

看病难、看病贵是压在中国老百姓身上的新“三座大山”（住房、教育、医疗）之一。各种报道指出群众看病贵，因病致贫、因病返贫现象日渐突出。

2. 医疗安全问题

医疗安全是医院在实施医疗保健过程中，患者不发生法律和法规允许范围以外的心理、机体结构或功能损害、障碍、缺陷或死亡。医疗安全问题的核心是医疗质量。

3. 医疗保障问题

由于收入水平低，大多数人特别是农民难以享受到初级卫生保健服务，处于发展农村医疗保障最为困难的境地。这些地区的农民参与合作医疗筹资的能力很低，资金总量也较小，保障能力有限。

（五）“三农”问题

“三农问题”是指农业、农村、农民这三个问题。

1. 农业问题主要是农业产业化的问题

市场经济是以市场为导向、根据市场配置资源的经济形态，农业的购销体制不畅是农业不能快速发展的一个重要原因。

2. 农村问题的一个突出表现是户籍制度

以往，户籍制度将城乡予以二元分割，形成了城乡之间经济发展、文化水平的较大差异。这种户籍制度在计划经济体制下是自上而下行政管理的必要，在建设社会主义市场经济的今天已经受到理论界的一致质疑。

3. 农民问题可以分为素质问题和增收问题

农民素质问题，一般认为包括科技文化素质、思想道德素质、民主法制素质和卫生健康素质。当前，农民科技文化素质较差、道德素质有待提高、法律素质普遍较低和农民的卫生素质不容乐观；增收问题，一是持续增收缓慢，二是城乡差距扩大。

（六）新生代农民工问题

中华全国总工会新生代农民工问题课题组2010年6月21日发布的《关于新生代农民工问题的研究报告》指出，新生代农民工已经成为农民工的主体并必将成为产业工人的主体，该群体具有一些不同于传统农民工的新特征、新诉求和新问题。新生代农民工指出生于20世纪80年代以后，年龄在16岁以上，在异地以非农就业为主的农业户籍人口，是在改革开放下成长起来的新一代群体。据测算，我国现阶段新生代农民工总数在1亿人左右，且新生代农民工中近80%未婚。新生代农民工面临的六大问题是：工资收入水平较低、务工地房价居高不下，是阻碍其在务工地城市长期稳定就业、生活的最大障碍；受教育程度和职业技能水平滞后于城市劳动力市场的需求，是阻碍其在城市长期稳定就业的关键性问题；受户籍制度制约，以随迁子女教育和社会保障为主的基本公共需求难以满足，是影响其在城市长期稳定就业和生活的现实性、紧迫性问题；职业选择迷茫、职业规划欠缺、学习培训的需求难以有效实现，是阻碍其实现职业梦想不可忽视的因素；对精神、情感的强烈需求不能很好地满足，是困扰他们的首要心理问题；劳动合同签订率低、欠薪时有发生、工伤事故和职业病发生率高等劳动权益受损问题，是亟须解决的突出问题。

（七）教育问题

十年树木，百年树人。教育问题是事关国家前途与未来的大问题，是事关国家长期发展的根本。我们中华民族一直有个传统：学生所学，首要在于学做人，其次才是学知识；老师所授，首要在于教做人，然后才是传知识。现在教育所存在的最大问题，就是重视学知识，而忽视了学做人。这也是社会不文明的根本原因之一。对于中国的教育问题讨论最多的几点如下。

1. 关于应试教育与素质教育的问题

学生单纯地追求升学，学校片面地追求升学率，社会以升学率的高低来评价学校的好坏，这样一系列错误的认识，助长了“应试教育”这样一种错误的教育倾向。“应试教育”在教育内容上忽视德育、体育、美育和生产劳动教育，只重知识传授，忽视能力与心理素质培养，它所追求的是片面发展，而不是全面发展。为了考试而学，从根本上是违背人才培养的规律的。素质教育的最终目的在于全面提高教学质量，充分考虑如何更好地满足未来社会发展以及学生全面发展和长远发展的需要。能否顺利完成由“应试教育”向全面素质教育的转变关系到面向21世纪中华民族的命运和社会主义现代化建设的全局，是历史、现实和未来对教育提出的根本要求。

2. 关于教育产业化的问题

近年来，教育产业化已成为一股热潮，蔓延到我国各级各类教育中。应该说，教育产业的发展是有其正面价值的，如教育培养能力扩大、效率得以提高，教育经费的来源更为多样化，教育服务、教育消费概念已经形成，教育市场和教育的选择性开始出现，学校与政府、社会和学生之间的新关系开始建立等。但其中的弊病和代价也是同样存在的。如“改制学校”“民办公助”“国有民办”“一校两制”“校中校”“二级学院”“择校热”“择校费”等。

3. 关于教育资源分配不公的问题

教育资源分配不公，如师资力量、财政支持、政策支持分配不公。财政支持的不公，具体上是东西部的不公，农村与城市的不公，省立高中与县立高中的不公等；政策的不公，具体是高考是分省录取、高考有许多的加分政策等。

4. 关于九年义务教育的免费问题

根据《中华人民共和国义务教育法》，中华人民共和国实行从小学到初中的九年义务教育。从法律上来说，九年义务教育期间，学生的学杂费全免。实际上，在城市里，九年义务教育仍然收费，虽然一般普通小学和初中学费很低（每年200—700人民币），但因为学校师资差异问题所产生的教育差别，仍然有一些师资较好的学校以“赞助费”等为由收取费用。在农村，自2007年以后中小学九年教育为免费，而广大农村地区却很少设立初中，甚至出现一个县只有一所初中的情况。

四 少数民族地区的民生问题

由于种种原因，少数民族群众在追求自身发展、共享改革开放成果的过程中，还面临诸多最现实、最直接的自身条件障碍，遇到诸多最现实、最直接的社会环境制约。少数民族大多生活在偏远地区，经济发展落后一大截，在得不到支持的情况下，要想发展是很困难的。

（一）思想观念还比较落后

近年来，随着经济发展的不断推进，边疆各族群众思想观念得到整体改变，逐步从传统的农牧业中脱离出来，积极向二产、三产转移，努力发展致富，生活水平得到大幅提升。但部分居住在环境相对闭塞的居民，接受新信息、新观念较慢，思想观念相对落后，一些传统观念根深蒂固，自我发展能力不足，一定程度上影响到民生建设推进。

（二）贫困问题

边疆地区大多环境恶劣、产业单一，自我发展能力不足，经济社会发展滞后。大多以农牧业为主，农业产业化发展水平不高，新型工业化正在起步，对外贸易尚未兴起，财政收入无法实现自给自足，经济水平远低于同类城市的平均水平，加之资金缺乏，基础设施差，交通不便，信息闭塞，商品流通不畅，有些少数民族还处于自给自足或半自给自足的自然经济阶段，未能融入竞争开放的市场经济中。当前一些民族地区贫困问题仍然非常严重。这些地区社会教育程度低，劳动力素质普遍低下，自我发展能力弱。地方财政困难，财政收支差距大，文教卫生事业落后，民族地区地方病种多，患病率高。同时民族问题在一些地方往往和宗教问题交织在一起，如果对宗教问题处理不慎或不当，也会影响民族关系甚至造成冲突。

（三）基础建设落后

近年来，在中央、省以及对口支援的大力扶持下，各项基础设施日趋完善，电力、交通、教育、卫生、住房等设施得到大力改善。但不少地处偏远的村落仍是简易公路，多处农田水利设施老化陈旧，农民住房条件差，医疗、教育发展不均衡等。

（四）社会保障水平不高

近年来，国家、省加大了对大中小城市的保障力度，各地也根据实际制定了相应的社会保障制度，不断提高社会保障水平。但边疆地区贫困县，财力十分有限，落实社会保障工作自筹部分资金困难，新农保、城乡低保、城镇居民医疗保险等社会保障能力完全依靠上级政策资金，无力进一步提高保障能力，使得社会保障水平低于其他较发达地区。还有，少数民族地区很多地方维持生计是可以的，但是要供家里小孩上学，那就是千难万难了。

（五）民族自身的发展问题

民族自身的发展问题主要表现在政治、经济、文化等方面。其中，社会经济是支撑民族存在和发展的基础，民族的政治、文化发展是民族发展的重要组成部分。一个民族参与国家和制度建设的程度是其发展的一种标志。民族的发展还表现在民族体制规模上。要有人直接引导当地人走向可持续的发展道路，在保持当地环境的同时，结合当地特色，建立当前可建立的经济项目。特别是在贫瘠地区，环境保护应提在首位，只有环境好了，才有发展的可能，不适合生活的地方很难有发展的可能。据红河州统计局2011年第六次人口普查结果显示，虽然红河州受教育程度人口增多，但仍有文盲31.47万人。

（六）人们心理上的不平衡

新时期我国现阶段民族问题方面的大量矛盾都集中表现在发展上，地区发展水平的差距，造成少数民族和民族地区的人们心理上的不平衡。首先与沿海地区相比差距大，而且有不断扩大的态势。中国发展战略是先东部、后西部，梯次发展，这种方式带动了整个经济的腾飞，但实际上也把西部放在后发展的位置上。相对而言，集中在西部的少数民族地区和沿海地区的发展差距相对较大。其次民族地区城乡差距大。

第二节　可持续发展的思想渊源

一　可持续发展概念的形成历程

在可持续发展概念的形成过程中，有两本著作和两篇报告起着非常关键的作用。两本著作是《寂静的春天》和《只有一个地球》，两篇报告是《增长的极限》和《我们共同的未来》。

（一）人类首次关注环境问题：《寂静的春天》

1962年《寂静的春天》在美国问世后，在世界范围内引发了人类关于发展观念的争论，是人类首次关注环境问题的著作。书中描述了DDT[①]的危害，导致人类可能将面临一个没有鸟、蜜蜂和蝴蝶的世界，引起了人们对野生动物的关注，唤起了人们的环境意识。它那惊世骇俗的关于农药危害人类环境的预言，不仅受到与之利害攸关的生产与经济部门的猛烈抨击，而且也强烈震撼了社会广大民众。美国海洋生物学家蕾切尔·卡逊的这本里程碑式的警世之作开启了人类的环保事业，同时也引发了旷日持久的“反《寂静的春天》”运动。2004 年，作家迈克尔·克莱顿（Michael Crichton）写道：《寂静的春天》导致的死亡比希特勒杀害的人更多。

克林顿的副总统、环保主义者艾尔·戈尔在《寂静的春天》中文版的“前言”中这样评价此书：“《寂静的春天》播下了新行动主义的种子，并且已经深深植根于广大人民群众中。1964 年春天，雷切尔·卡逊逝世后，一切都很清楚了，她的声音永远不会寂静。她惊醒的不但是我们的国家，甚至是整个世界。《寂静的春天》的出版应该恰当地被看成是现代环保运动的肇始。”

（二）别无去处：《只有一个地球》

《只有一个地球：对一个小小行星的关怀和维护》从整个地球的发展前景出发，从社会、经济和政治的不同角度，评述经济发展和环境污染对不同国家产生的影响，呼吁各国人民重视维护人类赖以生存的地球。该书是英国经济学家 B. 沃德（B. Ward）和美国微生物学家 R. 杜博斯（R. Dubos）受联合国人类环境会议秘书长 M. 斯特朗（M. Strong）委托，为 1972 年在斯德哥尔摩召开的联合国人类环境会议提供的背景材料，材料由 40 个国家提供，并在 58 个国家和 152 名专家组成的通信顾问委员会协助下完成。

据有幸飞上太空的宇航员介绍，他们在天际遨游时遥望地球，映入眼帘的是一个晶莹的球体，上面蓝色和白色的纹痕相互交错，周围裹着

① DDT，又称滴滴涕、二二三，二氯二苯三氯乙烷（Dichloro diphenyl trichloroethane），是一种杀虫剂，也是一种农药，为白色晶体，无味无臭，不溶于水，溶于煤油。它的杀虫功效最早在 1874 年被欧特马·勤德勒合成，后在 1939 年由瑞士化学家穆勒（Paul Hermann Muumller）发现并推广，在 20 世纪上半叶防止农业病虫害、减轻疟疾伤寒等危害中起到重要作用。由于其在环境中非常难降解，并可在动物脂肪内蓄积，对环境污染过于严重，因此很多国家和地区已经禁止使用。

一层薄薄的水蓝色“纱衣”。地球，这位人类的母亲，这个生命的摇篮，是那样的美丽壮观，和蔼可亲。但是，同茫茫宇宙相比，地球是渺小的。它是一个半径只有六千三百多千米的星球，在群星璀璨的宇宙中，就像一叶扁舟。它只有这么大，不会再长大。地球所拥有的自然资源也是有限的。拿矿物资源来说，它不是上帝的恩赐，而是经过几百万年，甚至几亿年的地质变化而形成的。地球是无私的，它向人类慷慨地提供矿产资源。但是，如果不加节制地开采，必将加速地球上矿产资源的枯竭。

人类生活所需要的水资源、森林资源、生物资源、大气资源，本来是可以不断再生，长期给人类做贡献的。但是，因为人们随意破坏自然资源，不顾后果地滥用化学品，不但使它们不能再生，还造成了一系列生态灾难，给人类生存带来了严重的威胁。有人会说，宇宙空间不是大得很吗，那里有数不清的星球，在地球资源枯竭的时候，我们不能移居到别的星球上去吗？科学家已经证明，至少在以地球为中心的40万亿千米内没有第二颗适合人类居住的星球，人类不能指望在破坏了地球以后再移居到别的星球上去。不错，科学家们提出了许多设想，例如，在火星或者月球上建造移民基地。但是，这些设想即使实现了，也是遥远的事情。再说，又有多少人能够去居住呢？“我们这个地球太可爱了，同时又太容易破碎了！”这是宇航员遨游太空目睹地球时发出的感叹。我们只有一个地球，如果它被破坏了，我们别无去处。如果地球上的各种资源都枯竭了，我们很难从别的地方得到补充。

（三）增长存在极限：《增长的极限》

一个由非正式国际著名学术团体即罗马俱乐部发表的有名的研究报告《增长的极限》（The Limits to Growth）是环境保护运动的先驱组织、著名的罗马俱乐部给世界的第一个报告，给人类社会的传统发展模式敲响了第一声警钟，从而掀起了世界性的环境保护热潮。

西方发达国家正陶醉于高增长、高消费的“黄金时代”之时，《增长的极限》提出了“全球性问题”的警告：①人口问题；②工业化的资金问题；③粮食问题；④不可再生的资源问题；⑤环境污染问题（生态平衡问题）。现在，经过全球有识之士广泛而又热烈的讨论、系统而又深入的研究，越来越多的人取得了共识：产业革命以来的经济增长模式所倡导的“人类征服自然”，其后果是使人与自然处于尖锐的矛盾之中，并不断地受到自然的报复，这条传统工业化的道路，已经导致全球性的资源短缺、环境污染和生态破坏，使人类社会面临严重困境，实际上引导人类走上了一条不能持续发展的道路。

（四）“需要”和“对需要的限制”：《我们共同的未来》

联合国于1983年12月成立了由挪威首相布伦特兰夫人（Gro Harlem Brundt land）为主席的世界环境与发展委员会，对世界面临的问题及应采取的战略进行研究。《我们共同的未来》是世界环境与发展委员会关于人类未来的报告。1987年2月，在日本东京召开的第八次世界环境与发展委员会上通过，后又经第四十二届联大辩论通过，于1987年4月正式出版。报告以“持续发展”为基本纲领，以丰富的资料论述了当今世界环境与发展方面存在的问题，提出了处理这些问题的具体的和现实的行动建议。报告的指导思想是积极的，对各国政府和人民的政策选择具有重要的参考价值。

本书分为三个部分：“共同的关切”“共同的挑战”“共同的努力”。报告在集中分析了全球人口、粮食、物种和遗传资源、能源、工业和人类居住等方面的情况，并系统探讨了人类面临的一系列重大经济、社会和环境问题之后，鲜明地提出了三个观点：①环境危机、能源危机和发展危机不能分割；②地球的资源和能源远不能满足人类发展的需要；③必须为当代人和后代人的利益改变发展模式。

在此基础上报告提出了“可持续发展”的概念。报告深刻指出，在过去，我们关心的是经济发展对生态环境带来的影响，而现在，我们正迫切地感到生态的压力对经济发展所带来的重大影响。因此，我们需要一条新的发展道路，这条道路不是一条仅能在若干年内、在若干地方支持人类进步的道路，而是一直到遥远的未来都能支持全球人类进步的道路。这一鲜明、创新的科学观点，把人们从单纯考虑环境保护引导到把环境保护与人类发展切实结合起来，实现了人类有关环境与发展思想的重要飞跃。

可持续发展（Sustainable development）是“既满足当代人的需求，又不对后代人满足其需求的能力构成危害的发展”。在可持续发展的100多个定义中，这一定义得到了国际社会的广泛共识，使用得最为广泛，这一定义包括两个重要概念："需要"和"对需要的限制"。关于"需要"，尤其是世界各国人们的基本需要，应放在特别优先的地位来考虑；关于"对需要的限制"，即技术状况和社会组织对环境满足眼前和将来需要的能力施加的限制。

二　可持续发展的基础理论

可持续发展的思想渊源主要有两个方面：一是未来社会学；二是经济发展理论。

（一）未来社会学

未来社会学是由德国社会学家弗勒希特海姆（OssiP Flechtheim，1909—）于1943年在美国首创，以事物的未来为研究和实践对象，探索人类社会未来的一门综合性科学，从科技和社会的发展动态进行研究，探讨选择、控制甚至改变或创造未来的途径。研究范围涉及各个领域。20世纪50年代后迅速发展。

1. 增长极限论

1972年，罗马俱乐部与波托马克协会、麻省理工学院一起出版了《增长的极限》一书，提出了增长的极限理论。该报告认为：如果目前人口和资本的快速增长模式继续下去，世界就会面临一场"灾难性的崩溃"。这个理论建立在两个模型基础上。

（1）增长的极限理论的时空模型。

在《增长的极限》一书中，首先提出了一个时空模型，该模型认为，每个人所关注的问题具有不同的层次性，并且从时间和空间两个维度上存在极大的不同，人们较多关注的是短期内家庭和朋友、邻居问题（如图2-1左下角所示），如为自己和家人明天的食品而花费很多时间，或者和他的邻居下一周内发生冲突等；另一些人的考虑范围更大一些，如一个城市或一个国家等；更进一步地，则很少人关注全球性的环境问题、生态问题等（如图2-1右上角所示）。一个人在时间和空间范围内处理问题的能力取决于这个人的经验、教养和时间的紧迫性。一般来说，对于空间较大、时间较长的问题，关注的人较少；而一个人的眼光太短则是极为危险的，一个人全力以赴地力求解决某些刻不容缓的局部问题，结果却发现他的努力在更大范围内发生的事件面前失败了。如一个农民精心维护的田地，可能在一次国际战争中被毁灭了；一个地方的发展计划可能会被一项国家政策推翻；一个国家的经济发展可能因为缺乏产品需求而受到重创等。因此，少数关乎全局的、长期的、全球的问题应优于局部的短期事件。这些全球问题包括：富足中的贫困、环境的退化、人口、粮食生产、工业化、不可再生资源的消耗、就业无保障、青年的异化、遗弃传统价值、通货膨胀，以及金融和经济混乱等。

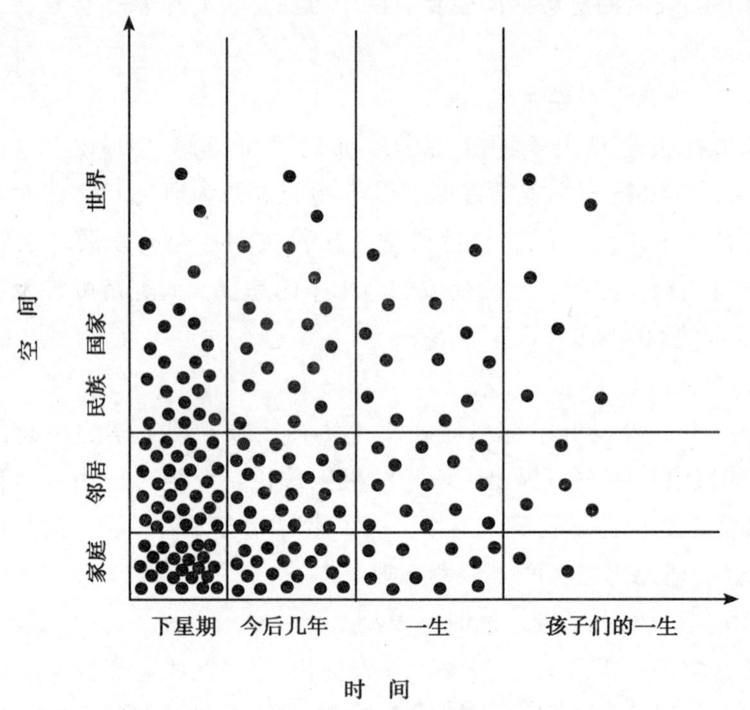

图 2－1 人类的未来

资料来源：［美］丹尼斯·米都斯等著：《增长的极限》，李宝恒译，四川人民出版社 1983 年版。

（2）增长的极限理论的系统动力模型。

系统动力模型的最初模型由麻省理工学院的杰伊·W. 福雷斯特教授（Forrester J. W.，1958；1971）设计，发表在他的著作《世界动力学》中。系统动力模型指出：任何按指数增长的量，以某种方式包含了一种正反馈回路，或称恶性循环。后来，罗马俱乐部的指导者米都斯博士将其应用在增长极限的世界模型中。米都斯小组用这个世界模型来探索全球化发展的五种趋势：加速工业化、快速的人口增长、普遍的营养不良、不可再生资源的耗尽，以及恶化的环境等。世界人口的系统动力模型正反馈回路如图 2－2 所示。图形的左边表示人口的平均增长率，以指数形式增长；图形的右边表示平均死亡率，长期不变。根据这个系统动力模型得出的结论是：如果在世界人口、工业化、污染、粮食生产、资源消耗方面发展的趋势继续延续下去，增长的极限可能会在一百年中发生；可以通过建立稳定的生态和经济条件，改变这种增长趋势来支撑遥远的未来。

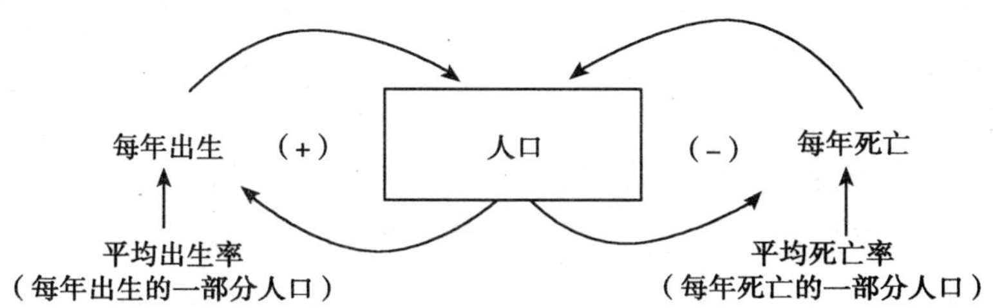

图 2－2　人口增长的正反馈回路图

资料来源：[美] 丹尼斯·米都斯等著：《增长的极限》，李宝恒译，四川人民出版社 1983 年版。

2. 没有极限的增长

(1) 朱利安·L. 西蒙的《最后的资源》。

朱利安·L. 西蒙的《最后的资源》，首先抨击了罗马俱乐部对问题的研究方法，认为历史和现实都表明，用技术分析的方法预测未来，往往与历史的实际进展相差太远，提出只有用历史外推的方法才是符合实际的方法。根据他收集的资料和外推法，得出自然资源的供应从任何一种经济意义上来说都是无限的，人类资源没有尽头，人类的生态环境日益好转，恶化只是工业化过程中的暂时现象，粮食在未来将不称其为问题，人口将在未来自然达到平衡的结论。西蒙在《资源丰富的地球》一书中继续表达了同样的观点。

(2) 卡恩等著的《今后 200 年》。

卡恩等著的《今后 200 年》(1976) 一书中提出的大过渡理论，认为人类社会已进入一个为期 400 年 (1776—2176) 的经济社会大过渡时期，目前正处于这个时期的中点，大过渡时期完成之后，人类社会将走向另一个伟大时代。

3. 知识经济理论

1996 年，联合国经济合作与发展组织（OECD）发表了题为《以知识为基础的经济》的报告，该报告将“以知识为基础的经济”定义为建立在知识的生产、分配和使用（消费）之上的经济。这里的知识，包括人类迄今为止所创造的一切知识，最重要的部分是科学技术、管理及行为科学知识。1997 年 2 月，美国总统克林顿在演讲中将“以知识为基础的经济”（The Knowledge-based Economy）提升为“知识经济”（The Knowledge Economy），这一提法得到众多学者和专家的认同，并将知识经济作为游牧社会与农业社会、工业化社会后的另一种重要的人类社会类型。建立在知识的创新、传播和使用基础上的知识经济，其基本特点是生产过程的非线性、资源利用的混合性，以及使用价值的深度不确定性。从宏观经济的层面来看，新增长理论已经证明了知识在国家绩效中的重要性。在这个阶段，除了土地、劳动力、资本和自然资源外，知识和知识资本成为更加重要的生产要素。其实，早在游牧社会与农业社会阶段，人类就已经利用以经验为主的知识，将经验技艺与直接劳动融为一体；到了工业社会阶段，系统化的理论逐渐形成，人类利用的知识已带有科学色彩，但其基础地位与作用长期未得到重视。

知识经济作为以知识资本投入为主的经济，是相对于现行的“以物质为基础的经济”而言的，它更突出人的大脑、人的智能。知识经济的兴起将对投资模式、产业结构、增长方式和教育的职能与形式产生深刻的影响。其主要特征标志为：资源利用的智力化、资产投入的无形化、知识利用的产业化、高科技产业的支柱化、经济发展的可持续化、世界经济全球化、企业发展虚拟化以及人均收入差距扩大化。

（二）经济发展理论

1. 外部性理论

外部性又称为溢出效应、外部影响或外差效应，指一个人或一群人的行动和决策使另一个人或一群人受损或受益的情况。分为正外部性（positive externality）和负外部性（negative externality）。正外部性是某个经济行为个体的活动使他人或社会受益，而受益者无须花费代价，负外部性是某个经济行为个体的活动使他人或社会受损，而造成负外部性的人却没有为此承担成本。

2. 代际公平理论

代际公平指当代人和后代人在利用自然资源、满足自身利益、谋求生存与发展上权利均等。这一理论最早在1984年由美国国际法学者爱迪·B. 维丝提出。代际公平中有一个重要的“托管”的概念，认为人类每一代人都是后代人类的受托人，在后代人的委托之下，当代人有责任保护地球环境并将它完好地交给后代人。也就是说，当代人必须留给后代人生存和发展的必要环境资源和自然资源。

代际公平理论包括三项基本原则：一是“保存选择原则”，即前代人为后代人保存原有的自然和文化资源的多样性，使后代人有和前代人相似的可供选择的多样性；二是“保存质量原则”，即前代人应该保证地球的质量，在交给下一代时，不比自己从前一代人手里接过来时更差，地球没有在这一代人手里受到破坏；三是“保存接触和使用原则”，即前代人应该为其成员提供平行接触和使用当代人遗产的权利，并且为后代人保存这项接触和使用权。作为可持续发展原则的一个重要部分，代际公平在国际法领域已经被广泛接受，并在很多国际条约中得到了直接或间接的认可。

3. 三种生产理论

三种生产理论认为，生产包括物质生产、人口生产和精神生产。三种生产理论流派的认识论基础在于：人类社会可持续发展的物质基础在于人类社会和自然环境组成的世界系统中物质的流动是否通畅并构成良性循环。它们把人与自然组成的世界系统的物质运动分为三大“生产”活动，即人的生产、物资生产和环境生产，致力于探讨三大生产活动之间和谐运行的理论与方法。

第三节 研究现状

一 民生问题的研究现状

近年来，民生问题成为我国学术界研究的一个热点问题，有的学者从民生问题的思想、理论进行研究，有的学者从不同民生问题的对策进行探讨，还有的学者从不同的视角对民生问题进行深入思考。

（一）民生思想研究

杨渊浩（2013）讨论了毛泽东的民生思想，认为毛泽东的民生思想大体可以划分为三个阶段：一是从中共创立到土地革命是毛泽东民生思想的形成时期；二是抗日战争和解放战争时期是毛泽东民生思想的成熟时期；三是新中国成立后是毛泽东民生思想的继承和发展时期。翟丽霞（2012）探讨了抗日战争时期中国共产党在陕甘宁边区解决民生问题的思想。董一冰、焦宇（2013）探讨了刘少奇解决民生问题的思路，包括：使人民"过富裕的有文化的生活"；解放和发展生产力巩固民生物质基础；改善民生增进人民对政府的信任和支持；保护困难群体基本权益；提高广大民众素质。

（二）民生理论研究

曾丽丽（2012）讨论了民生问题的唯物史观基础，认为唯物史观是解释了民生问题起源、演变、解决途径和解决主体的科学理论；中国共产党的民生建设之路正是一部唯物史观的民生思想史，正是唯物史观中国化在民生问题方面的经典阐发，经验表明用唯物史观解决现代中国民生问题具有可行性和必然性。王静敏、李春会（2014）基于马斯洛的需求层次理论、马克思的生活需要理论等较全面、深入和系统地讨论民生问题的构成要素及内容，认为民生问题主要包括生存民生、安全民生、发展民生和公共服务民生。生存是民生的生命基础，安全是民生的生存保障，发展是民生的价值旨归，公共服务是民生的主导领域。周小亮（2015）认为，对民生问题求解路径的理论探讨，不应套用西方以效用价值论为逻辑基础的福利经济理论的方法与政策主张，而应认真研究马克思主义经济理论有关民生问题求解的科学理论，并从理论发展脉络角度，论述了马克思主义经济学有关民生问题求解的逻辑基础，概括了马克思主义经济学是如何通过对资本主义生产方式运行规律的阐述，总结了马克思主义中国化中有关民生问题求解的理论与实践探索。

（三）民生问题的对策

张雪莹（2012）运用"文献综述法""比较分析法""逻辑与历史相统一"等研究方法，对新中国成立初期党的民生思想及探索进行了系统的梳理，总结出一些基本经验和启示。赵乙人（2014）以文献分析法为主，兼用调研法、比较法、系统分析法等研究，以民生建设过程中所存在问题的社会风险为研究主题，以马克思主义民生建设思想为指导，以多学科理论为研究基础，在对我国民生建设的发展过程进行梳理的基础上，重点分析了当代中国民生建设过程中所存在的问题中潜在的社会风险，并相应地探索防范和应对这些社会风险的方法和途径。董磊磊（2013）从就业、教育、养老、医疗、住房五个维度出发，以云南省文山县小街镇者底村这个边境苗族社区为切入点，从人类学、社会学的学科视角入手，通过文献整理、问卷调查、个案访谈等实证性的研究，力求反映出云南边境地区民生改善现状及存在的问题，在此基础上，针对有关问题，以当地现实条件为依托，提出对策及建议。刘琳（2015）设计了以百姓对收入、教育、物价上涨、社会保障、收入差距等问题的关注程度为主要内容的调查问卷，以成都市青羊区为例进行调查，对其结果进行归纳分析，指出青羊区居民对这些民生问题的关注程度，发现和分析居民生活与社会存在的一些问题，并据此提出相应建议。张宗林（2012）通过“社会矛盾指数”分析工具的确立，建立了民生问题发展趋势的预测系统。薛珑（2013）借鉴现有的国内外专家学者的研究经验，构建了包括公共教育、就业服务、社会保障、医疗卫生、人口计生、住房保障、公共文化、基础设施、环境保护 9 个一级指标和 35 个二级指标的城乡居民民生统计指标体系，并对近些年山东省城乡居民民生总体水平进行实证分析。王静敏、马秀颖（2013）基于民生问题满意度抽样调查数据，将调查内容分为生存民生、安全民生、发展民生和公共服务民生四个方面，分析了目前我国民生各方面满意度情况和民众最希望政府解决的民生大事，调查结果表明：加强食品安全监督、稳定物价、增加收入、医疗问题、住房问题等内容是当前民众呼声最高的诉求。张先贤（2014）从我国当前普遍存在的食品安全、冤案和拆除违章建筑等几个重要民生问题出发，论述进行行政和司法体制改革的迫切性，结合三中全会《决定》精神提出一些深化改革和制度建设的具体建议。景思源、庄晓惠（2014）通过研究政府责任与民生问题之间的内在联系，探讨了政府在解决民生问题中的责任缺失问题，并提出矫正政府责任缺失问题的解决途径。周易、周学增（2015）探讨了转型时期的民生问题路径选择。苏玉娟（2015）探讨了大数据技术在解决民生问题中的应用，如支撑解决贫困、失业、生态环境、公共安全、教育等民生问题。胡放之、李良（2015）基于湖北省城镇化进程中，低收入群体住房、就业及社会保障的调查，研究了城镇化进程中民生改善进程问题。李春梅、孟蓉蓉（2012）以民生问题为切入点，探讨了基层政府行政责任在民生工程建设中的必要性，对其在行政过程中应该承担的不同类型责任进行了细致分析，揭示出基层政府行政责任的切实履行对以民生为导向的社会主义和谐社会建设的重要意义，通过一系列责任警示对民生问题行政决策者恣意决策或公职人员消极、不作为行为进行有效的制约，进而在权力与责任、职权与职责之间形成一种良性的平衡状态。何巍（2013）探讨了通过对高校文化艺术资源的挖掘与整理来解决我国民生问题。

（四）不同的研究对象

付蓓、韦怀远（2012）以广西壮族自治区为例进行重点研究，考察改革开放以来广西壮族自治区民生建设的实践历程，并剖析了制约因素。宋开慧（2013）以国内外自然保护区周边社区发展途径和社区经济发展模式的研究现状及相适应的基础理论为指导，以广西壮族自治区银殿山自然保护区及龙虎山自然保护区为研究对象，通过走访调查，为寻求促进自然保护区周边社区可持续发展的途径提供一定的背景资料。李国君（2012）以内蒙古自治区为例，对生态文明视野下的民生问题进行研究，指出了当前我国和内蒙古自治区生态文明视野下民生问题。刘剑虹、陈传锋、成晓（2015）对全国 15 个省（直辖市）100 多个村庄 1 万余名农民进行问卷抽样调查，结合对部分被试的访谈，结果显示：当前我国新农村建设虽然取得了很大成就，但不少农村地区，尤其是西部和北部地区，仍存在较为严重的各类民生问题，主要表现为：人口结构比例失衡，女性地位低下影响女性健康成长；农民收入水平低，生活条件差；农村家庭照料功能弱化，农民老无颐养；农村学无优教，滋生新一代文盲，部分青少年甚至走上犯罪道路；农村医疗条件差，农民病无良医，甚至延误病情导致死亡；农村生态无保护，环境遭污染，引发农民生存危机；农民综合素质低，农村封建残余风俗盛行，赌博之风危害社会稳定；村民组织无作为，村干部存在不正之风，引发农民信仰危机等。

（五）多样的研究视角

劳凯声、李孔珍（2012）认为，作为民生问题的教育，其实质就是要实现怎样的教育发展和怎样发展教育。民生视角的教育政策研究渗透着人本思想和人文关怀，把承认和增强民众的利益作为理解和解决教育问题的出发点和落脚点，强调倾听基层民意、兼顾不同利益、协调平等与效率、沟通官方与民间，并以"在家上学"现象为例，验证民生视角的教育政策研究的可能性及其现实意义，认为国家提供的强制性义务教育是保障受教育权利的最有效途径，具有充分的合法性，但家长的教育选择权同样具有历史的和伦理的正当性。刘蓉、张巍（2012）认为，民生问题是联结我国经济总体发展与家庭个人生计需求的最基本问题，是构建现代社会制度体系的核心议题。在我国现行财政制度体系中，仍然存在诸如农村基本民生保障机制缺失、民生财政支出体系不合理、相关转移支付制度不完善等制约民生发展的因素，因此提出要积极推进财税体制改革，构建以公共事业为导向的民生财政体制，增强民生保障力度。宋丽的（2012）以马克思关于人的全面发展理论与中国特色社会主义民生思想为理论指导，就如何解决当代民生问题进行了探析。肖宇亮（2013）以财政投入的角度研究民生思想，总结了中国解决民生问题的历史经验。魏宏亮（2014）认为民生问题的实质是公共服务的解决，并从公共物品问题的解决思路出发探析民生问题的解决办法，提出：第一，从解决公共物品问题关注公共物品的配置的思路，可以得出民生政策的完善是民生问题解决的重要保障；第二，从解决公共物品问题需要关注公共物品的供给的思路，可以得出民生体制的完善是民生问题解决的重要举措；第三，在中国特色社会主义社会的建设中，创造"民生之车"，使社会成员有"便车"可搭。

二 可持续发展的研究现状

（一）对城镇化的可持续发展研究

吕惠萍、匡耀求（2015）通过深入广东省顺德地区实地调研其产业和城镇化发展状况，综合运用区域经济学、产业经济学、经济地理学等多学科的理论与方法，把现代产业经济与城镇化发展相关理论结合起来，并依据顺德区2006—2012年的经济发展数据及其在珠三角城镇群产业圈的地位与作用，分析了顺德区产业发展特点及与城镇化发展历程的关系。研究结果表明：顺德的产业发展基本上是依据市场需求自下而上自由发展起来的，带有明显的经济要素自由流动的特点；具有集群式产业联动发展、龙头企业带动中小型企业共同成长、专业市场发动、一镇多产业共同发展的特点；产业的良好发展使顺德具备了强大的经济实力和坚实的城镇化发展基础，具有典型的产业带动城镇化发展的特点。

马艳梅、吴玉鸣、吴柏钧（2015）构建了包含城镇化、信息化和技术创新、社会福利、资源环境四个子系统的城镇化可持续发展评价指标体系，以长三角地区为例，采用2003—2010年的数据，对其可持续发展综合水平进行熵值法测度，并对其可持续性进行象限图评价，最后结合子系统的得分及权重探究可持续发展的原因。

周智、黄英、黄娟（2015）基于微观视角对少数民族地区居民进行了旅游城镇化影响感知的问卷调查，并对结果进行了统计分析和结构方程模型的构建与检验。实证结果表明：调查区域居民对旅游城镇化的支持意愿较明显；居民旅游支持的三个感知层面显著正相关，起主要作用的是环境影响感知测度。建议该地区从分层次加强环保理念宣传、健全居民参与和利益分配机制、内外双向加强少数民族传统文化保护机制建设等方面推进旅游城镇化的可持续发展。

周培（2015）使用异质面板数据模型对城镇化与二氧化碳排放之间的关系进行了经验分析。研究发现，无论样本中是否包含中国，收入、人口和能源密度对二氧化碳排放的弹性系数均显著为正，但是在样本中包含中国的情况下，城镇化的弹性系数却由不显著变为显著。这一方面说明从全球范围来看，城镇化对于二氧化碳排放的影响可能存在相互抵消的因素，其既可以通过工业化增大环境的压力，也可以通过技术进步和经济结构调整来减轻环境的压力；另一方面则说明中国作为世界上最大的能源消费国，其城镇化对于环境具有显著的负面影响。

（二）对城市的可持续发展研究

张佳琦、段玉山（2015）以苏州市为例，应用生态足迹分析法对苏州市1990—2010年生态足迹及生态承载力进行统计核算，并对苏州市可持续发展程度进行了定量研究和动态分析。研究结果表明，苏州市2010年人均生态足迹为6.48hm^2，人均生态承载力为0.27hm^2，人均生态赤字高达 6.21hm²，远远超出了目前的生态承载力，城市生态系统处于不可持续的发展状态。通过动态分析，结果显示苏州市的生态足迹不断增大，但增长速度正在变缓，生态承载力稳中有降，万元 GDP 生态足迹也在下降，这表明苏州市的资源利用率不断提高。提出了苏州市需尽快进行社会经济结构调整，控制人口增长，对耕地实行严格的保护，提高能源利用效率和降低能源消耗等措施。

曾晓霞等（2015）引入社会经济虚拟承载力账户对能值生态足迹模型进行修正，并以长沙市为例进行验证。结果表明：通过相关性对比分析，修正模型可突破传统模型具有生态偏向的弱可持续性评价局限，其计算结果更加科学合理；基于修正模型，2000—2011 年长沙市的生态承载力变化不大，年均值为 2.31hm²/人，而生态足迹呈现快速增长趋势，年均值为 2.44hm²/人，这导致该地区出现逐年加剧的生态超载现象，年人均生态赤字为 0.13hm²/人。

安虎贲、杨帆、杨宝臣（2015）基于 DPSIR 模型，从驱动力、压力、状态、影响和响应五个方面构建林业资源型城市可持续发展的指标体系，并以伊春市为例，对可持续发展能力进行评价。评价结果显示，近年来伊春市的可持续发展能力取得了长足进步，到 2012 年已经达到良性可持续发展状态。伊春市发展主要问题在于城市经济和社会发展的驱动能力不足，因此调整产业结构、促进劳动力向新型产业转移、发展生态旅游产业以及引进高层次人才等将是保证伊春市健康可持续发展的关键。

高庆彦等（2015）应用熵思想对 2010—2012 年云南省 16 个市州的支持型输入熵、压力型输出熵、还原代谢型熵和消费代谢型熵、熵流、熵产生及总熵变情况进行定量研究。结果表明：云南省各市州城市社会经济生态系统还处于发展阶段，主要以有序度下降为主；云南省各市州的支持型输入、压力型输出、还原代谢型和消费代谢型四种类型熵存在显著的空间差异性与单一熵主导性并存现象；云南省各市州城市社会经济生态系统的熵流、熵产生、总熵变存在显著的空间差异性；云南省各市州城市社会经济生态系统的综合发展得分总体上呈现出东部优于西部的现象。

曹阳、甄峰（2015）从城市数据监测采集与互联共享、城市系统运行问题梳理与综合分析、城市空间发展模拟仿真与决策评估、城市空间发展规划体系四个层面尝试构建基于智慧城市的可持续城市空间发展模型总体架构。

赵丹丹、高世葵（2015）在对山西省资源型城市可持续发展现状进行分析的基础上，从经济、社会、资源环境三个方面构建资源型城市可持续发展水平评价体系，并采用层次分析法对2013年山西省11个资源型城市可持续发展水平进行评价。结果表明：太原市、朔州市、长治市实现了相对较强的可持续发展，经济、社会、资源环境协调发展；阳泉市、晋中市、大同市、临汾市、晋城市、忻州市基本实现了可持续发展；运城市、吕梁市可持续发展水平较弱，急需转型。

（三）对旅游业的可持续发展研究

汪晶晶等（2015）通过对国内外相关研究重要文献的梳理，从旅游能值研究尺度与类型角度，分析了国内外相关研究进展，并通过与农业、工业系统的能值研究对比分析，目前研究在理论推进、要素选择、指标构建、方法集成四个方面，旅游生态系统能值研究存在特殊性，并从理论、方法、内容三个角度，提出了今后旅游能值研究的方向。

李秋成、周玲强、范莉娜（2015）基于旅游产业发展的“社会网络嵌入”属性，从人际关系、人地关系两个维度探讨了旅游地社区内部关系要素对居民旅游影响感知和支持度的影响，构建了“社区关系—旅游感知—支持态度”概念模型，并以黔东南两个民族旅游村寨居民的抽样样本为例，对研究假设和概念模型进行了实证检验。基于结构方程模型（SEM）的分析结果显示：和谐的社区人际关系和人地关系能够强化居民对旅游发展正面影响的感知，弱化对负面影响的感知，进而提高居民对旅游产业的支持度。结论证实旅游地社区内部关系是影响居民旅游感知和支持态度的重要因素。

张环宙、黄克己、吴茂英（2015）基于博弈理论，以浙江省舟山市“海天佛国”——普陀山为例，实证分析了游客和滨海社区在特色文化保护与开发方面的博弈，发现游客渴望体验文化真实性与滨海社区追求经济利益最大化之间存在内在冲突。在此基础上，进一步对普陀山佛教文化区进行了实地调研和网络在线评论分析，数据结果显示：游客普遍认为该滨海文化区商业气息浓厚，影响了他们后续的重游意愿。

（四）借鉴国外的典型经验

陈村子、毛子骏（2015）从城市基本生态控制理论轨迹入笔，总结巴黎、伦敦、莫斯科、波士顿等城市基本生态控制的国际模式，分析北京、上海、广州、深圳等城市的做法，在此基础上以武汉市为例，设计一套资源约束下城市基本生态控制的系统模式。该模式包括规划设计、法律保护、政策保障、监管约束四个部分，这四个部分紧紧相连，协调运作，有望达到全面系统、持久稳定的城市生态控制效果。该系统模式的设计提出，不仅作用于武汉市的基本生态控制，促进武汉市的可持续发展，对国内外同类城市也具有重要的借鉴价值。

郗希等（2015）通过对中国、美国、加拿大、英国、法国、日本、意大利、澳大利亚、韩国、巴西、印度、墨西哥、南非等发达国家与主要发展中国家的生态足迹、生态承载力、城镇人口比重等宏观面板数据的计量分析，揭示城市化客观规律，并与中国实际结合。研究表明：百万以上人口城市的都市化更符合生态资源的可持续性；百万以下人口城市的中小城镇化显著增加生态足迹与生态环境压力。

黄茄莉（2015）依据 1974 年以来国外可持续发展的相关文献，总结了不同学者对可持续发展的理解。根据进行可持续性评价时是否考虑了系统内部组分之间及内部组分与外部环境之间的关系，将评价方法分为三类：指标列举法、流量分析法和系统分析法。分析得出现有评价方法存在六点薄弱之处：对可持续性评价框架背后的机理研究较少；指标的选取具有一定的随意性；指标的标准化、赋权及集成方法的选取尚无统一标准；流量分析方法未包含与可持续性有关的全部强度参数；鲜有评价方法考虑了可持续发展的规模；极少方法提出了可持续发展的阈值范围。

（五）对企业的可持续发展研究

武亚军、张莹莹（2015）运用案例与扎根理论，研究了海底捞的企业价值观、战略和人力资源管理及其绩效影响。研究发现："海底捞模式"本质上是一种可持续型企业组织的雏形，这种可持续型企业组织是基于"以人为本"价值观、经济逻辑与制度逻辑相协调的新型企业形态，它以三维平衡型企业价值观和共享愿景、使命为基础，以差异化竞争、人力资本、企业社会责任相结合的战略模式为中心，以体系化的人力资源管理及其制度化为手段，建立起了一种人本型价值观驱动的整合组织体系，进而使其在经济、员工及社会三方面取得良好绩效和可持续性。

孙飞霞、郭雪萌、史文冲（2015）针对盈利能力、风险管理、内部治理结构等指标对村镇银行可持续发展进行了分析，并在此基础上对影响这些指标的因素进行了层次分析，最终计算出了影响因素的综合重要程度，根据其权重大小提出了相应的解决对策。

王钰、张连城、张自然（2015）基于对可持续发展能力的理论分析，构建了制造业可持续发展能力指标评价体系，选取1995—2012年数据对中国制造业的可持续发展能力进行评价，并对评价结果进行聚类分析。研究发现：1995—2012年中国制造业各行业的可持续发展能力获得了稳步提高，但综合能力不强。从内部排序来看，食品饮料行业历年垫底，传统优势行业排序下降，重化工业特别是装备制造业排序显著上升。聚类分析表明：经济能力较强行业的科技创新能力和国际竞争力弱；国际竞争力强的行业，科技创新能力最弱；且两者与自然关系不和谐。

（六）对农村的可持续发展研究

王鹏、于宏、霍学喜（2015）利用案例研究方法对果农退社行为与果农合作组织可持续发展两者之间的作用关系进行了分析。研究发现：退社行为会稀释中低发展水平果农合作组织发展的凝聚力，但不影响高水平合作组织发展；退社行为的发生是高水平果农合作组织发展过程中的正常现象，且与其他不同发展程度的果农合作组织相比，退社方式对较高发展程度的果农合作组织的负向影响程度相对轻微；退社行为会对中低发展水平果农合作组织声誉产生不良影响，但不会影响较高水平合作社发展；退社行为对中低发展水平果农合作组织中的成员积极性具有不良影响，但不影响较高水平合作社发展。

樊启祥等（2015）对创新农村移民安置方式的必要性进行了分析，从促进水库移民可持续发展的角度，面对西南地区土地资源稀缺的现实，提出了“长效补偿＋入股分红＋社会保障”的移民安置方式，并以西南某大型水电站为例，对电站建设期和运营期的移民年收入进行测算，与“长效补偿”以及“长效补偿＋入股分红”安置模式下的移民未来年收入进行了对比。

（七）对区域经济的可持续发展研究

狄乾斌、韩雨汐、高群（2015）以中国海洋为研究区域，构建社会、经济和自然三个分类因子的海洋生态承载力评价指标体系，并运用改进的 AD-AS 模型，根据生态系统中总供给与总需求之间的平衡关系，计算 2007—2011 年中国海洋生态系统综合承载力值，分析其所处的承载力水平，以期为中国海洋的合理开发和可持续发展提供依据。研究表明：中国海洋生态综合承载力在 2007—2011 年总体处于微幅上升阶段，2008 年达到最大值；中国海洋生态综合承载力水平目前处于可载状态，没有超过海洋生态系统自身的承载能力。

白福臣、赖晓红、肖灿夫（2015）运用系统论方法建立海洋经济可持续发展系统结构模型，在此基础上构建海洋经济可持续发展评价指标体系，运用主分量分析与回归分析相结合的综合评价方法，建立海洋经济可持续发展评价模型以及海洋经济可持续发展子系统间协调发展评价模型，并以广东省海洋经济可持续发展问题为例进行实证分析。

任腾、陈晓春（2015）结合区域生态经济系统的内涵及内部结构特征构建了对应的 DEAHP 模型及评价指标体系，进一步对 2007—2012 年我国省际及三大区域生态经济系统的可持续发展水平进行评价。研究结果显示：近年来我国生态经济系统的整体有序度水平呈单调递增趋势，但整体有序状态仍处于相对低下水平。从区域来看，东部与西部的差异相对较大，而相邻区域之间的差异相对较小；从省域来看，相邻省份之间的差异相对较小，省际生态经济系统的有序发展与地区经济发展程度存在明显的正相关关系。

贾首杰等（2015）基于生态足迹方法计算了河南省 1978—2012 年能源足迹，选取修正后的人均 GDP 和能源足迹作为分析指标，利用脱钩分析法对改革开放以来河南省工业化和城市化过程中能源足迹与经济发展的关系进行实证分析。结果表明：河南省 1978—2012 年能源足迹与经济发展的关系经历了扩张负脱钩、扩张链接、弱脱钩、弱强脱钩这四种状态，总体呈现“扩张链接—弱脱钩—弱强脱钩”的可持续变化趋势。

武春友、于文嵩、郭玲玲（2015）运用数据包络分析方法，采用

1998—2012 年中国各区域及 1971—2011 年国际各国的相关数据，测算了中国各区域及世界各国的生态效率，分析了生态效率的影响因素以及各因素对生态效率的影响作用。结果表明：影响因素对生态效率的影响作用在时间上存在较清晰的分界线，其影响作用在不断变迁；影响因素在不同的技术水平和制度环境下会对生态效率产生不同的作用；应结合技术进步和制度创新调整影响因素以达到提高生态效率的目标，单纯调整影响因素不一定能提高生态效率。

本章小结

民生，就是指人民的基本生存、基本发展和基本福利，它是人民最关心、最直接、最现实的利益问题。民生问题的本质，是人民的切身利益问题，“最关心”“最直接”“最现实”，是民生问题的显著特征。民生问题不是一个新问题，其自古有之；中国民生之路艰辛漫长，无数先哲和仁人志士都进行过不懈求索。当前中国的民生问题主要表现为：收入分配差距问题、弱势群体问题、就业问题、医疗问题、“三农”问题、农民工问题、教育问题等。少数民族地区的民生问题表现为：思想观念还比较落后、贫困、基础建设落后、社会保障水平不高、民族自身的发展问题、人们心理上的不平衡等。近年来，民生问题成为我国学术界研究的一个热点问题，有的学者从民生问题的思想、理论进行研究，有的学者从不同民生问题的对策进行探讨，还有的学者从不同的视角对民生问题进行深入思考。

人类对环境问题的首次关注起源于美国海洋生物学家蕾切尔·卡逊这本里程碑式的警世之作《寂静的春天》；随后，为 1972 年在斯德哥尔摩召开的联合国人类环境会议提供的背景材料《只有一个地球》，引起人们的广泛关注；同时，罗马俱乐部发表的研究报告《增长的极限》，给人类社会的传统发展模式敲响了第一声警钟，从而掀起了世界性的环境保护热潮。1987 年由挪威首相布伦特兰夫人（Gro Harlem Brundt land）为主席的世界环境与发展委员会，对世界面临的问题及应采取的战略进行研究，发表了关于人类未来的报告《我们共同的未来》。报告提出了“可持续发展”的概念：“既满足当代人的需求，又不对后代人满足其需求的能力构成危害的发展。”可持续发展的基础理论包括未来社会学和经济发展理论两个方面。对可持续发展的研究主要体现在：对城镇化的可持续发展研究、对城市的可持续发展研究、对旅游业的可持续发展研究、借鉴国外的典型经验、对企业的可持续发展研究、对农村的可持续发展研究、对区域经济的可持续发展研究、民生问题在持续发展。

第三章

红河州“美丽家园”建设可持续发展专题研究

第一节　问题的提出

一　研究背景

未来的农村还是“农村”吗？我们到底要什么样的农村，我们的乡村到底要怎么的发展与建设安排？党的十八大报告明确提出“努力建设美丽中国，实现中华民族永续发展”的奋斗目标，让国人倍感温馨，感慨万千。习近平总书记说，美丽中国要靠美丽家园打基础。2013年5月29日，红河州委、州政府在红河会堂举行“美丽家园”行动计划启动大会，自此，一次以改善农村人居环境，实现红河州人民群众安居梦想的建设行动拉开了序幕。红河州委、州政府决定在2013—2020年用八年的时间，围绕以“宜居红河·美丽家园”为主题，启动实施以“房”“村”“镇”“城”建设改造提升为主要内容的“美丽家园”行动计划。目前，红河州“美丽家园”已进行三年多，取得了明显成效，同时也相应地存在一些问题，为确保红河州“美丽家园”行动的可持续发展，我们对红河州所属的13个县市“美丽家园”建设情况进行了相关研究。

二　研究意义

（一）理论意义

对红河州的“美丽家园”建设进行专题研究，可以丰富民生问题和可持续发展理论的内涵，同时为“美丽家园”行动计划提供理论指导。

（二）现实意义

习近平总书记在2013年年底召开的中央农村工作会议上强调：“中

国要强，农业必须强；中国要富，农民必须富；中国要美，农村必须美。建设美丽中国，必须建设好‘美丽家园’。”“美丽家园”行动计划，事关大局、影响长远，是一项关乎全面建成红河小康社会的民生工程、德政工程。实施“美丽家园”行动计划，是落实科学发展观，全面建成小康社会的重要内容；是促进城乡统筹，扩大内需的重要手段；是着力改善民生，让改革发展成果惠及人民群众的重要举措；是美化城乡面貌，提升城乡文明水平的重要途径。在全州建成“房美”“村美”“镇美”“城美”的“美丽家园”。

（1）我国是农业大国，建设美丽家园是建设美丽中国的重要内容。“美丽家园”建设是美丽中国建设的重要组成部分，是全面建成小康社会的重大举措，是在生态文明建设全新理念指导下的一次农村综合变革，是顺应社会发展趋势的升级版的新农村建设。它既秉承和发展了“生产发展、生活宽裕、乡风文明、村容整治、管理民主”的宗旨思路，又顺应和深化了对自然客观规律、市场经济规律、社会发展规律的认识和遵循，使美丽家园的建设实践更加注重关注生态环境资源的保护和有效利用，更加关注人与自然和谐相处，更加关注农业发展方式转变，更加关注农业功能多样性发展，更加关注农村可持续发展，更加关注保护和传承农业文明。

（2）“美丽家园”建设是落实党的十八大精神，推进生态文明建设的需要。党的十八大明确提出“要把生态文明建设放在突出位置，融入经济建设、政治建设、文化建设、社会建设各方面和全过程，努力建设美丽中国，实现中华民族永续发展”，确定了建设生态文明的战略任务。农业农村生态文明建设是生态文明建设的重要内容，开展“美丽家园”创建活动，重点推进生态农业建设、推广节能减排技术、节约和保护农业资源、改善农村人居环境，是落实生态文明建设的重要举措，是在农村地区建设美丽中国的具体行动。

（3）“美丽家园”建设是加强农业生态环境保护，推进农业农村经济科学发展的需要。近年来农业的快速发展，从一定程度上来说是建立在对土地、水等资源超强开发利用和要素投入过度消耗基础上的，农业乃至农村经济社会发展日益面临着资源约束趋紧、生态退化严重、环境污染加剧等严峻挑战。开展“美丽家园”创建，推进农业发展方式转变，加强农业资源环境保护，有效提高农业资源利用率，走资源节约、环境友好的农业发展道路，是发展现代农业的必然要求，是实现农业农村经济可持续发展的必然趋势。

(4)“美丽家园”建设是改善农村人居环境，提升社会主义新农村建设水平的需要。我国新农村建设取得了令人瞩目的成绩，但总体而言广大农村地区基础设施依然薄弱，人居环境脏乱差现象仍然突出。推进生态人居、生态环境、生态经济和生态文化建设，创建宜居、宜业、宜游的“美丽家园”，是新农村建设理念、内容和水平的全面提升，是贯彻落实城乡一体化发展战略的实际步骤。

三 研究目的

(1) 为红河州“美丽家园”行动计划提供理论支持和相关建议。

(2)“让人民群众满意，让子孙后代受益”，保持美丽家园建设的可持续发展。

四 研究内容

“美丽家园”是依托农村空间形态，遵循社会发展规律，坚持城乡一体发展，农民群众广泛参与，社会各界关爱帮扶，注重自然层面和社会层面、形象美与内在美有机结合，不断加强农村经济、政治、文化、社会和生态建设，不断满足人们内心感受又不断实现其预期建设目标的一个循序渐进的自然历史过程。本研究包含以下几个内容。

(1)“美丽家园”建设的现状。

(2)“美丽家园”建设的成效。

(3)“美丽家园”建设存在的问题。

(4)“美丽家园”建设的典型模式。

(5) 进一步推进“美丽家园”建设的建议。

五 研究方法

(一) 文献研究法

文献包括期刊，各级政府相关部门的下发文件、上报文件和新闻报导等。

(二) 实地调查法

调查采取典型调查与重点调查相结合的方式，以 2013 年红河州

“美丽家园”行动计划确定的重点村为主要调查点，兼顾2014年、2015年的重点村。之所以这样安排，是因为2013年确定的重点村目前已具“美丽家园”的雏形，而2014年确定的重点村正在建设之中，而2015年确定的重点村有的现在还未开始建设。为保证调查的全面性、典型性和重点性，我们对红河州所属的13个县市均进行实地调查，每个县市走访2—3个自然村。详见表3－1。

表3－1　红河州“美丽家园”行动计划的重点村（2013年）及调查样本村

序号	2013年重点村	调查样本村	所属县市	所属地区
1	个旧市沙甸区沙甸乡西营村		个旧市	北部六县市
2	个旧市沙甸区沙甸乡川营村	√		
3	个旧市沙甸区新沙甸乡团坡村			
4	个旧市沙甸区沙甸乡金鱼村			
5	个旧市大屯镇杨家寨村委会倮莫村	√		
6	开远市大庄乡大庄村委会龙溪村	√	开远市	
7	开远市大庄乡大庄村委会新村			
8	蒙自市文澜镇大台子村委会大台子村		蒙自市	
9	蒙自市文澜镇红寨村委会南山屯村			
10	蒙自市文澜镇马房村委会马房村			
11	蒙自市新安所镇新安所村委会城内村			
12	建水县西庄镇白家营村委会水打营村	√	建水县	
13	建水县临安镇红庙社区红庙村			
14	建水县临安镇韩家社区碗窑村	√		
15	建水县西庄镇马家营村委会绍伍村			
16	泸西县午街铺镇大水塘村委会大水塘村	√	泸西县	
17	泸西县午街铺镇大水塘村委会龙潭河村	√		
18	泸西县午街铺镇河外村委会达佐村			
19	弥勒市西三镇蚂蚁村委会可邑村	√	弥勒市	
20	弥勒市西三镇蚂蚁村委会蚂蚁哨村	√		
21	弥勒市弥阳镇章保村委会东红村			
22	弥勒市西一镇攀枝村委会租舍村			

续表

序号	2013 年重点村	调查样本村	所属县市	所属地区
23	河口县莲花滩乡莲花滩村委会上甘塘村	√	河口县	南部七县市
24	河口县莲花滩乡莲花滩村委会大田村	√		
25	河口县莲花滩乡莲花滩村委会莲花滩村			
26	红河县迤萨镇大黑公村委会大黑公村		红河县	
27	红河县迤萨镇齐心寨村委会 阿扎河水库移民安置点（含齐心寨村）	√		
28	红河县迤萨镇勐甸村委会万年塘千户村			
29	金平县马鞍底乡中寨村委会标水岩村		金平县	
30	金平县大寨乡大都马村委会大都马村			
31	金平县马鞍底乡普玛村委会大鱼塘村	√		
32	绿春县戈奎乡托牛村委会托牛村	√	绿春县	
33	绿春县大兴镇大寨村委会广吗村			
34	绿春县戈奎乡加梅村委会格波村			
35	屏边县新现乡洗马塘村委会沙梨树村	√	屏边县	
36	屏边县玉屏镇新荣村委会撇枝村			
37	石屏县坝心镇坝心村委会龙港新村		石屏县	
38	石屏县异龙镇豆地湾村委会毛木咀村			
39	石屏县异龙镇豆地湾村委会豆地湾村			
40	元阳县攀枝花乡保山寨村委会攀枝花村		元阳县	
41	元阳县攀枝花乡保山寨村委会路那新村			
42	元阳县攀枝花乡保山寨村委会保山寨村			
43	元阳县新街镇哈尼民俗村	√		

第二节　红河州“美丽家园”的实施现状

一　“美丽家园”建设的基本做法

红河州把“美丽家园”建设作为党的群众路线教育实践活动的重要载体和具体抓手，继续坚持政府引导、群众主体，规划先行、梯度推进，城乡统筹、系统推动，生态优先、突出特色、产村融合、强化支撑的原则，大力实施做特民居、做美村庄、做优集镇、做强城市、环境整治、兴业富民、市民素质提升、创新社会治理等工程。

（一）工作思路

以“宜居红河·美丽家园”为主题，以改善居住条件和美化生活环境为根本，以开展党的群众路线教育实践活动为抓手，以“做特民居、做美村庄、做优集镇、做强城市”为重点，以“人口、产业、公共资源”三个聚集为核心，实现“一年出示范、三年大变样、五年新跨越、八年新面貌”的梯度推进目标，整合项目、资金和人力，联动推进城镇化、城乡一体化和农业现代化进程，全面推进房、村、镇、城四个层次的建设，根本改变城乡面貌，着力提高房、村、镇、城品位，全面提升城乡人居环境质量，为全省城乡人居环境提升作示范、出经验，促进红河科学发展、和谐发展、跨越发展，让人民群众生活居住得更体面、更舒适、更幸福、更美好、更有尊严。

（二）目标任务

到2020年，按照“建筑风格统一、建筑外观统一、建筑模式统一”的原则，因地制宜地建设、改造和提升房、村、镇、城建筑群体，着力打造一批不同类别、不同风格、不同模式的特色民居、特色村寨、特色集镇、特色城市建筑群落。

1. 实施“做特民居”建设工程

按照“危房拆除重建、旧房改造提升”的要求，全面推进房村镇城建设、改造和提升工程，在全州农村建成51.6万户以上实用、坚固、经济、美观的特色民居。其中，完成农村民居拆除重建23.5万户，完成农村民居改造提升28.1万户；旧城各类棚户区改造住房2.5万套；新增城镇保障性住房513.52万平方米。

2. 实施“做美村庄”建设工程

按照“道路硬化、街道亮化、沟渠净化、环境绿化、村庄美化”的要求，以打造“生态村、特色村、文明村、和谐村、宜居村、小康村”为目标，实施村庄基础设施建设、自然生态保护，环境卫生整治、村庄绿化美化净化亮化等重点工程，构建舒适的农村生态宜居体系，建成6800个规划科学、布局合理、环境优美的秀美村庄；建成561所标准化村卫生室（其中新建246所、改造315所）；建成150所村级敬老院

（居家养老服务中心）；建成407所村级幼儿园。

3. 实施“做优集镇”建设工程

围绕打造“生态集镇、特色集镇、旅游集镇、魅力古镇、宜居集镇、宜赏集镇”的目标，推进集镇建设、改造和提升，建成140个（含6个农场、1个难民管理区）生态文明、传承历史、延续文脉、特色鲜明的集镇；建成104所标准化乡镇卫生院（其中新建50所，改造54所）；建成40所标准化乡级敬老院；建成150所标准化中学、150所标准化小学，43所乡级幼儿园，排除中小学B、C级校舍面积87.2万平方米、D级校舍面积64.2万平方米。

4. 实施“做强城市”建设工程

以“滇南中心城市（个旧、开远、蒙自、建水）——特色城市（弥勒、元阳、河口）——中心县城（石屏、泸西、屏边、红河、金平、绿春）”三个城市体系为重点，把城市作为县域经济发展的平台和突破口，做好城市主题、风貌、目标、形象、个性、功能、产业定位以及城市规划设计，用一流的精品城市规划、顶层的精品城市设计、高标准的精品城市工程和特色的精品城市建筑，引领和推动城市新城区开发建设和旧城区改造提升，着力打造风貌各异、特色鲜明的滇南城市群落，实现滇南中心城市一体化，跨入百万人口城市行列，建成云南第二大城市，加快新型城镇化建设步伐。要着力推进城市综合体建设，为全省推动城市综合体建设率先发展做出表率。要同步开展文明城市、卫生城市、平安城市、园林城市、旅游城市和环保模范城市创建活动。

二　红河州“美丽家园”建设的成效与主要经验

（一）红河州“美丽家园”建设的成效

“美丽家园”行动计划，是红河州委、州政府为推动红河与全国、全省同步建成小康社会而实施的重大战略决策。自2013年5月启动红河州“美丽家园”建设以来，挖掘机、推土机、压路机、货车，重型施工纷纷开赴红河州的农村；钢筋、水泥、砖头、油漆，建筑材料大量流向红河州的农村；贴息贷款、政府补助、群众自筹，资金力量涌向红河州的农村。在短短的三年多的时间里已打造出一些典型示范，逐步形成了人口、产业和公共资源的聚集，拉动了投资增长，形成了以房扩需效应；促进了民生改善，形成了以房惠民效应，形成了以房促变效应；推动了产业发展，形成了以房带产效应，取得了明显成效，让更多的村民感觉到明显受益了，积极主动地参与到“美丽家园”建设中来，特别是“美丽家园”建设得到了老百姓实际行动上的支持，如马街哨村的沿街村民主动让出了自家的一点宅基地，使得主干道街面变宽。

1. 改善人居条件，项目建设斐然

“美丽家园”建设有效改善了当地群众的居住条件，美化了生活环境，提升了人居质量，得到了群众的大力拥护和支持，取得了“一房多效应”的良好成效，如在个旧市的“美丽家园”建设中，项目起到了很大的作用。①开展标准化中小学建设，创造良好学习环境。2013 年个旧市标准化中小学、乡村两级幼儿园工作目标任务共 17 所，均已开工建设，目前已有 4 所幼儿园已进入装修阶段，累计完成投资 1765 万元。全市共消除 D 级校舍 12552 平方米，完成 B、C 级校舍加固改造 13512 平方米。②开展标准化乡级卫生院、村级卫生室建设，提升医疗环境。目前，蔓耗卫生院改造工程已完工，投入资金 125 万元，大屯团结村卫生室建设项目已于 7 月底开工，并已进行了装修，完成投资 13 万元。③建设标准化乡级敬老院、村级敬老院（居家养老服务中心），做到老有所养。锡城镇敬老院主体建设装修工作已经结束，前期建设已经投资 780 万元。大屯镇红土坡村委会万家寨、杨家寨村委会倮莫村和沙甸区西营村三个居家养老服务中心建设，合计需投资 144 万元，目前沙甸的项目正在做可行性研究，大屯万家寨和倮莫的两个项目已完成市发改局立项、可行性研究、村镇规划许可证办理，主体土建工程正在进行中，现完成投资 20 万元。

2. 密切了干群关系，形成了以房融情效应

“美丽家园”建设中，弥勒市完成做特民居拆除重建任务 3100 户、改造提升任务 1500 户，完成年度任务数量 4600 户的 100%；完成做美村庄 12 个，完成年度任务数的 100%；完成做优集镇任务 1 个；此外，相关卫生、教育、保障性住房建设等各项指标全面圆满完成。“美丽家园”建设带来的巨变，让干部群众赞不绝口。可邑村小组组长龙才华说：“农村经济条件越来越好，农村人也迫切需要改善居住环境，像城里一样有一些基本的公共服务。政府关注农村，我们这些基层干部的干

劲也更足了。”驻村干部说道：“要真正认识群众的所思所盼就到基层来，要认识把握党的历史和发展就到农村来，要想干事创业就到基层来。‘美丽家园’行动计划不仅仅实惠了群众，发展了三农，还教育、检验、培养了干部。”家园在变、思想在变、生产生活在变、党员干部在变，一切都在变，一切都越变越美。

3. 城市建设靓丽行动也取得显著成效

弥勒市在“美丽家园”建设中，把“美丽家园”建设与产业发展充分结合起来，充分考虑到产业发展的重要支撑作用，按照“以房惠民、以房带产、以房聚财、以房扩需、以房促变”的思路，在农村民居规划设计和建设中，准确定位村庄发展方向，充分考虑产业发展的需要。同时，围绕建设休闲旅游度假城市，着力打造丰富的旅游产品，加快以旅游产业为重点的第三产业发展。弥勒市着力实施“做强城市”工程，成功申报为“国家智慧城市试点”，旅游城市建设力度加大，弥勒大道、莲花南路等6条市政道路竣工，古城小学北侧道路、莲花北路等市政道路建设加快推进，天然气利用工程厂区建设、污水处理厂配套管网工程完工，城市配套功能不断完善；绿化弥勒大道两侧护坡1.54万平方米，维护城区园林绿化1.93万平方米，完成髯翁路、中山路、佛城农贸市场等地段的小游园景观改造和绿化带建设，城区绿化覆盖率达43.49%。

（二）红河州“美丽家园”建设的主要经验

1. 注重产业支撑，项目推进

“美丽家园”建设必须有产业支撑，注重产村融合，通过空间改造、资源整合、人文开发，并以项目形式推进，达到“美丽家园”的永续发展，是“美丽家园”建设的一条重要经验。比如在西三镇可邑村“美丽家园”建设中，坚持“原住民、原生态，宜居住、宜商业”的原则，以乡村旅游为定位，注重产村融合，将有意愿发展乡村旅游的农户集中在一起，按照3A级旅游景区的标准，规划设计了一个集生态观光、民俗旅游为一体的生态农业体验平台，着力在打造规划科学、布局合理、环境优美的乡村旅游小镇上下功夫，着重在挖掘彝族阿细文化上做文章，通过打造特色旅游新区来发展乡村旅游，以此解决农户偿还贷款、改善生活等问题。可邑小镇3A级景区目前已投入运营。再如新哨镇小路体村，培育了葡萄和韭黄两大产业之后，全村的家庭经济收入相当稳定；还有弥阳镇的永红村和竹园、朋普两镇的村民都可以依靠大棚蔬菜支撑家庭经济收入。“美丽家园”极大地助推了全市经济社会发展：2014 年，弥勒生产总值实现地区生产总值 245.89 亿元，增长 9%；城镇常住居民人均可支配收入 25000 元，增长 11%，农村常住居民人均可支配收入 7600 元，增长 14%；年末金融机构存款余额、贷款余额分别达 171.24 亿元、109.13 亿元，比年初增长 13.9% 和 18.2%。

元阳县在“美丽家园”建设中，按照旅游特色村的标准，将“美丽家园”建设与梯田旅游相融合，突出田园风光、哈尼风情、梯田文化，共投入资金 3.98 亿元，重点打造丫多新村、攀枝花村、小岭岗村等 10 个示范样板村，辐射带动周边村寨的“美丽家园”建设，完成拆除重建 1500 户。元阳哈尼小镇是州级“美丽家园”建设着力打造的三个特色旅游小镇之一。借助哈尼梯田世界文化遗产这一品牌优势，突出农耕文化展示、生态居住组团、生态休闲度假、文化休闲娱乐及特色购物组团、农耕文化体验区建设，重点加强哈尼族展览馆、4D 影院、大型哈尼歌舞精品节目、休闲酒吧等建设，千方百计丰富旅游要素，实现人、自然、城镇、旅游有机协调和可持续发展，把哈尼梯田打造成知名的国际性旅游目的地。项目预计总投资 2 亿元，自 2013 年 10 月 16 日开工建设以来，稳步推进目前已到位资金 4170 万元，现已预计完成投资 4490 万元。

2. 以科学规划为前提，突出区域特色

在“美丽家园”建设中，把科学规划作为“美丽家园”建设的基本前提，从所处区位、村落传统、主导产业等角度深入分析，把“美丽家园”建设与村庄规划、产业发展规划、土地利用规划、城市建设规划、集镇建设规划相衔接，实现规划从“墙上画”向“地上物”的转变。注重个性特色，突出“一村一品”“一村一景”“一村一韵”的建设主题。例如，弥勒市对布王戈村、久益村、白石岩村进行整体迁建规划；以乡村旅游为定位，对可邑村按照 3A 级景区标准进行规划，重新对蚂蚁哨村、法雨哨村按照民族文化旅游特色村进行了规划设计，注重连线成片、由点及面、串珠成链效果，推进“美丽家园”建设。以石蒙高速路、昆河二级路沿线为中心，在弥阳、西三、新哨、竹园、朋普片区等规划了民族文化特色、农业产业特色示范片区，打造了一批“烤烟产业村”“特色种植村”“特色养殖村”“民族文化村”“庄园旅游村”，形成了“美丽家园”建设示范带，将“美丽家园”建设与高原特色农业、旅游产业发展相融合，充分考虑产业发展的重要支撑作用，强化村庄可持续发展能力，使广大人民群众能够真正盖得起、住得起安全、美观、舒适的房子。

3. 村委会的领导力量、引导示范作用不容忽视

在调查中我们发现，村委会的领导力量、引导示范作用不容忽视。弥勒市东红村成立了“美丽家园”建设理事会，选举村小组长朱丽华为理事长，全村 81 户均积极参与建设，其中，提升改造 51 户，拆除重建 30 户。同时，发展大棚番茄 100 多亩，番茄亩产量达 8 吨，实现年经济总收入 200 万余元。同时，东红村还发展玉米制繁种产业和养殖产业，全村养殖奶牛 100 多头。农民收入倍增。

4. 深化农村产权制度改革

“美丽家园”建设离不开创新。中共红河州委书记杨洪波在《在红河州 2014 年度“美丽家园”建设推进会上的讲话》中提出，“‘美丽家园’建设中要抓好农村产权制度改革，我们不能仅把农民的房屋和土地当成实物，要在农村房屋、土地的所有权、使用权、处置权等方面做文章，把它变成可以流动、交换的产权。”开远市黑泥地村的农村产权制度改革是红河州“美丽家园”建设中探索出的一个典型。黑泥地村是开远市羊街乡的一个大村庄，耕地面积 2606 亩。其中，旱地占 70.5%、水田占 29.5%。全村有 196 户，正在建房的就达 127 户。他们建房的激情来源于“美丽家园”建设深得民心，更主要的是村民土地初次流转后收入高了，土地再入股还有更大的收益。这些，都是村民建别墅的底气。在黑泥地村，建一栋别墅至少要 25 万元，村民哪来的底气？正在建房的村民李耀武一语点破：“宅基地确权、房产确权。确权后，一方面可抵押贷款，另一方面还可以进行公开买卖。以后我们不要了或者我们不在这个地方了，是可以出卖的。不确定权属，这虽是你的，是没人敢买的。”李耀武建房时，同样遇到了资金难题，“这段时间，村民的宅基地、土地，经过开远土地部门测量后已经公示。我就是靠土地承包权作抵押，从农村信用社贷款 20 万元。”在他看来，宅基

地、土地确权登记是遇到了改革春风，是一个难得的历史机遇。自己贷款建房后，就是自己的财产。为此，他不怕贷款，更不担心自己的还款能力。“早在2009年，我家的24亩土地就已作为股东入股到村合作社。每亩土地年租金已从300元增加到800元。我和儿子再帮合作社干活，土地年终还有分红，年收入可达五六万元。那点贷款也还不了几年。”普永生认为，正是这个“确权”，让村民获得了更多的财产权，才激发村民的建房热情。问起土地确权之后的新变化，该市市委副书记杨泓说：“可以实现土地的规模经营，就可以实现土地的抵押贷款，集零成整经营时，就便于农机设备的投入，实现农民收入的增长。”

5. 政府主导，社会参与

“美丽家园”建设是一项系统工程，需要各部门整体联动，各负其责，形成合力。在“美丽家园”建设中，红河州坚持了政府主导、建制村主办、全员参与，各级党委和政府集中精力，从帮助老百姓解决最关心、最迫切的居住问题入手，来实现以房惠民、以房带产、以房聚财、以房扩需、以房促变；政府主导主要体现在组织发动、部门协调、规划引领、财政引导上，形成整体联动、资源整合、社会共同参与的建设格局。政府主导不是政府包办一切，“美丽家园”建设要形成多元参与机制。在政策制定、规划编制等各个环节切实维护好人民群众的利益，要通过完善规划和实施方案，来实现人口、产业、公共资源的聚集，要采取重点突破到全域覆盖的方式，发动社会各界的力量，整合各类资源，集中投入“美丽家园”建设上来。为此，红河州建立齐抓共管、各负其责的责任机制。县一级政府负责“美丽家园”总体规划、指标体系和相关制度办法的建设，对“美丽家园”建设的指导考核等工作；乡级政府负责整乡的统筹协调，指导建制村开展美丽家园建设，并在资金、技术上给予支持，对村与村之间的衔接区域统一规划设计并开展建设；建制村是“美丽家园”建设的主体，由其负责“美丽家园”的规划、建设等相关工作。同时，理顺部门之间的横向关系，对各部门的责任和任务进行量化细分。

三　存在的主要问题

“美丽家园”行动计划是一项惠民的安居工程，是国家改善民生的一项重大战略决策。自2013年5月以来，在短短的三年多时间里，红河州的“美丽家园”建设已打造出一批典型示范区，逐步形成了人口、产业和公共资源的聚集，拉动了投资增长，形成了“以房扩需、以房惠民、以房促变、以房带产”的效应，取得了明显成效。但是在推进过程中依然存在不少困难和问题。这些问题在各个村子中都不同程度地存在，有的虽然是个别问题，但对于一户家庭来说，则是一辈子的事。通过对红河州13个县市“美丽家园”重点村的深入调研，我们发现的问题有以下几个。

（一）没有注重特色，个别规划不完善

1. 规划有待完善，特色不突出、不鲜明

规划编制形式较单一，存在“千村一面”现象；只注重环境提升规划，忽视发展规划，如产业发展规划、素质提升规划和服务提升规划等；规划中很少突出各地的生态、文化、产业特色，更没有突出鲜明民族、历史特色的村庄文化；有的地方不仅没有保留原有的风貌、风格，反而把它破坏了；规划设计的品位欠缺，内涵挖掘不够充分，外在的表现上乡村味不浓，求大求洋，不能体现乡村特色；缺乏专业设计人才，不能与乡土文化对接。①有的房屋设计特色不明显，如尼苏小镇，没有突出哈尼族尼苏支系的特色；②整体设计太压抑，新建的还不如原来的好，房屋太密集，如个旧的倮莫村，古驿道、古文化遗址更没有突显出来；③如马街哨村，虽然房屋造型彝族特色鲜明，欲整体打造一个彝族小镇，但墙体设计不实用、不安全，只考虑外面好看，没有考虑老百姓的实际需要；④如上甘塘村，外观虽然统一，但缺少了民族特性；规划的低标准和不定型性，造成的后果是边建边规划，边规划边改进，以致建成的项目推倒重来或需要加以改建，造成不必要的重复和浪费。

2. 村庄过散、布局零乱

各行政村的自然村落过多、村庄规模小且过于分散的现状没有根本改变。虽然建了一些示范村、特色村，但真正让人耳目一新、眼睛一亮的精品村不多；基础设施大多没有同步建设、及时配套，特别是绿化、美化、亮化、污水处理、垃圾无害处理等推进不到位；只重视地面工程建设，对地下工程，包括垃圾、污水设施建设关注不够；政策制定中没有充分考虑执行中可能出现的问题，导致了执行中矛盾频出。

3. 房屋空置率高

现在农村青壮年多在城市打工，只有老人和小孩住在家里，房子的空置率非常高，浪费非常大；有的村子存在重复建设问题，如同心村，原有的房屋足以满足现有的居住条件，还要建设，而有的村子却没安排财政资金，没有体现普惠制。

（二）思想认识有待提高

1. 对“美丽家园”建设的内涵领会不够

在走访中，我们发现少数村没能把上级精神吃透，“美丽家园”建设应该不是简单的让村民集中居住和建造新房子、道路等基础设施，简单的修个广场、建个祠堂，把道路两旁的房屋墙壁刷一刷，可以说只是做了一个门面。“美丽家园”建设要重在农民生活方式的转变，要重在农民收入来源的变化，要重在农民思想道德的提高，要重在农民生活质量的提升。

2. 少数镇村干部存在畏难情绪

广大镇村干部是“美丽家园”建设的倡导者和执行者，但从调查情况来看，少数镇村干部存在畏难情绪和“等、靠、要”的思想，工作主动性、大局性不够强，相关职能部门参与度不高，没有真正形成“齐抓共管”的局面。在一些具体事情上，工作不扎实，如在元阳的马街、红河的齐心寨水库搬迁问题上，对村民的宣传不到位：相当一部分村民感觉到搬迁不公平，占地和没占到地的都搬进来了，有些人不理解、有怨言，官方说法是扣低保，但村民认为不可能。

（三）建设资金有待落实

“美丽家园”建设需要投入大量资金，除上级补助外，主要靠镇村投入。由于各镇、村级经济实力有限，难以保证在“美丽家园”建设中有较大的投入，这直接影响到工作进展。

1. 上级转移支付资金总量有限

无论是相应配套政策还是直接的专项资金扶持，力度都可谓是历史性的空前加大，但对于广大农村来说还是杯水车薪。地方财政吃紧，难以足额配套到位。

2. 社会投资引入难

资金筹集渠道拓展难。“美丽家园”建设属于公益性项目，没有回报，因而难以引入大量建设资金。即使如农业、旅游等产业项目也因回报周期较长、回报率不高，不能有效吸引社会资本投入。农村经济基础薄弱，合作社不发达，农民收入低，相对发达地区的多渠道投入有明显差距。

（四）没有核心产业支撑，后劲发展乏力

1. 产业特色不明显，功能较单一

通过“美丽家园”建设和加强宣传造势，“美丽家园”建设有了一定发展，但总体上产业特色还不明显，功能较为单一，大都以喝茶、吃饭、垂钓、棋牌等内容为主，游客逗留时间最多也就一天，规模小、档次低，产业链较短，辐射带动作用较弱。同时，农村其他新兴产业的培育和引进力度也还不够，“美丽家园”建设尚缺乏持续有力的产业支撑。虽然近年来花了很大的人力物力财力，培育了尼苏小镇等，但都还处于起步阶段，规模效应还不明显。具体表现为：①如尼苏小镇，经营的项目无非是吃吃喝喝，与其他旅游点大同小异，能招来游客但不能留住游客；②如石屏县的郑营村，没有充分发挥国家级历史名村的优势，大闸蟹反而成了招牌；③如金平的石洞村，农家乐很多，但没有游客，在策划、宣传上存在不足；④有的村民不但不能按时还款，还没有了后续经营资金，这个问题较普遍。

2. 农民持续增收潜力不足

产业发展和农民增收是“美丽家园”建设的根本基础，农村产业规模过小，产业优势发挥有待加强。一是传统的分散经营模式，难以改变农业经济落后的现状，农民增收渠道不宽，收入不稳；二是产业结构的调整和新兴产业的培育难以在短时间内完成；三是新农村主导产业难培育，经济发展后劲乏力；四是农村缺乏创业创新人才，新型农民综合素质有待提升；五是村级集体经济薄弱，农业专业合作社松散，缺乏凝聚力和向心力。

3. 产业培育的效果不明显

在产业发展上，虽然有一些村通过“美丽家园”建设，大力发展生态旅游、打造村级工业平台、发展家庭工业，有效地推进了建设与发展的互促共进，但还未形成全面性的示范作用，农村产业的发展没有取得质的提升。①品牌经营的力度不够大。可邑村的“美丽家园”建设，是弥勒村实现产业转型的重要手段和主打品牌，已有了一定的知名度，但在如何利用品牌发展弥勒经济方面考虑的不多，力度不太，成效也不明显。②农村文化特色尚未得到深层次挖掘利用。红河州农村蕴含着丰富的文化资源，但由于缺乏整体规划，农村文化特色尚未得到深入挖掘发展。一些优秀的传统文化、民间文化、非物质文化遗产急需抢救、保护和利用，一些特色文化内涵需要进一步丰富，各地的文化形象需要进一步提升。③古村落开发保护有待加强。红河州有历史积淀、有文化内涵、有鲜明特色的古村落，由于年久失修，开发保护工作滞后，目前正面临着坍塌、毁损、逐步消失的困境。

（五）没有长效机制，后续管理不能跟进

1. 环境整治面临诸多困难

环境整洁是“美丽家园”建设成效的主要指标，要巩固环境整治的成果，面临诸多困难：一是公共卫生保洁难。农村面广，尤其是乡村旅游业兴起，游客增加，给农村保洁带来了难度；二是公共设施维护难。由于资金等各方面原因，农村环卫设施得不到及时更新和修理；三是乱搭乱建制止难。有的村子开展了一段整治行动，农村乱搭乱建等违章建筑得到了抑制，但如果长效管理机制不建立，随时会出现反弹。四是生活习惯改变难。村民虽然切身感受到村庄整治后给生活质量带来的变化，但是长期以来形成的生活、卫生习惯，制约了其长期保持良好环境卫生状况的意愿。农村环境脏乱差问题依然存在。虽然通过村庄整治农村环境脏乱差问题得到极大改善，但是由于村级经费紧张以及思想上重建轻管等原因，村庄卫生保洁、设施维护等方面缺乏长效管护。农村畜禽粪便、生活污水和废弃物等引发的污染问题较为突出，严重影响了农村生态环境。

2. 村庄绿地面积依然过低

绿化是“美丽家园”建设工作中锦上添花的有效举措。硬化路多、绿化路少，庭院整洁、绿化美化不够等现象依然存在；一些村庄则缺乏绿化空间。

3. 具体表现

①对村容村貌没有后续的统一管理，垃圾成片，如元阳的马街。②有的村子公共设施没弄好，没垃圾房，没下水管道，垃圾污水无处排

放，如法雨哨村。③边远地区的乡村，由于没有核心产业支撑，目前大多仍以种植业、养殖业为主，但有些村子建设后养殖业出现问题，反映最多的是养猪问题，一是没地方养猪，二是猪圈建少了不够分，三是猪圈建的地点不合适，如绿春县的托牛村。④后续发展无人问津，如红河县的齐心寨村。⑤村集体没有后续资金盖房，现在已停工。没有政府监管，后续工程难以为继，干了两年就不干了，如个旧的倮莫村。

（六）体制机制有待进一步研究

1. 招投标市场有待规范

据反映，目前招投标市场较为混乱，对一些串标的企业法人和非法买卖标的行为政府查处力度还不够。例如，个别镇街遇到的部分工程建设项目在村内实施的时候，一些村民就百般阻挠要求将项目交由他们来做，中标施工单位无奈也只好将标的卖给他们，然后他们再层层转包赚取差价，这样真正用于工程建设上的实际投入就相应减少，导致工程进度和质量难以保证，而有关部门对这种非法行为由于举证方面的原因，也没有很好的措施办法进行查处。

2. 后续长效管理有待落实

"美丽家园"建设项目完成后，增加了许多景观和设施，村级相应增加了大量养护开支。由于责权不明晰，特别是由于村级经济薄弱，因此农村基础设施和公用事业的经营管理效率低下已成为一个普遍现象。由于农村基层组织的管理功能普遍薄弱，因此常出现有人建设、有人使用，却没有人管理的情况。这样如果长效管理经费不能很好地解决，村级将由此造成新的负债，背上沉重的包袱，最终"美丽家园"建设由好事变成了坏事。为此，后续长效管理不及时跟进的话，将带来很多问题和负面效应，"美丽家园"建设已有的成果将前功尽弃，还会招来群众的一片骂声，没有群众支持配合，后期建设工作开展难度将增大。基础设施的管护机制缺失，也导致国家投资的浪费。"美丽家园"建设是一项民心工程，是一项长期而又复杂的系统工程，不能重一时整治而忽略长期有效的管理。

3. 项目实施推进难度较大

一是项目实施中，有的村没有紧密结合村民需求进行项目论证，造成完成设计的施工图多次修改和完善；有的设计内容虽然做了前期对接，但在图纸交底时，受方方面面的利益驱动以及多种不确定性因素影响，难以统一工程设计范围、规模和标准要求，甚至在工程进场施工后，提出设计变更、工程量增加的意见，致使在统筹建设“美丽家园”、把握目标定位上出现偏差。还有，在“美丽家园”建设过程中，统筹考虑不够周全，往往以村为单位，缺少以片、以线以及总体关联性的思考；在建设内容和时序上缺乏计划性、系统性、前瞻性，如个别村社去年刚刚完成的道路硬化，今年又要将水泥路面凿开，进行污水纳管、埋设自来水管等，导致重复建设和财政资金浪费。另外，个别镇街、村社一定程度上还存在重项目建设、轻环境整治的情况，村庄环境治理工作有待进一步加强，特别是一些路面堆积物、视觉污染物等的清理拆除力度不够，“村容整洁环境美”的建设效果有待进一步提升。

4. 要素制约有待进一步突破

一是计划项目资金安排与基层和群众的需求存在较大差距。由于“美丽家园”建设规划定位较高，环境整治、公共服务、基础配套等工程量大，投入资金也相对较多，而按照“美丽家园”建设项目资金管理要求，区、镇街需 1∶1 配套，个别镇街反映因为整治村社多、整治任务重，资金配套压力较大，由此在排定建设计划时存在顾虑，只好“看菜吃饭”“有多少钱办多少事”，而基层和群众要求加快建设的愿望又很迫切，由此显得心有余而力不足。虽然目前工作是做下去了，群众也没有什么信访反映，但是这样做的结果有可能带来后遗症。二是作为实施主体的镇街将“美丽家园”建设任务落实在一两个农口系统的工作人员身上，由于人手紧张，造成疲于应付、组织协调管理工作较为薄弱；同时作为现场管理主体的村社懂建设工程的人员缺乏、精力投入不足，造成在个别项目上不可避免地出现监管不到位、项目推进速度和质量受影响的情况。

（七）农民群众的主体作用没有得到很好体现

1. 存在面子工程、政绩工程现象

“美丽家园”建设首先要尊重农民的主体地位，要从符合农民意愿、带给农民实惠、得到农民拥护的实事入手，渗透以人为本的精神实质。“美丽家园”建设的成败得失，取决于农民心中一杆秤。在走访中，我们发现少数地方不顾实际情况和农民意愿，搞面子工程和形象工程，盯着村容村貌做表面文章，结果劳民伤财，有了面子失了里子，有了外形没了精神。有的村子只建了主干道街面，后面的、里面的没有建，受益的只有街面的十多家，如马街哨村；有的村子只是在路边搞，里面的没有搞，如向阳村。财政资金应是普惠制，对所有村落应一视同仁，不应是一些重点村、村里的部分村民受益，不能只是形象工程，如龙潭河村。

2. 农民群众参与建设的主动性、积极性还未被充分调动起来

农民群众是村庄的主人，是“美丽家园”建设的直接受益者，是村庄建设理所当然的主体。在走访中，我们发现，少数村没有注意调动广大农民的积极性、主动性和创造性，充分发挥他们在“美丽家园”建设中的聪明才智。把“美丽家园”建设的主动权交到农民手中，确保农民真正享有知情权、参与权和监督权，实现自我管理，建立健全民主决策和监督机制，真正体现“党委领导、政府主导、农民主体、部门协作、社会参与”的原则。农民群众参与建设的主动性、积极性还未被充分调动起来，不同程度地存在“干部干、群众看”的现象，将“美丽家园”建设中的山水资源转化成增加就业和收入的经济资源的意识不强。居民“等靠要”思想严重，思想观念没转变过来，如绿春县的托牛村。

3. 群众文明素质有待提高

在“美丽家园”建设过程中，普遍存在重基础设施硬件建设、轻乡风文明软实力建设的现象，不卫生、生活陋习等情况普遍存在。

（八）一些村委会凝聚力不强，管理涣散

具体表现在：①社会治安差，已发生了数起偷盗行为，出现了严重的社会问题，有的村子有巡逻队，但很少巡逻，如马街哨村；②村集体没有整体经营思路，没有考虑统一经营的问题，没有发挥村领导的带头示范作用，如尼苏小镇；③有的村子有资源，如金平的石洞村，以种植苏铁为产业，因缺乏引导和管理，办了一段时间后就放弃了；④如黑泥地村，卫生虽然整体不错，宽敞，但美中不足，有一条路竟羊屎满地，与整体形象极不协调（对此应注意细节管理、特殊管理）。

第三节　国内“美丽家园”的模式和典型案例

自2013年全国开展“美丽家园”创建活动以来，由于各地“美丽家园”建设的理念不一致、资源禀赋和经营方式的不同以及城镇化和经济社会发展水平的差异，形成了特色各异的“美丽家园”建设模式。每种“美丽家园”建设模式分别代表了某一类型乡村在各自的自然资源禀赋、社会经济发展水平、产业发展特点以及民俗文化传承等条件下建设“美丽家园”的成功路径和有益启示。

一　安吉模式：“生态＋文化”

浙江省湖州市安吉县是一个典型的山区县，经历了工业污染之痛以后，1998年安吉县放弃工业立县之路，2001年提出生态立县发展战略，以建设美丽家园为载体，把农村生态资源和农村特色文化融入乡村旅游。2003年，安吉县结合浙江省委“千村示范、万村整治”的“千万工程”，在全县实施以“双十村示范、双百村整治”为内容的“两双工程”，以多种形式推进农村环境整治，集中攻坚工业污染、违章建筑、生活垃圾、污水处理等突出问题，着重实施畜禽养殖污染治理、生活污水处理、垃圾固废处理、化肥农药污染治理、河沟池塘污染治理，提高农村生态文明创建水平，极大地改善了农村人居环境。在此基础上，安吉县于2008年在全省率先提出“中国美丽家园”建设，并将其作为新一轮发展的重要载体。计划用10年时间，通过产业提升、环境提升、素质提升、服务提升，把全县建制村建成村村优美、家家创业、处处和谐、人人幸福的美丽家园。

（一）“生态立县”带出美丽产业

“安吉模式”最大的特点是以经营乡村的理念，推进“美丽家园”建设，立足本地生态环境资源优势，大力发展竹茶产业、生态乡村休闲旅游业和生物医药、绿色食品、新能源新材料等新兴产业。安吉立足本地生态环境资源优势，大力发展竹茶产业、生态乡村休闲旅游业和生物医药、绿色食品、新能源新材料等新兴产业。仅竹产业每年为农民创造收入6500元，占农民收入的60%左右；农民每年白茶收入2000多元，因休闲旅游每年人均增收2000元，各占农民收入的13.5%左右。

浙江安吉是黄浦江源的源头，是全国第一个生态县，也是“美丽家园”建设先进县。安吉县特色产业发展迅猛，三大特色产业“竹业、茶业和椅业”构成安吉的三张名片。全县拥有竹林100万余亩，森林覆盖率71%。这里山连山，竹连竹，满目碧绿，是一幅层层叠叠的竹画长卷。《卧虎藏龙》《蜗居》等众多影视剧都在安吉取景。2012年，安吉被联合国授予“联合国人居环境奖”。

良好的生态环境是开展乡村旅游的根本。近年来，安吉坚持实施“生态立县”战略，以打造“中国美丽家园”“中国大竹海”两个县域品牌为抓手，全力推动旅游产业转型升级，乡村旅游呈现出强劲的发展态势，成为安吉休闲旅游产业重要的特色品牌之一。

（二）“文化铸魂”点睛“美丽家园”

安吉县休闲旅游蓬勃发展，是全省首批旅游经济综合改革试点示范县、长三角首选乡村休闲旅游目的地，被评为中国最佳生态旅游县。安吉把新农村建设和乡村旅游融为一体，将每个村镇都当作一个景区来规划建设，并把当地竹、茶、孝、民族、书画等丰富的文化元素挖掘出来，从而显示出特殊的魅力，脱离了“游山玩水”的传统模式。

“悠悠翠竹间，琅琅读书声”。安吉人一直沿袭着习书绘画的传统。迂迢村农家乐是书画家云集的场所，全村有书画爱好者500多人，有着浓郁的人文气息。村里推出了著名画家吴昌硕故里游、农民书画院、千米书画长廊等旅游项目，还设立了10家书画特色休闲度假接待机构、百户农民书画文化民居等接待设施。尚书圩村利用“文化礼堂建设”推出“安吉尚书成人礼”“开笔礼”等传统礼仪活动。天荒坪镇的主题农庄夏庄，每间客房里都挂上了书画作品，经营者还将自己收藏的图书、烟标等放在了农庄的角角落落，简朴中透露出一股文化味道。

（三）民俗文化承载乡土记忆

安吉县山川乡在乡村旅游发展中，充分挖掘传统农耕文化、乡土文化知识、民族文化遗产等民俗文化资源，新建成或恢复了江南威风锣鼓、大里双龙、竹马灯、鳌鱼灯等一批民间文艺队伍。马家弄村的“五坊六艺”民俗区设置了体验旅游项目，游客可以在年糕坊、粉丝坊、酿酒坊等“五坊”内，当场打年糕或者品尝土酒，看纳鞋底、绣花、搓麻等乡村“六艺”，甚至可以实地在茶园采摘，然后在村民指导下进行炒制。

二　永嘉模式：“人文 + 旅游”

永嘉县，中国浙江省温州市下辖的一个县，位于浙江省东南部，瓯江下游北岸，东邻乐清、黄岩，西连青田、缙云，北接仙居，南与温州市区隔江相望。永嘉县以“环境综合整治、村落保护利用、生态旅游开发、城乡统筹改革”为主要内容开展“美丽家园”建设。永嘉模式的主要特点：注重文旅结合，将文化元素不断融于乡村旅游产业发展，通过人文资源开发，促进城乡要素自由流动，实现城乡资源、人口和土地的最优化配置和利用。

（一）历史文化村落：“美丽家园”之魂

在“美丽家园”建设中，永嘉县结合古村落资源，打造如诗如画的生态、经营如诗如画的产业，向我们展示了“永远的山水诗、最美的桃花源”的乡村哲学。永嘉古村落包括古建筑村落、自然生态村落和民俗风情村落三大类型。为了保护这些“没有围墙的博物馆”，永嘉县投入2000多万元专项资金，高规格编制重点历史文化村落的保护规划和新区建设规划。

如今的永嘉县，古村落基本形成了“一村一品”“一村一景”“一村一韵”的建设主题。成功涌现了芙蓉村、苍坡村、屿北村三个中国传统村落，芙蓉村、屿北村、埭头村、茶园坑村、暨家寨村、林坑村六个中国景观村落，和国家级生态村埭头村等一批特色村落。以山水为布景，古建筑为点睛之笔的岭上人家，通过古村落旅游的整体开发，农家乐生意大为红火。

（二）优美生态传统文化：“美丽家园”旅游之基

永嘉县依托当地良好的生态环境，积极挖掘本地人文自然资源，精心打造“美丽家园”生态旅游，努力把“绿水青山”转化为“金山银山”，让古村落和生态乡村环境成为“特色竞争力”，加快促进农民增收、农村发展。有着700多年历史的埭头古村，依托良好的生态环境，大力发展乡村休闲旅游。“楠风营地”深受儿童游客喜爱，村民年人均收入增加了1200多元。苍坡村凭借古建筑优势，建设文化旅游展馆，大力宣传永嘉古村文化、耕读文化、民俗文化、宗祠文化、昆曲文化等传统文化，促进了当地旅游和文化的深度融合。

永嘉县“美丽家园”建设的主要特点是：通过人文资源开发，促进城乡要素自由流动，实现城乡资源、人口和土地的最优化配置和利用。主要做法：一是以“千万工程”为抓手，进行环境综合整治。全县通过推进垃圾处理、污水处理、卫生改厕、村道硬化、村庄绿化等基础设施建设，大力实施立面改造、广告牌治理、田园风光打造、高速路口景观提升等重点工程，着力改善农村人居环境。二是以古村落保护利用为重点，优化乡村空间布局。对境内200多个历史文化、自然生态、民俗风情村落进行梳理、保护和利用。对分散的农村居民进行农房集聚、新社区建设，推进中心村培育建设，从而实现乡村空间的优化布局。三是以生态旅游开发为主线，推进农村产业发展。积极挖掘本地人文自然资源，精心打造美丽家园生态旅游；大力发展现代农业、养生保健产业，加快农村产业发展。四是以城乡统筹改革为途径，促进城乡一体发展。通过“三分三改”（即政经分开、资地分开、户产分开和股改、地改、户改），积极推进农村产权制度改革，着力破除城乡二元结构，加快推进新型城镇化建设以及农村公共服务体系建设，促进城乡一体化发展，让农民过上市民一样的生活。

三　高淳模式：“自然生态+吴楚文化+民俗宗教”

江苏省南京市高淳区以“村容整洁环境美、村强民富生活美、村风文明和谐美”为内容建设“美丽家园”。

（一）坚守青山绿水，践行生态立县战略

高淳最宝贵的财富是生态、是绿色。多年来，无论处于什么样的发展阶段、形成什么样的发展特征、主攻什么样的发展重点，高淳始终坚持生态立县战略，全区从区委政府到广大干部群众始终把“守住青山绿水”视为重要使命。“决策围绕生态定、产业围绕生态转、百姓围绕生态富”已成为高淳共识；坚持“快与慢、富与强、舍与得、美与善”辩证法，共谋和谐发展、共求绿色崛起、共创率先伟业、共建幸福城市；经过“十五”和“十一五”两次提速，从农业大县跻身全国百强，从江南圣地变身国际慢城，从全面小康迈向幸福城市，走出一条富有高

淳特色的“转型跨越、弯道超越、后发崛起”的发展道路，演绎了“好中求快、优中求进、变中求新”的赶超模式，形成美丽乡村、美丽高淳的实践。近年来，高淳先后关停不符合国家产业政策和不能稳定达标排放的企业61家，“一票否决”不符合国家和省、市产业政策或有较大污染的项目91个，并将总投资达20多亿元的化工类项目迁至南京化工园区……1995年起，满足不了吃饭财政的高淳先后斥资近亿元毅然关停并转了固城湖周边的87家工厂。为了清洁水源，拆除了固城湖内8000多亩围网养殖，撤去了官溪河480多艘船舶。当年的固城湖边曾经密布着一大批纳税明星企业，但它同时是全区70%以上人口饮用水水源区。于是，现在的固城湖，虽然养着螃蟹，但却是生态养蟹，放螺蛳种水草，蟹鱼虾混养，螃蟹吃小螺蛳，螺蛳和水草净化水体，蟹吃不掉的饲料鱼虾吃，形成生态链，保证水体干净，水好蟹才好。

（二）“一街二湖三山”的旅游核心产品体系

高淳对自身的旅游特色做了清晰的定位——“自然生态、吴楚文化、民俗宗教”，由此构建起“一街二湖三山”的旅游核心产品体系，开发建设高淳老街——筑城圩休闲旅游带；充分挖掘固城湖、石臼湖资源优势，丰富和提升迎湖桃源景区内涵，打造省级重点滨水旅游度假区；加快东部山区生态之旅、游子山、花山旅游开发，创建游子山国家森林公园、花山山湖风景区，塑造“国际慢城”生态休闲度假基地形象；着力建设金陵首富村——武家嘴村、江南第一村——漆桥村、薛城遗址古村落和蒋山民俗文化村四大旅游特色乡村。同时，高淳也按照优质、高效、生态、安全、特色的要求，发展现代高效农业。目前，高淳已经有龙墩湖现代农业科技园、武家嘴现代农业科技园、固城台湾农民创业园三大现代农业示范园区。依托桠溪国际慢城、游子山国家森林公园、固城湖国家城市湿地公园，高淳加速发展生态农业，建立观光休闲农业基地，并推动旅游业从观光旅游向度假休闲方向延伸和转变。原来东部丘陵地区的农民收入远不如西部圩区，自从桠溪百里生态之旅成为全国第一个国际“慢城”后，农民收入也赶上来了。原来很多村子没人去，农副产品不值钱，如今搞了农家乐以后，各村人气旺了，农民种养的东西都卖出了好价钱。休闲产业与现代高效农业已经成为高淳经济的主要增长极。2012年全区实现休闲观光农业接待145万人次，休闲观光农业综合收入6亿元，休闲农业与乡村旅游对全区农民人均纯收入贡献额达到1272元。

高淳区“美丽家园”建设以生态家园建设为主题、以休闲旅游和现代农业为支撑、以国际慢城为品牌，集中连片营造欧陆风情式“美丽家园”，形成独特的“美丽家园”建设模式。

四　江宁模式：“规划也是生产力”

“外江无事，宁静于此”。南京市江宁区，十多年前还只是南京一个郊县，曾经偏远闭塞的农家村落，华丽转身一变，如今已是一个现代化城市，成为生态环境优美的“生态村”“金花村”。“江宁模式”的核心内容是体制、机制和制度：“托管”的体制，提升规划管理效能的机制，内部管理既严格又人性的制度，是江宁规划局充满活力的源泉。多年来，江宁区规划局高起点、高标准地编制了各类规划68项。其中，总体规划10项，控制性详细规划及调整29项，专项规划29项，开拓性地在全省率先开展近期建设规划，创造性地研究地铁沿线城市形态，超前性地提出百家湖一期用地控制，出色地完成了禄口空港地区发展战略规划，城乡规划取得显著成效，实现了区域总体规划和东山新市区控制性详细规划“两个全覆盖”，形成了明确的城市功能分区和产业布局，为开发建设提供了基础条件。

（一）“托管”体制：互相补位，调动市、区两级积极性

所谓“托管”体制，是“集中管理与授权委托模式”的简称。南京市政府和市规划局正确领会《国务院关于加强城乡规划监督管理的通知》精神，充分调动市、区两级积极性。集中管理主要表现在市局设立直属分局，抓规划、抓编制、抓监督。区规划局在市规划局的指导下开展工作，全区的各项规划编制均围绕南京市总体规划和市政府的要求进行，同时由市规划委员会组织成果评审，确保上级对下级城乡规划的指导到位、协调到位、监督到位。授权委托主要表现在市局将管理事权委托给区政府，由区政府设立区规划局对事务性案件进行处理。

目前，我国城市规划管理体制存在“三个缺位”：省和地市（州）两级政府对下级城乡规划的指导、协调、监督职能缺位；城乡规划实施过程中，有效的事前、事中监督职能缺位；对“长官意志”“乱指挥”

制约缺位。对此，城市规划却是各级政府弥补市场不足、平衡市场力量的主要手段。有人曾形象地做了一个比喻：市场力量就像火车头，规划就像钢轨，火车动力越强、速度越快，轨道就要越精密，刚度就要越高，否则将会翻车。

根据南京市政府决定，直属分局受理经营性建设项目的《选址意见书》和《建设用地规划许可证》审批，而《建设工程规划许可证》的审批，除需报市政府重大项目规划审批会议决定的以外，由市规划局委托区政府受理。而且，江宁区内省级以上经济开发区和市级重点乡镇工业园区内的各类生产性建设项目，全部委托区政府审批。这样一来，市局把住了规划权的龙头，江宁区规划局也可有所作为。实践证明，实行集中管理与委托授权相结合的“托管”体制，一方面使江宁规划管理工作上升到更高平台，规划管理工作更加规范化，更加具有可操作性；另一方面又达到了权力的相互制衡，维护了规划的权威性。区规划局对责任区范围所有园区内的生产性建设项目具有完整的规划审批权，对东山新市区内建设项目用地选址和建设用地规划许可证作初审和预审，并协助直属分局进行最终审批，同时，区规划局又主动要求接受省、市规划效能监察。这种管理权限的划分，拉长了市局财力人力的“短腿”，成为市局有力的补充，激发了区局管理人员的主动性和创造性，每年，江宁区投到规划上的资金都在数千万元。这种管理体制也为区规划局挑了担子，市规划局直属分局靠前指挥，一线监管，零距离服务，不仅从源头上把住了规划关，而且每当规划执行遇到阻力时，直属分局主动出面，与区规划局共同研究解决问题的办法，齐心协力化解矛盾，维护了规划的严肃性。

（二）管理效能提升机制：科学规划，管理到位，服务到位

提升规划管理效能机制包括：一是规划管理顾问机制，即在规划管理中通过规划联合会和聘请顾问，实现“大事预决策，小事决策”，避免专家咨询“空架子”现象。二是事前、事中、事后的监管机制。三是“裁判员”助跑“运动员”机制，即区规划局创新各种服务手段，推动项目单位落实规划。

城市规划是城市发展的战略、建设城市的纲领、管理城市的依据，也是城市政府指导调控城市建设和管理的基本手段。城市规划是继承过

去、创造今天、预测未来的一门科学，搞好城市规划，必须从城市发展的战略需求出发，统筹考虑局部与全局、近期与远期、条条与块块的关系，站得高、看得远、想得宽。

为增强规划研究的科学性，提升规划研究水平，江宁规划局积极构筑城市规划、建设、管理部门与专家团队互动的交流平台，于2005年4月发起组建江宁规划研究联合会，集聚了一大批国内著名专家和南京大学、东南大学等学术研究机构，采用论坛、座谈会、专家研讨会等多种形式为江宁发展献计献策。联合会成立以来，举办的“城市空间发展论坛”，在规划界产生积极影响；“东山新市区中心区专家研讨”，为确立东山新市区中心体系奠定了基础；“城市广场专家研讨”，为南京天印广场的规划设计提供了大量建设性意见和建议，确保了规划设计方案顺利通过专家评审；“东山新市区融入南京主城”专家论坛和“融入南京主城、江宁你准备好了吗”市民论坛，以及“我最喜爱的江宁景胜”摄影征文大赛三大活动，使社会各界重新审视东山新市区与南京主城之间的关系，拓展了江宁规划队伍的思路和视野。

（三）内部管理制度：以“贯标”管人，又以感情留人，以事业留人

内部管理既严格又人性的制度是：在全国规划管理部门，率先引进现代企业管理制度，实施国际质量管理体系标准认证，即“贯标”；同时以人为本，以感情留人，以事业留人。

规划管理，关键在人。作为一支平均年龄只有32岁的年轻队伍，尽快提升人员的思想、业务素质，是适应城市规划与管理的需要。江宁区规划局锻造团队的第一步棋就是抓贯标。该局成立伊始，就确立了“进入全国同级同行业先进行列”的标杆，成立了贯标工作小组，组织编写了《规划编制程序》《审批控制程序》《测绘管理控制程序》《顾客满意及信访控制程序》等17个程序文件、30个作业文件、150个表单等约30万字的贯标文件。2005年8月，在全国规划管理部门中，极为罕见地通过了英联国际摩迪认证机构ISO9001国际质量管理体系认证。由此，该局一切工作有章可循。

江宁区规划局在人的管理上走了一步同样精彩的好棋，强调“人本管理”，即从人性出发分析问题、解决问题，以感情留人，以事业留人。

情感纽带是组织最牢固的纽带。江宁区规划局成立之初，面临着人员构成复杂、队伍稳定等问题，局领导班子主动与员工沟通，使每个员工得到情感关怀与重视，通过生日蛋糕、节日祝福、全天候提供优质工作餐等多种方式搭建与员工沟通的桥梁。

五 龙溪模式：“公共艺术+创意农业”

玉环县龙溪乡在“美丽家园”建设中，将城市中常见的“公共艺术”请进山村乡野，并将乡土文化创意性植入公共艺术作品，以新的内涵和表现形式，形成了独创的公共艺术与“美丽家园”结合的“龙溪模式”。

（一）开展公共艺术建设的理念

龙溪模式开展公共艺术建设的理念概括为：服务“三农”“慢生活”“亲自然”。龙溪乡党委书记施明强介绍说，用公共艺术的方式进行文化建设，最初的理念是服务“三农”，即让农村更美丽、让农业有创意、让农民更富裕。此外，还涉及乡村文化重塑的问题，公共艺术提出的“地方重塑”，其实也是文化植入和更新的一个过程，其本质是借用了公共艺术手段来解决“美丽家园”建设中的公共性问题。用动漫文化这样一个时尚元素吸引城里人到乡村来，给乡村注入了发展的希望，唤醒了村民的文化自信。“慢生活”是城里人的向往，却也是城市生活中缺失和难以寻觅的，因此，我们采用这样一种错位的发展吸引市民来到农村，享受田园生活。城市里环境污染严重，我们通过栽花田、创意农业、生态农业等方式，营造和城市截然不同的自然环境，亲近了他们的喜好。

（二）动漫文化、创意农业、乡村旅游相结合

玉环县非常重视乡村发展和创意文化的结合。2012 年在龙溪乡举办的首届美丽家园动漫文化节，吸引了县内外 20 万名游客，非常轰动，也进一步体现了文化植入的内张力和推动力。当地政府认识到保护生态的重要性，以建设“美丽家园”为主，兼顾旅游开发。“我们举办‘美丽家园’动漫文化节，不仅仅是举办这么一个节日，更主要的是把今后我们‘美丽家园’的建设跟我们创业文化产业的引入结合起来，从而去打造一个地方集会。而且还要打造成一个创业文化产业园、青少年素

质教育实践基地，从而也打造成一个人与自然相处的精神乐园。”龙溪乡乡长李卫国说。

龙溪乡在发展乡村旅游的过程中，以农业为基础，大力发展观光农业、创意农业和生态农业，拓展了农业的旅游休闲功能，提高了农业附加值。在不同的季节种上不同的植物，如油菜花、向日葵等，既可以观光，也能获得经济收入；引进进口鲜花品种，做成五彩花田，并将其塑造成动漫花谷的主打品牌。当地一村民创办了一个现实版的“QQ 农场”，让城里人来农村认种几分地，通过装在菜地旁的摄像头，利用网络在家里就能看到番茄等农作物是怎样生长的，平时可以来体验农作，成熟的时候他们就会从城里过来采摘。

六　萧山模式：“乡村节庆 + 民宿产业”

近年来，随着所前杨梅节、戴村茶艺节、义桥渔浦文化节、河上年糕节等特色节庆活动的举办，萧山南部乡村旅游的知名度进一步打响。萧山河上镇，这座萧山南部的风情小镇，正依托优美的自然环境和悠久的历史文化，初步形成梦娜斯庄园 - 徐同泰酱园 - 百年老校旧址 - 东山村一日游线路。东山村以金坞老房住宿、鲍坞小洋房住宿为主要模式，鼓励农户进行房屋改造，形成集吃、住、玩为一体的乡村旅游链，打造萧山第一个“民宿村”。目前，萧山民宿的发展还在萌芽阶段，尚未成熟。

（一）发展现代农业，提高农民经营性收入

在发展现代农业的基础上，萧山发挥农业龙头企业、农民专业合作社对农民增收的带动作用。按照“公司 + 基地 + 农户”的运作模式，全区 317 家区级以上农业龙头企业共带动区内外农户 155.7 万户；全区拥有省级示范性农民专业合作社 12 家、市级规范化合作社 23 家。例如，杭州农垦蔬菜专业合作社，实施蔬菜标准化生产，亩均产值达 2 万元以上，每亩为社员带来净收入 1.5 万元；再如，杭州萧山苗夫花木专业合作社，自 2006 年成立以来，利用自己的销售网络，每年为 2500 多户苗木种植户销售苗木几千万元。

（二）深化农村改革，提高农民财产性收入

萧山区将推进农村各项改革作为增加农民财产性收入的有力举措，深入推进村（社区）股份合作制改革，到 2012 年年底，该区累计成立

股份经济联合社459家，村社覆盖率达95.42%。42.59亿元集体资产被量化到92.15万“股东”手中，发放红利4.57亿元，受益37.9万人次，使农村群众真正享受到集体经济发展带来的实惠。深化农村土地承包经营权流转，全区流转土地32.9万亩，土地流转率超过五成，73.8%的农户享受到土地流转金；在全市率先试点开展“流转金+股金”的流转形式，增加农民土地流转收益。

（三）开展素质培训，提高农民工资性收入

萧山区一直以来高度重视农民素质的提升，将“靠技能增收”作为增加农民工资收入的重点。通过加大政策扶持、创新培训模式、完善培训机制，逐步形成了一整套植根于当地实际的农民素质培训模式。2010年以来，累计开展农民培训13.8万人次，培训后转移就业2.56万人，实用人才入库数量已达3.2万人，有效促进了农民整体素质的提升，增强了农民就业创业的能力。据统计，2012年萧山农民人均收入中，薪金收入为14721元，占人均纯收入的70.8%。

（四）完善保障机制，提高农民保障性收入

萧山在发展农村经济的同时，大力提升农民的幸福指数。随着农村社会保障体系的不断健全，城乡居民基础养老金标准提高到120元，发放率达100%。农村低保标准提高到每人每月450元。启动低收入农户奔小康工程，采取结对帮扶、产业扶持、岗位培训、低保救助等十大举措，切实提高低收入农户致富能力和收入水平。低收入农户人均收入从2010年的4873元提高到2012年的7069元，年均增长20.5%，萧山也连续三年被评为全省“低收入农户奔小康”先进单位。

（五）品质生活促和谐 美在幸福

物美在其用，人美在其心，村美在其民。萧山农村之美，不仅仅是外在的村庄秀美、生态优美，更在于内外兼修、内涵为重，以提升农村居民生活品质和幸福感为目标，打造生活甜美、乡风和美。

第四节 进一步推进“美丽家园”建设的建议

“安得广厦千万间，大庇天下寒士俱欢颜，风雨不动安如山。呜呼！何时眼前突兀见此屋，吾庐独破受冻死亦足。”（杜甫）一个社会的和谐，最根本的是要让老百姓安居乐业，即有家可居，有业可乐。而住房问题就是和谐社会的根本之一。如今，我们对红河州“美丽家园”建设问题已经不是“要不要建设的问题”，而是“如何建得更好的问题”。根据前一阶段的调研和思考，在以后进一步推进“美丽家园”的建设中，我们有以下建议。

一　完善规划，建管并举

（一）科学规划

科学规划是可持续发展的重要保障，是最大的节约。应坚持先规划、后施工。

1. 做到统筹兼顾、城乡一体

城乡一体化是不可阻挡的历史趋势，“美丽家园”建设必须顺应这一趋势，继续以农村社区化为导向，通过农村宅基地置换和农民住房改建，促进农村人口向中心村镇集聚，引导工业向园区集中、农业向规模化经营发展，推动城镇基础设施、公共服务与社会保障进一步向农村延伸覆盖，使乡土文明融入现代文明，优化农村人居环境，提升农民生活的幸福指数。编制“美丽家园”规划应坚持“绿色、人文、智慧、集约”的规划理念，综合考虑农村山水肌理、发展现状、人文历史和旅游开发等因素，结合城乡总体规划、产业发展规划、土地利用规划、基础设施规划和环境保护规划，做到“城乡一套图、整体一盘棋”。另外，“美丽家园”建设要与乡村旅游、危房改造、棚户区改造结合起来，不要把各个项目割裂开来。

2. 做到准确定位、突出地域特色

“美丽家园”建设不能千篇一律，要结合各村地理区位，资源禀赋、产业发展、村民实际需要等，尽量保持山水的自然形态，对村庄进行梳理分类，实施差异化指导，坚持个性化塑造，充分挖掘地方特色，营造田园风光与乡土风情，努力打造“美丽家园”的品牌和特色。各乡镇、村应根据各自特点，编制镇域规划，开展村庄风貌设计，着力体现一村一业、一村一品、一村一景，按照宜工则工、宜农则农、宜游则游、宜居则居、宜文则文的原则将建制村分类规划，将建制村划分为工业特色村、高效农业村、休闲产业村、综合发展村和城市化建设村等。

3. “美丽家园”建设要量力而行

房屋由政府统一招商建成，整齐划一，但忽略了一个问题，房屋最主要的一个基本功能是“住”，而不是形式好看。房屋的大小应由人口决定，而不是其他。在访谈中我们看到，有的家庭只有 3 口人，但还是要住到同 5 口人同样大小的房子。这样带来的一个问题是，有的村民经济承受能力不强，为了支持“美丽家园”建设，不仅贷了款，还向亲戚朋友借了债，由于用地转换，自身已没有其他收入来源，装修房屋后已没有剩余资金，这样不但没有后续经营资金，而且还贷成了问题。目前，由于村集体的管理涣散，随之也出现了一些偷盗等社会问题。

还有，如黑泥地村一户村民家里只有夫妇两口人，已失去劳动能力，盖的房子有两层，270 多平方米，贷款 20 多万元，每季度利息要 3000 多元，现在只靠女儿在外打工，还只能还利息。同时，建房时要注意细节，有的大门、窗子上面没有防水设施，长时间下雨后门窗很容易腐烂，造成不必要的多余开支。另外，导致村民没有后续经营资金的另一个原因是，除了购房款外，还有装修款也是一笔不少的开销。“美丽家园”建设不同于商品房开发，不需要装修，建议建筑商把房屋建好后，也要装修好，使村民能拎包入住，以减少开支。

4. 挖掘民族文化

“美丽家园”建设中，要从实际出发，认真研究民居特色的问题，要提升、提炼民族元素，保留传统风格，充分展现民族传统的特色文化。例如，建水、石屏一带要打造明清风格，元阳、红河等地要突出哈尼族风格。文化是一个地方的灵魂，是实现城市与乡村、民居与民族、村庄与产业、人与自然融合的“黏合剂”。要深入挖掘民族文化，用文化的多样性、民族的多元性，体现红河的多姿多彩。红河州民族众多，民族文化丰富，即便是同一个民族，支系不同文化风格也不相同。例如，弥勒的彝族是阿细风格，石屏、蒙自的彝族是尼苏风格；红河县哈尼族的土司文化很有特色，元阳、绿春等县的哈尼族又有其他特色。还有，屏边的苗族、河口的瑶族、金平的傣族等民族特色文化也要挖掘出来，打造成红河民族文化大观园，打造成各民族建筑风格的大观园。

（二）必须建章立制，长效管理

1. 要加强环境整治建设

目前多数村子把主要精力放在发展经济上，以为“美丽家园”建设就是盖楼房、铺水泥路，忽视了环境问题。垃圾多样化、集中化、露天化现象日益突出，垃圾围村、垃圾围路、污水随处排放在农村许多地区依然普遍存在。对此，应把农村垃圾长效管理列入乡镇规划，纳入各级领导干部任期目标，列入干部年度绩效管理评价体系中。因镇、因村制宜，制定农村环境卫生及垃圾处理管理办法，将农村垃圾管理工作制度化、规范化。

大力整治和改善生态环境和人居环境，巩固提升道路硬化、垃圾处理、污水治理、卫生改厕、村庄绿化等整治成果，加快城市基础设施的延伸拓展，推进农村地区路网、管网、河道的建设整治工作。建立健全长效管理机制，落实专项经费和责任主体，结合农村地区环境长效管理考核办法的出台实施，充分发挥已建的农村城管服务站优势，加强对乱搭乱建、乱堆乱放、乱贴乱挂等“乱象”的管理整治，实现村容村貌“五化”。一是尽快出台村保洁员的管理考核办法。建立健全各项规章制度，做到有章可循。二是出台村保洁员保障办法，理顺工资关系，确保队伍稳定。

2. 要完善公共配套服务

坚持项目带动的原则，依靠项目带动社会事业、公共服务的城乡统筹，全面提升农村社区服务中心和文教卫体等设施的功能，确保服务布局科学化、服务投入多元化、服务保障人性化、服务队伍专业化，促使城乡基本公共服务均等化。要加大产业支撑。在规划基础设施、环境整治等项目建设的同时，统筹考虑产业布局发展，充分发挥规划对推动产业发展的引领作用。注重与旅游休闲、文化创意、体育健身等产业的融合发展，加大投入、加强引导、开发产品、推出精品（区块、线路）、强化营销，丰富乡村旅游内涵，串珠成链，顺藤结瓜，进一步提升乡村旅游的规模、档次和效益，形成点、线、面相结合的“美丽家园”旅游发展格局。积极保护乡土资源，深挖文化底蕴，留存乡风民俗，突出体现农村文化特色，提升“美丽家园”建设的品质内涵。

3. 培育新型农民，促进“美丽家园”建设进程

当前农民环境意识还相当薄弱，多数农民没有养成保护环境的生活

习惯，乱扔乱丢垃圾和废弃物的现象普遍存在。对生活垃圾特性、生活垃圾资源化水平、生活垃圾分类收集、生物降解垃圾系统管理和利用等方面还存在很多认识误区。对此，应加大宣传和教育力度，使广大农民逐步提高对生态环境建设的认识。改变消费方式，号召村民尽量减少日常生活垃圾，提倡使用能够自然降解的塑料薄膜和垃圾袋，减少白色污染。逐步转变农民多年来形成的垃圾处理习惯，普及垃圾处理的科学方法和意识。

4. 建立完善考核激励机制

加强对部门、镇街、村社的考核奖惩，督促和激励各单位认真履职、扎实推进各项工作。调整完善建设管理体制，避免多头领导、政出多门，便于工作开展；同时要积极探索建设项目分级分类管理的模式，充分调动镇街、村社主体的积极性和责任心。采取区聘镇用、村用的办法，聘请专业技术人员作为业主方代表进行监督，加强对工程质量的现场监管。认真研究、积极采取有效对策，着力解决好工程统建和自建的矛盾，切实加强建筑市场监管，加大对违法行为的查处力度，确保工程建设依法顺利开展。加大监督和处罚力度，与村民签订责任书，对乱倒垃圾、违反有关规定者给予警告或经济处罚。建立环境卫生巡查和评比制度，加强工作督查和通报并严格奖惩。

二　多策并举，大力发展核心产业

产业支撑是“美丽家园”发展的生命线，没有产业，就可能“空壳化”。“美丽家园”建设要落实在经济发展上，立足资源条件、环境优势和人文特色，把特色放大，让特色形成竞争优势。要围绕“一产接二连三”“一产跨二进三”，以经营乡村为目标，以产业转型为途径，大力推进休闲农业和乡村旅游发展，培育一批有较强区域特色、有竞争优势的专业特色村和特色产业。

制定优惠政策，加大招商引资力度，加快引进一批与品牌发展相适应的产业项目；在规范土地使用制度的基础上，要及时调整产业发展结构，对现有与品牌建设不相适应的企业或产业，采取帮助异地搬迁、促使同类集聚发展的方式，推动产业向规模化、集团化、集约化发展，实现建设和产业培育的有机结合、互为促进。对于形成产业集群的村子，要统一招商，由村集体管理，不能由村民自己搞，太乱。

（一）创新发展理念是首要

脱离实际、盲目建设、牺牲农民利益，这绝不是真正的“美丽家园”。深入挖掘自身特色、大力培育精品项目、激发农村内生活力，这才是“环境优美、生活富美、社会和美”的现代化新农村样板的必由之路和最高目标，也是环环相扣、相辅相成的三个部分。

（二）创新工作机制是动力

创新联动机制，创新筹资办法。积极探索村企合建、市场运作、民间参与、以奖代补、出资投劳并举等模式，以有效缓解资金制约压力。创新管理思路，建立完善社会监督、责任追究制度，发挥村民主体作用，尊重农民的主体地位，确保农民群众真正享有知情权、参与权、表达权、监督权，充分调动农民群众的积极性和创造性。

（三）创新产业项目是关键

遵循“一次规划、分批实施，串珠成链、因地制宜”的工作方式。深入挖掘每个村庄的历史遗迹、风土人情、风俗习惯等人文元素，展示个性化乡土文化，通过改造农家民宅、村庄环境整治等工作，树立特色品牌，使“美丽家园”花团锦簇、生机勃勃。

（四）立足自然和人文优势，打造核心产业

调研中我们发现，有核心产业支撑，是“美丽家园”建设的坚实的物质基础。例如，川营村有云南最大的清真寺，还有玉石生意；旧寨村的旧寨生态园；水打营村的湿地公园、餐馆；建水碗窑村的紫陶；神树坡村的高原梨；可邑村的家庭休闲酒店；蚂蚁村的烤烟等。要保持“美丽家园”的可持续发展，就必须立足自身的自然和人文优势。

加大舆论宣传动员力度，因地制宜，彰显特色。积极做好“美丽家园”品牌经营文章，强化市场化营销理念，提高策划经营水平，创新合作途径，通过积极宣传造势，全面打响特色品牌。

突破缺少上档次项目的障碍，发挥重点项目的支撑作用，把项目建设、环境综合整治、招商选资等工作紧密结合起来，以项目调动农民群众和社会各界参与的积极性，以项目检验“美丽家园”建设的工作成效。加大项目包装力度，主动做好项目衔接，积极争取上级立项支持。

以不破坏原有生态环境为准则，坚持按照“一次规划、分步实施”

的原则，把“美丽家园”发展规划与当地乡村建设规划、休闲旅游或工业发展规划等体系融合，将“美丽家园”、企业、景点等优势资源串点成线、联网成片，扩大规模，建立旅游精品带、企业发展工业园等平台，发挥集聚效应，形成发展品牌。

（五）借鉴国内成功模式，打造自己的特色

例如，“生态＋文化”的安吉模式、“文化＋旅游”的永嘉模式、“公共艺术＋创意农业”的龙溪模式、“乡村节庆＋民宿产业”的萧山模式等。同时，要加强培训，提高村民的素质，使村民掌握更多的生存发展技能，壮大产业。

三　加强保障，建立多方合作的工作机制

“美丽家园”建设需要各方面的保障，要建立政府主导、农民主体、部门协作、社会参与的工作机制。

（一）注重政府引导，凝聚美丽家园建设合力

1. 政府引导

政府引导是加快“美丽家园”建设的重要保证。注重政府引导，避免政府包办，一是要增强对建设风情小镇的认识，大力宣传提高城镇化水平、推进“美丽家园”建设、加快城乡一体化的重要性；二是要创新体制机制，出台具体的扶持政策，制定具体的工作措施，引导好社会力量积极参与“美丽家园”的开发建设；三是要加大招商引资力度，精心包装、策划一批特色鲜明、市场前景好、吸引力强的建设项目；四是要整合要素资源，形成全县一盘棋关心、支持、参与“美丽家园”建设的良好氛围；五是要完善工作落实机制，把“美丽家园”建设工作成效作为考核各级领导班子、领导干部工作实绩的重要依据和工作能力、工作水平的重要内容，建立健全干部“一线工作体系”，实施干部深入一线、干部服务一线行动，选调干部深入一线直接参与建设，注重在新农村建设一线选拔提拔干部；六是要向省、市争取将风情小镇建设项目列项，明晰思路，落实责任，全力推进“美丽家园”品牌建设。

2. 强化村委会的职能，建立长效管理机制

“美丽家园”建设应是长期行为，不应是短期结果。“美丽家园”前期建设很重要，后期管理更关键。村委会应起主导作用，村负责人要

加强学习，要有整体经营思路。调研中我们发现，在“美丽家园”建设中，村集体的有效领导非常关键。例如，倘甸村与马街哨村同是彝族，在村集体的管理上却不同。倘甸村村领导有带头示范作用，有调动性、有凝聚力；村长组建了自己的施工队，带领10多个村民；村书记组织村民种松茸，纯收入每户2万—3万到6万—7万元不等，带动村民一起致富。村委会有经营思路，村集体经济好，村集体有收入，才有凝聚力。

同时，发挥宣传、妇联、团委、老干部等群团体组织作用，加大试点村精神文明创建力度。开展道德讲堂、广场健身舞、文明个人、文明户、文明单位评选等活动。加强文化礼堂、灯光球场、教育均衡项目等文化教育基础设施建设。加大古村落开发保护力度，注重非物质文化遗产的保护与传承，推动文化产业发展。

（二）必须突显农民的主体地位

1. 要以人为本，尊重群众意愿

广大农民是“美丽家园”建设的主体，因此，“美丽家园”建设离不开农民的积极参与。要通过广播、网络、电视等宣传形式，使群众更直接、更生动地感受到“美丽家园”建设所取得的成效和带来的实惠，从而更自觉、更主动地投入建设中去。“美丽家园”建设的主体为农民，内容包括让农民口袋鼓起来、乡村面貌美起来、社会风气好起来、生活质量高起来和基层班子强起来。

从农民群众反映最迫切、最直接、最现实的环境整治和村庄道路等基础设施配套入手，按照“富规划、穷实施”的原则，实事求是地制订实施计划。“美丽家园”建设规划设计，按照“专家设计、公开征询、群众讨论”的办法，经过“五议两公开”程序（即村党支部提议、村两委商议、党员大会审议、村民代表会议决议、群众公开评议，书面决议公开、执行结果公开），确保村庄规划设计科学合理，令群众满意。

2. 注重群众受益，放大“美丽家园”建设实际效应

“美丽家园”建设的落脚点和出发点就是群众受益。注重发挥农民群众的主体作用，尊重农民群众意志，着力解决群众最关心、最直接、最现实的利益问题，引导他们自觉参与到“美丽家园”建设工作中。

调研中我们发现，由村民自建的房子满意度高，外包统建的问题较

多。村集体建的，如个旧的倮莫村；自建的，如向阳村、上甘塘村；外包统建的，如黑泥地村、法雨哨村、马街村，大多存在设计问题、质量问题，有的漏雨，有的墙体开裂；更有甚者，建成的房屋和规划图纸差别很大，如红河县的齐心寨村。为此，我们建议要建立督查机制，对以前建好的“美丽家园”，后面要跟进、督查；对“美丽家园”中出现的一些违纪行为，要一查到底，违法的要依法追究刑事责任。

3. 文明创建，提升素质

乡村的外在美主要体现在山美、水美、田美、房屋美等方面，但外在美的创造与维护却要靠农民素质的提升和乡风文明的进步。为此，在“美丽家园”建设过程中，一定要重视精神文明建设，培养农民正确的价值取向和行为习惯，不断提升农民的整体素质。良好的生态是“美丽家园”的灵魂，要积极倡导低碳生活，转变农民落后的生产、消费方式。需要特别指出的是，农村人居环境建设涉及广大农民的切身利益，一定要注意调动广大农民的积极性、主动性和创造性，充分体现他们的主体地位，发挥他们在“美丽家园”建设中的聪明才智。

本章小结

本专题研究采用文献研究法、实地调查法，调查采取典型调查与重点调查相结合的方法，以2013年红河州“美丽家园”行动计划确定的重点村为主要调查点，对红河州所属的北部6个县市、南部7个县市共13个县市均进行了“美丽家园”实地调查。调查结果显示，红河州“美丽家园”建设已打造出一些典型示范，逐步形成了人口、产业和公共资源的聚集，拉动了投资增长，形成了以房扩需效应，促进了民生改善，形成了以房惠民效应，形成了以房促变效应；推动了产业发展，形成了以房带产效应，取得了明显成效。

红河州“美丽家园”建设的主要经验为注重产业支撑，项目推进；以科学规划为前提，突出区域特色；以示范引领为关键，打造精品样板；注重发挥村集体的领导力量；深化农村产权制度改革；政府主导，社会参与等。存在的主要问题为规划有待完善，特色不突出；思想认识有待提高；建设资金有待落实；产业培育力度有待加大；环境整治长效管理有待落实；体制机制有待进一步研究；农民群众的主体作用没有得到很好体现等。为进一步推进“美丽家园”建设，借鉴国内典型经验，本研究建议：强化村集体的领导功能；必须因地制宜，完善规划设计；解决好资金问题；必须建章立制，长效管理；必须突显农民的主体地位；进一步突出项目建设，打造特色品牌；注重政府引导，凝聚“美丽家园”建设合力等。

第四章

红河州城市棚户区改造可持续发展专题研究

第一节　问题的提出

与减税、铁路一起成为拉动经济增长新“三驾马车”的城市棚户区改造，“惠民生、调整经济结构”的优势，已成为国家宏观调控的核心思路。红河州委、州政府积极响应中央号召，将棚户区改造工作列为全州的一项中心任务来抓；各市县高度重视，积极推进；棚户区各有关单位和住户对棚户区改造的呼声也十分强烈。目前，棚户区改造工作在全州各市县已全面展开。但是，在棚户区改造过程中，出现了一些问题和困难。为促进棚户区改造工作的顺利开展，我们组成红河州城市棚户区改造专题调研组，对红河州棚户区改造情况进行了专门调研。

一　棚户区改造的意义与调查样本

（一）棚户区改造的意义

我国的城市棚户区改造从20世纪80年代就已经开始，大规模的棚户区改造则始于2005年，特别是2008年中央启动安居工程以来，棚户区改造力度逐年加大。但以往的棚户区改造更多采用市场化方式进行改造，没有和宏观经济增长方式结合，是一种局部思维，而如今新一轮的棚户区改造，不仅体现民生，更被纳入经济增长一揽子计划中。近年来，红河州经济和社会发展速度加快，城市建设日新月异，但是棚户区的居民却始终多年生活在恶劣的条件下，与绝大多数市民日益提高的生活水平特别是居住水平反差极大。同时棚户区的存在，与城市整体形象、文明档次极不协调，使城市的人居环境大打折扣，并且也不利于发展城市经济和招商引资。因此，无论是从国家宏观经济增长的角度来看，还是从民生角度来看，棚户区改造已势在必行。

1. 棚户区改造是落实国家宏观调控政策的有效途径

棚户区改造建设的大部分是安置用房，为小户型、低价位的普通住房，棚户区改造的对象除回迁户外，主要是城市中低收入家庭。推进棚户区改造，直接增加了住户有效供应，有利于改善住房供应结构，缓解住房供需矛盾，稳定住房价格。另外，棚户区改造可以有力拉动建筑业、建材业、交通运输业等相关产业的发展，为调整产业结构、扩大内需、保增长、解决社会就业与再就业作出积极的贡献。

2. 棚户区改造是推进城市化进程的必然要求

加快推进城市化进程是落实科学发展观、统筹城乡协调发展的必由之路，城市化发展水平，往往标志着一个地区经济、文化、政治、教育、科技、信息等多方面所达到的状况。棚户区土地利用率很低，据初步测算，通过棚户区改造，可提高建筑容积率2—3倍，可进一步盘活存量土地，提高土地利用价值，为城市发展拓宽空间。同时，棚户区改造，不仅完善了城市功能，改善了居民的居住环境，而且改善了城市基础设施条件，提升了城市的形象和品位。棚户区改造可以避免经济适用房和公租房的不足，同时既能够让政府出钱出力，又能够挖掘中低收入者部分购买能力。按照市场化经营方式交给市场，棚户区改造在整个住房保障体系中的作用更大。

3. 解决棚户区居民住房问题，是密切党和政府与人民群众感情的重要举措

棚户区居民绝大多数是低收入困难群体，低保户和低保边缘户较多。他们面临着就业、住房等多重困难，改善居住条件的愿望十分强烈。通过棚户区改造，不仅能解决困难群众的住房问题，使老百姓得到实惠，而且可以密切政府和民众的关系，增强社会凝聚力，促进社会和谐稳定。

（二）调查样本

棚户区改造是关系人民群众切身利益的“民心工程”，是实现“住有所居”的重要组成部分。根据《国务院关于加快棚户区改造工作的意见》（国发〔2013〕25号）、《云南省人民政府关于加快推进棚户区

改造工作实施意见》（云政发〔2013〕133 号）文件精神，为促进红河州经济社会可持续协调发展，逐步解决城市棚户区脏、乱、差和基础设施不配套等问题，州委、州政府从 2013 年年初就开始着手城市棚户区改造的相关工作。本次调研重点选取蒙自、建水、弥勒、开远、红河、绿春、石屏和元阳 8 个县市，在这 8 个县市中又重点选取各城市中的 1 个核心区域和 1 个非核心区域。与调研相关的棚改项目如表 4－1 所示。

表 4－1　与调研相关的棚改项目

序号	县市	棚户区改造项目	棚改面积总数（万平方米）
1	蒙自市	①南湖周边片区；②银河路北部东延以北的北窑、空心树片区；③红河大道以南片区	141.5
2	建水县	①小桂湖；②沙拉河；③南城门；④西城门；⑤北城门；⑥酸角树；⑦龙井市场；⑧永善；⑨韩家片区	259.0
3	弥勒市	①西山路片区；②老政府片区；③佛城农贸市场片区	35.7
4	开远市	①崇文街片区；②南正街片区；③青年路下段片区；④团结巷片区	52.0
5	红河县	①迤萨镇迁户村片区；②中小企业园区（齐心寨）片区；③莲花（半路寨）片区；④莲花（莲花塘村）片区；⑤跑马路片区；⑥老城区片区	60.6
6	绿春县	①铁工厂片区；②县车队片区	2.2
7	石屏县	①红牛商场；②环西新村；③上仁和村；④卫家营村；⑤下仁和村；⑥城东新村；⑦史家大桥村；⑧陶村；⑨小西山村；⑩古城区	189.0
8	元阳县	①新街镇政府片区；②四合院片区；③慧丰公司片区；④交通局片区；⑤商业局球场片区；⑥冬瓜岭片区	4.0

二　棚户区改造中的主要困难与问题

由于红河州地处边疆，经济欠发达，加之内地市县的城镇大多是百年老城或者是老工业基地、边疆县城镇的建筑物建设比较简易等原因，各市县城镇大量分布着使用年限久、房屋质量差、基础设施不配套、交通不畅、环境脏乱差的集中连片平房和简易楼房。与省内外其他地方的棚户区一样，存在众多的隐患和问题：一是房屋使用年限久，建设标准低，年久失修，基本为危旧房，存在居住安全隐患。二是房屋基础设施较为落后。房屋户均面积狭小，不成套，大都没有排水设施，没有卫生间，生活条件相对简陋。三是环境较为恶劣，棚户区房屋大都排水不畅、阴暗潮湿，居民乱搭乱建、乱堆垃圾，污水横流，蚊虫肆虐，公厕多为旱厕，环境非常恶劣。四是棚户区居住人员成分复杂，生活水平较低。有的棚户区居民把房屋出租出去，众多的外来人员和流动人口把落脚点选择在棚户区，使得那里的社会治安管理困难。

本次调研发现：棚户区改造中存在的主要困难与问题既有政策上的，也有方法上的；既有领导上的，也有认识上的。在各种困难中，资金问题是非常突出的。具体存在以下问题。

（一）资金缺口大

具体表现为：第一，财政资金所占比例偏少；第二，融资杠杆作用发挥不够充分；第三，商业银行贷款与保障性住房建设融资需求难以匹配；第四，棚户区改造政策扶持资金落实不到位。根据全省棚户区改造任务安排，红河州棚户区改造的计划为 10 万户，其中：省政府确定 2013—2017 年红河州城市棚户区改造为 8 万户，棚户区改造拆除重建总投资约 600 亿元，红河州棚改项目贷款累计需求约 500 亿元。2014 年红河州棚改项目计划为 3 万户，其中：第一期第一批共 7 个、5400 余户，涉及河口、石屏、蒙自三个县市，改造拆除房屋面积约 85.5 万平方米，新建房屋建筑面积约 251 万平方米，投资总额约 86.4 亿元，贷款金额约 70 亿元。受二级公路建设债务困扰，红河州在向国开行云南省分行申请棚户区改造贷款时困难重重，严重影响红河州棚户区改造工作的推进。资金问题在 8 个县市的棚户区改造中也存在这种情况。

（二）有些棚户区改造房屋产权、土地权属不明确

如根据“红发〔1982〕19 号”文件精神，弥勒市于 1982 年对干部职工违规购买土地建盖私房进行了折价征收处理，全市共处理 92 户，在棚户区改造中涉及 12 户，政府已折价征收，但房屋仍然被占用。再如绿春县的商业大院、酒厂等地，有的土地已被职工购买，有的土地已经政府划拨，但土地使用权证一直没有办理，有的土地甚至存在纠纷和争议。

（三）提振经济的作用不明显

按照专家预测，城市棚户区改造将带来双面效应：一方面，它能切

实解决困难群体的住房需求；另一方面，它也具有提振经济的效果。但从所调查的城市棚户区改造项目上来看，一些城市核心区域的棚户区改造项目的经济效益还有待提高。主要表现为：一是入住率低，有些商铺还未卖出；二是与未开发前相比，经济较萧条，与预期目标相距甚远。例如，红河县的物资公司片区物资公司建设点、棕麻制品厂建设点、建安公司建设点三个项目，累计商业设施4500平方米，但因县内群众贫富不均、购买力极低。再如，蒙自市的盛世商都、大梓园项目，建水的武庙街区旅游开发改造项目等。

（四）被拆迁户不理解、不配合

一些地方，由于棚户区改造拆迁补偿、宣传不到位，因此出现抗拆和延迟搬迁现象，严重影响到棚户区改造进程。在棚户区改造拆迁中，被征收人对政府的征收工作不理解，认为政府是为开发商服务，开发商拿政府的民心工程做挡箭牌。部分被征收人拿出有利于自己的政策、法律以点概全，过分强调权利，形成对立情绪。例如，在蒙自市的一个棚改项目中，有一个政府部门退休人员，因在任时多年未能得到提升，对此次棚改抵触情绪极大，致使该项目延后达两三年之久。同时，改造范围内多数人在满足其合理补偿或安置的前提下，能够理解和支持棚户区改造工作，但由于近年来红河州房屋拆迁补偿大多采取的是“拆一还一”的办法，补偿标准较高，少数住户以不愿改造为由或提出过高附加条件，影响改造工作的实施。据统计，红河县共有17个棚户区，主要为危旧房、城中村和县城区环境较差的地段，涉及5048户，棚户区内困难户、低保户、下岗户多，拆迁动员难度，补偿安置成本较高。

（五）棚户区改造中存在债务风险

一些地方在棚户区及保障房项目上规划不到位、布局不合理、重建设轻管理，导致一些项目尽管建设完工，但在后期租售上不受市场欢迎，资金回收缓慢，贷款偿还难度大，加剧了债务风险，有的项目甚至面临资金链断裂风险。典型的如开远市的国电小龙潭电厂棚改项目，该企业于2013年8月7日计划申报改造国有工矿棚户区共2000套，建筑面积140000平方米，分三年实施。其中，2014年建设800套，建筑面积56000平方米，项目总投资10800万元。但受国家节能减排政策影响，小龙潭电厂一、二期6台10万千瓦机组于2008年一次关停，加之

2012年以来，云南省水电装机集中加速投产，火电企业长期处于较小运行，小龙潭电厂设备利用小时数大幅度下滑，机组长期处于停产半停产状态，2013年亏损1.78亿元，2014年持续恶化，已基本丧失基本的融资能力，资产负债率接近100%，只能基本维持职工基本工资，该企业现已无能力开展棚户区改造工作。

(六) 少数棚户区改造项目没有完备的审批手续

有些项目还未列入棚户区改造项目，开发商对棚户区改造的相关政策还未吃透，有的还未办理土地使用权证，还未达到发放贷款条件，如弥勒市的鸿丰商贸城、佛城商贸城项目等。此外，有些片区棚户区改造范围内改制企业遗留问题较大，如弥勒市的西山路片区等。

第二节　国内棚户区改造模式的经验与教训

一　成功的棚户区改造模式

(一) “政府主导，市场运作”的辽宁省棚户区改造模式

从2005年开始，辽宁省仅用4年时间改造完成1万平方米及以上集中连片棚户区2910万平方米，新建成套住宅建筑面积4400多万平方米，改善了70.6万户、211万人的住房问题，而改造面对的群体多是城市偏远地段的工矿企业的低收入职工。辽宁棚户区改造也因此被称为世界奇迹。在辽宁棚户区改造之前，贫民窟改造问题早已是一道世界性难题。世界银行一直在推动社会参与模式，即主要依靠市场调动各方参与，但效果甚微。一些学者开始反思，认为应由政府主导，才能发挥更大作用，因为在完全由市场调配的情况下，低收入居民很容易被排除在市场之外。辽宁棚户区改造则探索出一条“政府主导，市场运作”思路。它的核心模式就是“政府资金引导，市场、社会、个人多元渠道相结合的市场化融资”。这意味着政府在棚户区改造中有高效的原动力，而辽宁省政府提出的“九个一块”的融资策略，则又充分将棚户区改造市场化作用与政府动力有效结合。“九个一块”即“政府补贴一块、政策减免一块、企业筹集一块、个人集资一块、市场运作一块、银行贷款一块、社会捐助一块、单位帮助一块、工程节省一块”，显然这“九

个一块”几乎涵盖了可资利用的各个方面和环节的资源。“辽宁模式”在今天依然具有借鉴意义，因为它同时克服政府失灵和市场失灵的缺陷，实现资源的最优配置和参与主体积极性的最大限度发挥。辽宁省棚户区改造的经验特别值得传统资源枯竭性城市借鉴，这些地方的棚户区改造需求特别强烈，而资金来源又相对困难，红河州个旧市的棚户区改造即可参照此模式。

（二）“四两拨千斤”的徐州市棚户区改造模式

徐州市是江苏省唯一的煤炭工业基地，同样是我国重要的老工业基地之一。20 世纪 50 年代至 70 年代，国家在徐州市布点建设了近千家重化工企业，这些企业在老城区建成了一大批职工宿舍、简易楼和搭建平房。随着城市规模的不断扩大，这些建筑逐渐形成了 100 多处棚户区，总占地面积达 426.1 公顷。然而如何用 12 亿元的政府投入撬动数百亿元的棚户区改造项目，成为摆在徐州市政府面前的现实难题。徐州棚户区改造用了“四两拨千斤”的妙招——创造性地提出了“拆建结合”的方案，将棚户区改造全过程有机结合，既有棚户区拆迁项目，又有定销安置房建设项目，融资期限最长可放宽到 10 年，既与棚户区改造周期吻合，又能争取到金融机构的资金支持。与此同时还制定了“政府入口—开发性金融孵化—市场出口”的开发性金融道路，授权徐州市新盛建设发展投资有限公司成为徐州市棚户区改造项目投融资主体，从事棚户区项目改造、拆迁定销房建设、商业地开发及运营管理。政府信用转化“还款现金流”因此有了“载体”，银行资金通过该渠道流进了棚户区改造项目中。

（三）“招商融资”的西安市棚户区改造模式

西安市棚户区共计 650 个，所涉土地 22.99 万亩，涉及人口 115.64 万人，建筑面积 8373.33 万平方米。自 2007 年开始实施大规模改造工作以来，西安市棚户区改造已完成 221 个棚户区（城中村）、4214.84 万平方米的拆除工作，占地 6.12 万亩，涉及人口 58.39 万人；安置房建设开工面积 2444.92 万平方米，竣工面积 1671.19 万平方米，已有 138 个棚户区（城中村）完成安置回迁工作，涉及人口 41.26 万人，累计完成投资 613.63 亿元。通过实施改造，近 40 万群众喜迁新居，彻底改变了人居环境，促使群众转变了生活方式，使广大群众融入现代城市文明，共享了城市发展成果。西安市采取了两种办法解决资金问题：首先是争取国家开发银行贷款，市政府与国家开发银行达成协议，争取到100亿元贷款额度。同时市级财政每年拿出8000万元配套资金，5年时间拿出了4亿元作为资本金。过去5年间，西安市共有11个市管棚户区改造项目获得了国家开发银行贷款64亿元。其次是通过招商引资吸引社会资金，将市管7个项目和各区自行改造的13个项目面向社会招商，开发商负责拆迁和安置，腾迁出来的剩余土地用于商业开发。通过这种办法，20个项目共吸引资金191亿元。

（四）黄石的“共有产权”棚户区改造模式

黄石市在棚户区改造中，被拆迁人的还建房超出部分，由政府持有产权，实行先租后售，可缓解被拆迁人经济压力，待经济条件好转时可一次或分次购买产权。以市场价格支付租金，以市场手段调节供需，政府公管房多占多用的问题得到了解决，同时也回笼了部分资金。共有产权制度不仅解决了棚户区改造“百姓盼改买不起”的难题，有力地推动了棚户区改造，同时，共有产权部分可租可售，还有利于回笼资金，缓解住房保障资金困难。据统计，2013—2017年，黄石需改造棚户区面积约2000万平方米，涉及13万户家庭，总投资高达400亿元。而黄石市年财政收入刚刚破百亿元，棚改资金压力大，包袱重。而共有产权房，产权是购房者与政府共有的，购房者有多少比例的产权是根据其出资份额决定的，这种性质的房屋在缓解了买房人经济压力的同时，也缓解了政府建造保障房融资的难题。而当购房人经济条件成熟时，可向政府购买超过还建面积部分房屋的产权。房屋出售后，部分资金回笼，对实现保障性住房资金的良性循环起到了重要作用。住建部在黄石市召开全国住房保障工作座谈会上推广了“黄石模式”的成功经验。实际上，早在2009年，黄石市就被确定为全国公共租赁住房制度建设试点城市，率先把经济适用房、廉租房等保障性住房统一归并为公租房。经过5年的探索，黄石市创设了被拆迁人与政府共同持有房屋产权的“共有产权房”制度。

（五）“证券化”的安徽省铜陵市棚户区改造模式

安徽省铜陵市则将公租房、廉租房和棚户区统一纳入保障房体系，规定保障对象租赁五年后可向其出售，出售时以国有产权和当时市场价为原则，按证券化方式向民资开放。

二　棚户区改造中出现的问题与教训

（一）融资问题

在棚户区改造的民生与经济双重“利诱”下，地方政府纷纷投入棚户区改造的热潮中，然而当前由于一些地方棚户区改造资金缺口较大，急于拓宽资金来源四处举债，而一些金融机构缺乏专业评估、协作不够，出现了对一个项目、一个平台在多家银行重复授信、多头融资的问题。表面上看似解决了资金问题，但一旦还不上，不仅增加了地方债务风险，也增加了金融风险。

（二）谨防棚户区改造“爆棚”

即使在一些棚户区改造已经成功的地区，部分房屋质量问题也已经开始凸现：漏水漏风，暖气不足，房屋开裂，广场面积过小，配套设施不完善，甚至一些地方从“平房棚户区”演变成“高层棚户区”。建好楼房、设施等只是新一轮棚户区改造的第一步。在棚户区改造过程中，对物业管理以及公共设施的提供、保护和维修等，都需要以规范的法律法规和制度来确保此轮棚户区改造的成功。

（三）一些地方棚户区改造建设用地违规“变脸”

商业用地现象频出，名义上是棚户区住宅改造，实际却在做酒店等商业地产项目。据调查显示：个别工程项目存在将建设用地用于商业开发等其他用途，存在不符合保障条件的家庭违规享受相关保障待遇、代建企业等单位违规出售保障性住房、挪用棚户区改造工程专项资金、未办理建设用地规划许可等手续用地等现象。随着棚户区改造在全州范围内快速开展，棚户区改造的概念也会随之宽泛，这使得一些商业项目也会打擦边球混入其中，有的地方政府为了获得补偿资金，将棚户区改造扩大到所有的旧城改造项目，这需要政策加以约束。

第三节　推进棚户区改造的建议

向棚户区宣战，是对政府动员能力和理财能力的全方位挑战。在“拆迁”已经成为敏感词的中国社会，最大的难度就是面向底层的老百姓，将这件“好事”宣讲到位，在这个过程中，少数弱势群体有时会成为决定成败的关键因素。为此，在政策层面和策略层面应创新工作方式。

一 政策层面

（一）加强棚户区改造工作的领导

应建立联席会议制度，统筹棚户区改造各项工作。各相关单位要协调联动，认真调查摸底，制定详细并确实可行的棚户区实施方案，报领导小组审核批准后严格实施。

（二）进一步完善棚户区改造工作机制

棚户区改造是一项系统工程，政府各有关部门要统一思想，协同配合，明确职责。既要坚持政府主导，又要充分发挥市场机制的作用，还要广泛争取社会参与，形成合力，共同推进棚户区改造工作。要发挥单位、企业、个人等方面的积极性，多渠道筹措改造资金，保证棚户区改造工作的顺利进行。

（三）强化监督检查

市、县人民政府要加强监督检查，实施全方位监管，及时发现并解决各种问题，坚决制止棚户区改造中损害居民合法权益的行为。各级监察部门要会同有关部门加强对城市和国有工矿棚户区改造情况的监督检查，认真查处违法违纪行为。各级审计部门要加强对资金的有效使用和安全等各环节的监督。各级国土资源管理部门要加强对棚户区改造用地的管理和监督检查。住房城乡建设部门要会同有关部门负责本意见执行情况的监督检查，对工作不落实、措施不到位的地区，要通报批评，限期整改。

二 策略层面

（一）创新融资方式

城市棚户区改造，投入的资金是大量的，花费的精力也是巨大的，如何因应时事、因地制宜制定出适合于本地的棚户区改造方案，是摆在各级政府面前的一道考题。为此，应借鉴辽宁省、徐州市等成功棚户区改造模式，创新融资方式——对于不同的改造地块，采用不同的融资方式。例如，位于城市核心区域的改造地块，由于土地价值比较高且升值潜力大，因此社会资本能够较为积极地介入，在改造中起到主导作用，棚户区改造应完全由市场主导。对于遗留下来的非核心区域棚户区改造，多数条件较差，商业开发价值不高，要更多地强调公益性，由政府、市场、社会和个人共同努力。对于国家级贫困县的某些地块，应借鉴青岛市的“非开发型模式”（由青岛丝织厂和青岛印染厂的破旧厂房改造而来的天幕美食城）：强化住宅的保障功能，实施主体不用开发商，完全由政府承担；改造区域不进行商品房开发，所建房屋全部用于居民回迁；政府不获取任何财政收益，还要给予财政补贴。在具体操作上，青岛市创造性地把云南路片区旧城改造与中岛地块的开发捆绑起来、关联运行。中岛地块位于青岛市西海岸，具备较高的商业开发潜力，主要是企业用地，拆迁安置压力小，还属于规划中的商务办公区，商业开发回报率较高。青岛市决定把中岛商业性开发的财政收益全部用于对云南路片区的改造，以丰补歉，云南路片区旧城改造资金问题迎刃而解。

（二）创新拆迁模式

在棚户区改造中，拆迁既是焦点，也是工作难点，更是关系棚户区改造成败的关键。拆迁问题的核心是利益，如何维护好群众的切身利益，这是实现和谐拆迁的根本所在。在棚户区改造拆迁模式上，有很多成功模式可以借鉴。如四川成都棚户区改造的“模拟搬迁”：搬不搬，怎么搬，都是群众自己说了算，充分尊重民意。如果居民同意改造户数未达到改造范围内总户数的95%，房屋征收部门终止模拟搬迁；如果改造范围内95%以上户数认为模拟搬迁补偿方案不符合《征收条例》规定，房屋征收部门组织由居民和公众代表参加的听证会，并根据听证会情况修改方案；如果签订模拟搬迁协议的户数没有达到改造范围内总户数95%（四川乐山为85%），则终止模拟搬迁，将矛盾化解于拆迁前，变“要我迁”为“我要迁”。“模拟拆迁”是一种很好的尝试，其核心是：根据群众的意愿，决定拆与不拆，把拆迁的主动权、知情权、选择权交还给了群众。这份对群众权益的尊重，加上拆迁过程中的阳光、公开、公平、公正，拆迁工作就有创新，就得到了群众的充分理解。再如，北京丰台区创新的“先建房后搬迁”模式，以往的棚户区改造大部分都是先拆后建、原地拆建，建设期间，棚户区改造居民不得不到外面去找周转房，政府还要补贴大量周转费，而先建后拆能达到棚户区居民“不折腾，不周转”的目的。

（三）棚户区改造应体现提振经济的作用

棚户区改造，不仅仅是住房的改善，对于所在片区城市居民生活形态的改变也是巨大的。一些低收入人群，因此会获得就业的机遇。而为数众多的企业和投资者，也会在新一轮棚户区改造机遇中，获得长足的进步，甚至是一些长期滞销的楼盘，也在棚户区改造机遇中，获得政府团购的机遇。所以，棚户区改造应超越其本身的意义，成为提振经济的发动机和着力点，也是推动政府转型的契机。

（四）棚户区改造要与智慧型城市建设相结合

“知识城市”是继“学习型城市”之后的一个重要的新概念，世界上越来越多的国家把建设知识型城市作为发展战略，努力赢取未来城市发展的主动权。知识型城市将成为未来城市发展的主流和航标。在规划建设上，要按照生态节能环保的要求和未来住房发展趋势来规划，做到多年不落后，解决以前棚户区改造所容易产生的产权不清晰、建设标准低、设施不配套的问题，避免安置房变成新的“棚户楼”。

（五）棚户区改造异地拆迁可改为原地拆迁

2016 年“两会”前夕，全国人大代表、杭州娃哈哈集团有限公司董事长兼总经理宗庆后提出变“异地拆迁”为“原地拆迁”、加快城市棚户区改造进度的建议。宗庆后认为，要加快棚改进度，应改变办法，实行原地拆迁、安置，让住户在不花钱或少花钱的情况下住上新房，既解决百姓居住问题，也缓解钢铁、水泥等产能过剩产业的市场压力。棚户区老建筑往往是单层的，容积率低。改造后，在原址新建楼房，容积率提高、房子多了，完全有条件拿出部分出售，既解决原居民旧房换新房问题，也解决部分基建成本问题。通过原地拆迁，政府不必再承担巨额拆迁补偿费用，且减少了开发商的中间费用，降低建安成本。宗庆后表示，目前城市楼房的建安成本约在 2000 元/平方米，可通过多方合作共同解决：首先是政府测算成本、安置面积、容积率；其次，可以把棚户区改造专项补贴资金用来补贴建设，同时减免税费，使建房成本进一步降低。“这样一来，即使还有一点缺口、要拆迁户自己掏一部分钱，他们也是愿意的——毕竟旧房换新房，居住条件大大改善了。”

本章小结

由于红河州地处边疆、经济欠发达，加之内地市县的城镇大多是百年老城或者是老工业基地、边疆县城镇的建筑物建设比较简易等原因，各市县城镇大量分布着使用年限久、房屋质量差、基础设施不配套、交通不畅、环境脏乱差的集中连片平房和简易楼房。本次调研发现：棚户区改造中存在的主要困难与问题既有政策上的，也有方法上的；既有领导上的，也有认识上的。在各种困难中，资金问题是非常突出的。具体存在以下问题：资金缺口大；有些棚户区改造房屋产权、土地权属不明确；提振经济的作用不明显；被拆迁户不理解不配合；棚户区改造中存在债务风险；少数棚户区改造项目没有完备的审批手续等。

借鉴国内典型经验，本研究建议：加强棚户区改造工作的领导；进一步完善棚户区改造工作机制；创新融资方式；创新拆迁模式；棚户区改造应体现提振经济的作用；棚户区改造要与智慧型城市建设相结合等。

第五章

红河州开远市物业管理可持续发展专题研究

第一节　问题的提出

根据红河州政府的安排，由红河州社科院牵头各民主党派州委、州委党校、县市社科联对全州物业管理情况进行调研。民建红河州委负责调研开远市，州委会从各组织抽调7人组成调研组于2012年6月对开远市物业服务的行政主管部门、小区业主、物业服务组织、业主委员会、社区居委会、法院等部门进行了座谈、走访，并发放了调查问卷。

一　开远市物业管理现状

（一）物业行政主管部门基本情况

1. 主管部门物业管理机构设置情况

（1）开远市房管局没有专门的物业管理机构，只是由其下设的综合管理办公室对物业进行相应管理，有3人在负责物业管理事务，但没有专项工作经费。

（2）开远市灵泉办事处则设有物业管理相关科室，工作人员有7人。

2. 物业服务组织管理职责划分及权限归属情况

（1）从调研情况来看，各管理部门和组织（住建局、工商局、社区、行业协会等）对物业服务组织管理职责划分及权限归属情况并不清晰。

（2）开远市房管局2010年以来，从未组织召开过物业管理联席会议。灵泉办事处在2010年、2011年各组织召开过1次物业管理联席会议。

（3）2011年，开远市房管局辖区内共处理纠纷事件55件。其中，由城镇办事处负责协调解决的纠纷数量1件，由物业管理行政主管部门协调解决的2件，由法院裁决的纠纷52件。

3. 市场准入、市场竞争和日常监督管理的情况

（1）开远市对于新成立的物业企业一直以来都有准入的条件限制。

（2）对于新成立的物业服务组织有准入的条件限制，新建小区大多数都是聘用具有合法资质的物业公司对小区进行管理。

（3）对于一些企业自己的小区、社会上小规模的小区和历史形成的老旧小区，大都由各企业、社区居委会、小区居民实行自我管理，有的找来不具备资质的物业人员进行管理，有的甚至只是找来一两个看门人，在一定程度上存在竞争不公平的问题。

4. 物业“维修资金”的管理和使用情况

包括“维修资金”的管理主体、审批程序、监督和管理使用情况。

（1）截至2012年6月2日，已收缴并交纳州财政局住宅专项“维修资金”中心专户存款额3970多万元。

（2）对于“维修资金”的管理能按照审批程序进行，但大部分业主、业主委员会、物业服务组织对此程序并不了解，有的小区没有业主委员会，导致无法申请“维修资金”的正常使用。

5. 对国家的物业管理法律法规执行情况

（1）物业管理法规建设相对滞后。物业管理在我国的兴起也就是这几年的事情，国家出台的法规虽然填补了我国物业管理法律的空白，初步改变了我国物业管理无法可依的状况，然而，与物业管理实践对立法的要求相比，仍有相当差距。由于在许多方面都缺乏明确的法律规定，使得在管理中形成大量矛盾与分歧，物业管理的纠纷事件日益增多，而物业服务组织、业主之间产生纠纷后也缺乏仲裁机构和处理规程。

（2）对业主迟交或不交物业管理服务费，物业服务组织显得很无奈，走法律途径成本太高且时间又长。

（二）开远市物业服务组织基本情况

1. 物业服务组织存在形式及类型

依据住宅小区不同情况，开远市的物业服务组织大致分为三个类型。

（1）原国有企业破产后留下的职工住宅小区，由其单位负责管理；

(2) 开发商建设后组建的物业服务公司；

(3) 外聘的物业服务组织。

2. 物业服务组织基本情况

开远市物业服务开始于2000年，那时仅限于一般的安保及洁保工作。2003年，第一家解化物业管理有限公司到房管局申请注册，截至2011年年底，在开远市工商部门登记注册、房管局备案的物业服务组织13家，外来跨区域作业的2家，(其中，一级资质1家、三级资质7家)。各类物业服务组织的管理、服务差别很大，大部分业主满意率低，导致其经营状况不太乐观，有的甚至难以为继。

3. 物业服务组织从业人员情况

含人数、来源、岗位设置、工资、学历、管理人才（有无资质或岗位证书）等。

开远市13家物业服务组织的岗位设置，均有总经理、副总经理、财务人员、接待人员；各物业小区岗位设置分别有小区主任、水电工、维修工、消防员、安保员、保洁员等。从业人员127人，均持有物业服务不同岗位的职业资格证或上岗证书，人员全部来源于自聘，服务小区32个，新建住宅小区物业管理覆盖率90%。

4. 物业服务组织职能履行情况

(1) 物业服务组织管理职能履行：设施、绿化、停车场等管理方面取得的成效很低，业主满意度不高。

(2) 物业服务组织服务职能履行：维修、卫生、安全等对人和家庭专项服务方面取得的成效也很低，同样业主满意度不高。

5. 业主委员会履职情况

(1) 开远市共有56个小区，其中32个小区有19个小区成立了业主委员会。多数小区收费率在80%以上，个别小区收费率在50%左右。

(2) 住宅专项“维修资金”能严格按相关规定收缴和使用。

二 开远市物业管理存在的主要问题

(一) 物业管理工作中存在的主要问题

1. 相关物业管理法律法规在执行中存在的问题

(1)《物权法》只对物权所有人即业主对物业的使用权等进行规

定，在具体的物业管理中可操作性不强。因此，物业管理相关立法滞后，已有的相关法律、法规、政策宣传力度又不够。

（2）《物业管理条例》对物业管理规定较为详细，但对业主大会、业主委员会的成立时间未作明确规定，致使大部分住宅小区形成多年也未召开业主大会、选举业主委员会，业主与物业服务组织也只有前期物业管理合同约束各自行为，而前期物业管理服务企业又是开发商临时选聘的，其合同根本无法适应物业服务具体内容，导致业主与物业服务组织之间矛盾不断发生，致使房地产行政主管部门无法进行监督管理。

（3）已有的法律、法规没有与物业管理实际相结合的实施细则。没有规定哪些物业可以收物业费，物业服务组织是否需要公示成本、利润和根据最低工资标准规定调整收费标准。

（4）已有的法律、法规对物业管理实施监管的政府主管部门或机构没有明确。

2. 依法监督、规范管理方面存在的问题

（1）对物业服务监督力度不够，特别是对未在工商部门进行登记备案的物业服务组织，工商行政主管部门难以有效监督。

（2）物业管理法制建设滞后，无法可依。没有对物业服务组织的年检、服务资质等级进行清晰界定；物业管理费的收费标准，没有政府指导价格；没有对违约者（物业服务组织和业主）怎样处罚进行规定；没有把对业主委员会的管理纳入社区工作的范畴。

（3）没有专门的机构或部门，就物业管理相关事宜负责开发商、企业与业主之间的沟通、协调、管理工作。对物业企业从业标准没有统一制定。

3. 市场准入、市场竞争机制方面存在的问题

（1）物业服务市场机制力度不够，很多小区由开发商自行组建物业服务公司，无竞争导致服务意识差，形成物业收了费但服务不到位的情况，因此产生矛盾。

（2）在建设单位的主导下，前期物业合同很容易成为无期限合同，从而造成前期物业合同侵犯业主合法权益的现象。

（3）建设单位选聘前期物业企业不规范。由于选聘的决定权完全掌握在建设单位手中，建设单位完全可以采取设立独立法人资格但却与

其具有关联关系的物业服务企业来参与选聘，并最终使其中标获得物业服务权。

4. 物业“维修资金”的管理和使用方面存在的问题

（1）业主委员会不了解“维修资金”的使用程序。

（2）对无业主委员会的小区怎样使用“维修资金”没有规定。

（二）物业服务组织存在的问题

1. 物业费收缴和使用方面存在的问题

（1）各类物业服务组织根据自身情况分别将收费标准定为 3 角、4 角、5 角不等。新建住宅小区物业管理覆盖率达 90%，其中大部分是开发商推出的商业住宅小区，还有一小部分为国有企业破产后形成的住宅小区。业主因为收入低（如低保户），对搬迁政策落实情况不满意、房屋建设质量等问题和收费标准、财产损失、公共设施伤人、公共占地停车费纠纷、扩大权限侵权等纠纷以及不交物业管理费的情况普遍存在。

（2）购买后未入住的空置房是否收物业费，房屋装修保障金怎样交、由谁收，公共场地使用收取的费用由谁使用、如何使用等，无法可依。

（3）原国有企业破产后留下的职工住宅小区和廉租房小区物业服务组织不愿进入，但按照建设文明社区的相关要求，有的采取自发管理，有的由社区代管，由于困难业主较多，很低的费用以及社区代垫的费用都难收取，社区代垫的费用占用了工作经费。

（4）与收费低、收费难相对应的管理费用却因为人员工作上涨、维修材料价格上涨等因素大幅增加，导致物业服务组织管理启动资金难以到位；管理成本居高不下；营运资金缺乏，管理经费不足。

2. 物业服务组织职能履行方面存在的问题

（1）对物业服务组织工作人员培训不到位，责任意识不强，素质不高，沟通能力不强，将物业管理服务理解为只收费、管理，缺乏服务意识，特别是有的需要与相关职能部门协调解决的，没有起到配合协调作用，如与业主委员会沟通，加强监控、公共设施的保护，与房屋维修资金管理部门协调，争取维修资金对已过质保期的公共设施的维修等。

（2）物业管理行业缺乏市场竞争机制和监督机制，从而使物业服务组织管理制度不规范、服务意识差、服务质量差；物业服务组织对自身的责权利意识不明确，只有管理意识而无服务意识，对业主提出的职责范围内的问题反应不快，服务不到位，导致一些问题发生，如偷盗、车位被占等。

（3）物业服务组织所提供的服务条款不明细，收费项目没有可参照的、完善细致的、具有可操作性的物业管理细则和收费标准，业主消费不明确、疑虑多，易使双方矛盾激化。

（4）现行的物管费收取标准低、收缴率低，加上部分业主自身责任、义务意识淡薄，物业服务组织对不良业主束手无策，管理难度大，部分物业服务组织运作困难。

3. 物业服务组织与业主委员会之间存在的问题

（1）业主委员会很难真正起到物业服务组织与广大业主之间的沟通桥梁作用。

（2）没有明确业主委员会的工作经费和人员补贴的来源。

（3）对物业服务组织与业主委员会之间的权责利不明确。

4. 物业服务组织与业主之间存在的问题

（1）物业服务组织与业主之间存在的问题主要是物业服务收费纠纷、业主财产损失纠纷、公共车位占用纠纷等。

（2）业主对物业服务组织服务期望值过高，导致服务稍有不慎就会引发业主的不满，业主间相互影响，导致不交费现象大量增加；部分业主对实行物业服务组织收费管理体制认知度相对不高，从而导致物管费收取不尽如人意。

（3）低收入居民住宅区和部分破产企业职工住宅区没有物业服务组织，也无力缴纳任何费用，安全隐患大、卫生问题突出、邻里纠纷多，部分物业管理职能只能由社区承担，社区干部管理难度大，群众满意率不高。

（4）对小区内装修破坏建筑体、私搭乱建、长期大规模的宗教活动等情况如何管理，物业管理相关的法律关系不明确，导致产生了业主和物业服务组织的矛盾。

（5）有些低收入居民住宅区、破产企业职工住宅区、少数民族较集中的住宅区，因其各自的特殊性，出现了一些不具共性但切实存在并亟须解决的问题。特别是少数民族较集中的住宅区因少数民族习惯，影响到同小区的其他居民，因没有相应的法律约束和管理机构的管理，引发小区邻里之间矛盾突出，容易产生安全隐患。例如，香蜜山小区回民业主多，将小区连排的车库购买后违章改建成礼拜堂，长时间全天候使用高音喇叭做礼拜，严重影响了其他业主的正常生活，这些业主反映的问题也得不到解决，就不愿交物业费，回民业主也不愿交物业费，使小区物业服务难以为继希望退出。

5. 物业服务组织与开发商、建设方之间存在的问题

（1）当业主住房存在质量问题时，物业服务组织与开发商、建设方互相扯皮、推诿。

（2）开发商售房后对房屋质量、公共设施未完工、配套设施的售后服务不及时、不到位等造成业主与物业服务组织发生矛盾，而引起纠纷后开发商和物业服务组织又互相扯皮、推诿，给业主带来不便和损失。

（3）小区建设中遗留的一些质量问题由开发商转给物业服务组织后难以解决。

6. 物业合同履行情况与当前物业纠纷反映的主要问题

（1）开远市人民法院共收到52次有关物业服务纠纷的起诉，每案涉案金额两三千元，通过调解，撤诉16件，处理27件，判决7件，调解1件，行政案1件。案件多由物业服务组织上诉，以欠费为多。纠纷问题的产生有的是因为房屋质量问题、公共设施安全问题、整个小区的安全问题引起的；还有的是因为个人私利未达到而引起的，如有装防盗网不符合规范被物业公司制止的，有改变房屋用途影响公众被物业公司制止的，有因小孩损坏公共设施被物业公司制止的，由此产生对物业服务组织的不满，故意拖欠物管费。

（2）小区配备的物业服务人员没按小区规模规定服务人员比例；小区值班人员岗位属于保安还是公司员工没有明确；物业管理的合同应由谁与谁签订的问题。

（3）对外来车辆实行相应管理，导致外来车辆经常占用业主车位。

（4）空置房业主拒交费怎样处理，因物业费收费不足导致物业企业停止运转的后果由谁承担，都应明确界定。

7. 物业服务组织开展物业管理法律法规的普及、宣传方面存在的

问题

（1）很少或没有对业主进行有关物业服务合同的宣传。业主不明白高收费才能享受高服务；业主不明白所交物业费与财产损失、损坏之间的关系，导致业主以此为借口拒交物业费。

（2）物业服务组织开展物业管理法律法规的普及、宣传存在的问题是宣传不力。很多业主对买房后还要支付高出原有房租许多的物业管理费，在观念上一时难以接受。

（三）业主与业主委员会之间存在的主要问题

1. 业主物业费的缴纳及履行义务方面存在的问题

（1）物业服务组织的多收少做，业主意见大，拒交物业费的业主越来越多；部分业主经济意识不强不愿交物业管理费。

（2）业主对物业收费不清楚，认为物业费高物业企业很贪钱但服务不到位。

（3）对拒交物管费而无正当理由的业主无约束措施；对无理取闹拒交物业费的业主如何处理以维护物业企业的合法权利应有规定。

2. 业主委员会履职方面存在的问题

（1）大部分小区无业主委员会，物业服务组织与业主双方之间发生纠纷初期，缺乏一个相关平台使纠纷得到相应的调解。

（2）新建小区标准化程度高，由哪些组织来管理、如何管理，物业管理行政主管部门、业主委员会、物业服务组织何时履职、怎样履职，没有具体的、可指导操作的实施细则。

（3）业主委员会没有很好的依据《物业管理条例》履行职责，未按程序办事，公开透明度不够。

三　开远市在物业管理和服务方面的成效

（一）与业沟通，化解纠纷

开远市房地产管理局作为物业管理的主管部门，认真履行工作职责，积极主动与各物业服务组织保持工作联系，发现问题及时进行指导，并督促改正。积极处理和热情接待来信、来访群众，对反映问题不清的，深入小区内与业主进行交谈和沟通，并对业主进行物管方面的法律宣传，化解与物管的纠纷。例如，在香蜜山小区由于住户是多民族混居，回民朋友为了宗教信仰，在小区内购买车库，改造成清真寺，并长期进行宗教活动，影响小区住户的正常生活和休息，从而引发了矛盾。物业服务组织对这些问题感到束手无策，没有能力解决实际问题，从而使更多的住户拒绝缴纳物业管理费，使香蜜山小区的物业管理工作难以正常运行，物管公司准备撤出。经市房管局出面做工作后，勉强留下。

（二）人性化服务

有的物业服务组织在服务中，业主有困难，工作人员能及时到业主家中进行安慰，将人性化渗透到为业主服务之中。有的小区常举办有益身心健康的文娱活动，拉近了业主与物业企业和谐管理关系。

第二节　调研问卷分析

本次调研共发放问卷 48 份，全部回收，有效问卷 48 份。其中，物业管理行政主管部门 A 卷 1 份，城镇政府办事处 B 卷 1 份，社区居民委员会 C 卷 4 份，物业服务组织 D 卷 10 份，业主委员会 E 卷 6 份，业主 F 卷 26 份。分析工具采用 SPSS15.0，通过分析，主要结论如下。

一　样本分析

（一）业主样本

业主样本共 26 份，其中包括业主 24 人、租户 2 人；事业单位 2 人、国有企业 8 人、集体企业 1 人、私营企业 7 人、其他 6 人；年龄在 20—40 岁 7 人、40—60 岁 12 人、60 岁以上 7 人；大学本科及以上 2 人、专科 6 人、专科以下 15 人，其余为缺失值。

（二）业主委员会样本

业主委员会样本共 6 家，平均而言，每个小区业主委员会成员共 8.3 人。其中，副主任 1.5 人，委员 6.67 人。业主委员会成员中，已退休人员 2.33 人，在职人员 6 人。业主委员会成员中，研究生及以上学历人员 0.167 人，大学本科学历人员 3.33 人，大专学历人员 2.5 人。业主委员会委员均无津贴。

（三）物业服务组织样本

物业服务组织样本有 10 家，独立 7 家为注册的物业服务组织，3 家房地产开发企业下属的分公司（或子公司）。在管物业项目中，8 家以住宅（包括多层、高层、别墅等）占在管物业项目总数量比例最多，1 家以工业厂房为主，1 家为其他。在是否通过公开招投标方式获得物业管理权上，各占半数。

二　问卷数据分析

（一）关于物业管理的定位分析

1. 主管理部门意见

物业管理行政主管部门、城镇政府办事处、社区居民委员会、物业服务组织、业主委员会均认为“物业管理行业在红河州国民经济与社会发展中的地位重要”“目前红河州物业管理市场秩序不规范”、红河州居民“花钱购买物业管理服务”的市场消费意识普遍比较低、“目前红河州物业管理在省内同行中的地位处于相对弱势地位”。

2. 社区居委会、物业服务组织、业主委员会意见

社区居民委员会、物业服务组织、业主委员会均认为“目前红河州物业管理法规执行很难”。但社区居民委员会、物业服务组织、业主委员会三者之间在难度上的认识上又存在显著不同，物业服务组织认为的难度最大，其次是业主委员会、社区居民委员会。

3. 对“红河州物业管理行业发展最主要的经验”问题意见

物业管理行政主管部门、城镇政府办事处、社区居民委员会、物业服务组织、业主委员会在“红河州物业管理行业发展最主要的经验”问题上，存在很大的不一致，“健全的法规和制度体系”“较为成熟的市场机制”“以政府的重视和政策扶持为主”“不清楚无填答”情况均有所体现。

4. 对“行业发展存在的问题”的排序意见

目前红河州物业管理行业发展存在的主要问题依次为“居民的物业服务消费意识普遍不高，或者对物业管理理解不够”“物业管理法规难以得到切实执行”“物业管理市场价格机制和竞争机制有待健全”。

5. 物业管理行业的发展战略

未来五年红河州物业管理行业的发展战略主要应包括完善物业管理市场机制、提升物业管理服务产品的竞争力，其次为提升行业的社会地

位、重新定位和诠释物业管理。

（二）关于物业管理纠纷调处机制分析

1. 物业管理矛盾纠纷分析

造成物业管理矛盾纠纷的主要原因有：物业服务组织与业主对物业管理相关法规的认识和理解不一致；相关法律法规及政策缺位或缺乏可操作性；业主公共意识、法治意识淡薄。

2. 亟须解决的主要问题

为健全社区物业管理纠纷调处机制，亟须解决的主要问题有：完善相关立法，加快物业管理法规配套文件的制定；健全物业管理联席会议制度，加强部门之间的配合协作；明确纠纷类型和性质，充分发挥物业管理、民政、公安等多个部门的职能，加强业主、物业服务组织及行政主管部门之间的信息沟通和联系。

（三）关于建立物业管理长效机制分析

物业管理行政主管部门、城镇政府办事处、社区居民委员会、物业服务组织、业主委员会及业主普遍认为：

1. 经营亏损的主要原因

目前部分物业服务组织、服务经营亏损的主要原因有：物业管理费收缴率低、物业管理费标准过低、住宅区物业项目规模过小、难以实现规模效益。

2. 应采取的措施分析

为了扭转亏损局面，物业服务组织、服务组织应采取的措施有：在住宅区内组织开展宣传活动，提高业主对物业管理的认识；请求相关部门协助催交物业管理费；请求政府给予财政补贴。

3. 物业服务项目分析

小区需要的物业服务项目主要有：共用设施设备（消防、电梯等）的日常运行维护、管理；秩序维护（保安）；清洁卫生。

4. 物业管理财政补贴分析

如果给予物业管理财政补贴，比较科学的措施应是：对低收入业主给予财政补贴；对管理成本较高的服务项目（如电子安防系统维护等）给予专项补贴；对经营亏损企业和组织给予财政补贴。

5. 政府亟须采取的措施分析

为进一步提高物业管理水平，政府亟须采取的措施有：着力解决小区公共配套设施欠缺等历史遗留问题；对物业公司和物业组织给予政策扶持；通过宣传、教育使业主建立正确的物业服务消费意识。

6. 物业合理服务费标准分析

69.6%的人认为，根据红河州经济发展水平和居民收入状况，多层住宅合理的物业服务费平均标准应是：0.50 元/（月/平方米）以下；19.6%的人认为，合理的物业服务费平均标准应是：0.50—0.60（含）元/（月/平方米），这些人中以物业服务公司的人居多。二者之间是否存在显著不同需要会同其他调研组的问卷来分析。

7. 高层住宅的物业服务费标准分析

39.0%的人认为，根据红河州经济发展水平和居民收入状况，高层住宅合理的物业服务费平均标准应是：0.60 元/月/平方米以下；17.1%的人认为，合理的物业服务费平均标准应是：0.90—1.0（含）元/（月/平方米）。

第三节　加强物业管理的意见和建议

根据以上存在问题及对问题的分析，本调研组分别从物业管理行政管理部门、物业服务组织自身、业主、创新社会管理的角度等方面提出以下意见和建议。

一　加强制度建设，使物业管理有法可依

（1）制定物业管理收费标准，每年按社会物价平均水平制定合理调节范围，实施动态管理。

（2）制定物业管理合同范本，明确政府主管部门、业主、业主委员会、物业服务组织间的权利和义务关系。

（3）制定物业管理服务标准，建立物业管理企业准入制度，让物管服务和物管收费相挂钩；对物管企业的资质认定、收费等级建立一定的奖惩制度，全年无投诉的可适当将收费标准相应提高；反之应相应降低收费标准。

（4）制定对业主委员会进行规范性管理的实施细则。

二 规范物业服务组织的经营行为

（1）规范物业服务组织的收费。重点规范：物业服务收费是否按规定办理物业服务收费备案登记；物业服务组织是否违反有关规定扩大范围收费、提高标准收费、强制服务并收费或只收费不服务的；物业服务组织是否按规定公示物业服务收费项目、收费标准和收费依据。

（2）提高物业服务组织的服务意识，而不是管理意识。物业服务组织进入物业管理区域实施服务是否按规定签订物业服务合同；物业服务组织是否依法取得相应物业服务资质证书，物业管理专业人员是否按照国家有关规定取得职业资格证书；物业服务组织是否按照物业服务合同约定，对房屋及配套的设施设备和相关场地进行维修、养护、管理，维护物业管理区域内的环境卫生和相关秩序；物业管理区域是否按规定配备相应的管理人员。

（3）要求物业服务组织必须落实明码标价制度，在醒目位置公开服务内容、收费标准、收费依据、投诉电话等内容，接受业主监督；物业服务组织要努力提高自身服务质量和服务水平，杜绝只收费不服务行为或收了费少服务现象；对实行市场调节价物业服务收费，必须签订物业服务合同，并将收费标准报物价局备案。

三 强化主管部门的监管职能

（1）监管物业管理区域建设单位、物业服务组织和业主委员会等活动。查处建设单位、物业服务组织、业主委员会违法违规行为，督促物业服务组织履行服务合同等。

（2）督促各小区成立业主委会，监管业主大会、业主委员会成立或换届时是否按规定报物业管理主管部门备案；业主委员会是否履行职责等。

（3）整治物业管理区域车辆停放服务和收费行为不规范，损害业主利益等突出问题。

（4）要定期或不定期进行检查，对发现的问题及时进行纠正和处理。

（5）有效正确引导物业管理工作，督促物业管理从业人员定期或不定期进行业务培训，以提高从业人员的整体服务水平。

同时，发挥业主委员会的“桥梁”作用，加强对业主的宣传，使物业管理能够良性循环，共建和谐社区、和谐社会。

本章小结

根据红河州政府的安排，由州社科院牵头各民主党派州委、州委党校、县市社科联对全州物业管理情况进行调研。民建红河州委负责调研开远市，州委会从各组织抽调7人组成调研组于2012年6月26日至28日对开远市物业服务的行政主管部门、小区业主、物业服务组织、业主委员会、社区居委会、法院等部门进行了座谈、走访，并发放了调查问卷。

本次调研共发放问卷48份，全部回收，有效问卷48份。其中，物业管理行政主管部门A卷1份，城镇政府办事处B卷1份，社区居民委员会C卷4份，物业服务组织D卷10份，业主委员会E卷6份，业主F卷26份。根据访谈与问卷分析中存在的问题，本调研组分别从物业管理行政管理部门、物业服务组织自身、业主、创新社会管理的角度等方面提出如下意见和建议：加强制度建设，使物业管理有法可依、规范物业服务组织的经营行为、强化主管部门的监管职能等。

第六章

红河州轨道交通建设可持续发展专题研究

第一节　问题的提出

一　城市轨道交通建设项目的提出与意义

（一）红河州滇南中心城市群轨道交通项目的提出

2014年8月红河州委、州政府紧紧抓住红河州被列入全国城镇化健康发展综合改革试点的机遇，从城镇化健康发展的战略布局出发，结合区域综合交通发展的需要，充分利用蒙自、个旧、开远、建水、弥勒五县市的地缘特点，提出在滇南中心城市优先建设城市轨道交通系统，发挥“内疏外聚”的核心功能，形成滇南中心城市互联互通、融合发展的快速连接，将滇南中心城市群建设成为红河州经济发展的聚集地和制高地。红河州滇南中心城市群轨道交通项目将为加快滇南中心城市一体化发展，实现相互间便捷互通和以项目带动发展打下良好的基础，是红河州贯彻落实科学发展观的一项惠及后代的民生工程。为此，要从长远角度考虑项目的实施和建设，按照国家相关文件和规定要求，做好项目规划和相关前期工作，明确职责分工，形成合力，有条不紊，扎实有效地推进各项建设工作。

1. 滇南中心城市轨道交通项目

滇南中心城市轨道交通项目是云南省红河州城镇化健康发展综合改革试点的核心，由蒙自市、个旧市、开远市、建水县、弥勒市五座城市可构成一体化发展的态势。至2013年，五县市的GDP、工业增加值、人口分别占全州75.24%、85.57%、47.24%，是全州经济社会发展的最重要区域，是红河州区域政治、经济、文化中心。被定位为“滇南中心·国家门户”。

2. 对外交通规划

滇南中心城市五县市，均在玉蒙、蒙河、云桂三条铁路和拟建的弥蒙线干线铁路覆盖之下。规划建成后，城市群铁路网与国家铁路网有机衔接，通过云桂铁路、渝昆铁路、成昆铁路、沪昆客专等直通滇中、成渝、北部湾、珠三角和环渤海地区，极大提高了城市的对外通达性。对外通道上，近期重点打通对越通道和向北通道，即建设泛亚铁路东线（蒙河铁路）和弥蒙铁路。泛亚铁路东线不仅是一条纵伸中南半岛的运输主动脉，更是中国进入中南半岛和东南亚进入中国的门户。

3. 区域交通规划

在新型城镇化指引下，城市未来相向发展，以城市未来发展的鸡街为核心，新建个旧－鸡街市域铁路和开远－鸡街－大屯市域铁路，辅以既有玉蒙铁路，在城市之间形成以鸡街为中心的放射性骨架路网体系。区域内通过规划的弥蒙铁路、玉蒙铁路开行城市列车和大开鸡市域铁路及 M2 线串联蒙自与个旧鸡街、大屯片区，区际轨道全面覆盖五大城市，为区域同城化和推进新型城镇化建设奠定坚实基础。

4. 内部交通规划

蒙自市规划 4 条线路，总长约 86.36 千米（含个旧大屯），设站 82 座，其中换乘站 9 座；个旧市规划 3 条线路，总长约 37.5 千米，设站 32 座，其中换乘站 2 座；开远市规划 3 条线路，总长约 33 千米，设站 41 座，其中换乘站 5 座；建水县规划 3 条线路，总长约 42.95 千米，设站 40 座，其中换乘站 5 座；弥勒市规划 2 条线路，总长约 24.8 千米，设站 30 座，其中换乘站 2 座。至此五县市内部形成轨道交通系统，有效缓解城市内部交通压力，带动中心城市群发展。

通过建设五县市市域轨道交通和各城市内部有轨电车，可以使五县市相互之间形成有机串联，使城市公共交通通畅化，带动片区开发，并与国铁干线连接，形成复合式交通，使滇南中心城市群成为轨道交通都市圈。将滇南中心城市打造成为云南省新型城镇化综合改革示范区，带动云南经济快速发展，成为云南经济和社会发展的核心带动点。

（二）红河州滇南中心城市群轨道交通建设的意义

滇南中心城市群作为中国面向西南开发的重要前沿和陆路门户，是中国—东盟自由贸易区、昆河经济走廊的桥头堡，是红河州紧扣省委、省政府“两强一堡”战略目标的构建基石，滇南中心城市群轨道交通系统的建设，将进一步发挥“内疏外聚”的核心功能，形成滇南中心城市间的互联互通的快速连接，进而构建依托交通枢纽节点为基础的城市综合体。

二 轨道交通的特点

（一）轨道交通的交通产品特点

与常规公交运输方式相比，城市轨道交通具有显著的产品优势：运量大、速度快、高效准点、节约土地、节能环保、覆盖面广、舒适安全等。

1. 轨道交通运量大

轨道交通运输能力一般是在10000—30000人次/小时，是公共汽车系统的5倍以上，是出租小汽车的10倍以上。

2. 轨道交通运输速度快，准时

城市轨道交通的平均速度可达50公里/小时，不受其他交通方式的影响，准时性好。公共汽车和出租小汽车的平均速度分别为30公里/小时和35公里/小时，慢于轨道交通，且受其他交通方式的影响，非常容易达到平均速度，准时性较差。

3. 轨道交通节约土地

从运输量和建设使用土地之比的角度来看，城市轨道交通人均占地面积仅为0—0.5平方米。公共汽车和出租小汽车人均占地面积分别为1—2平方米和10—20平方米，分别是轨道交通的4倍和40倍以上。

4. 轨道交通节能环保

轨道交通每公里的能源消耗是70—100千卡，基本没有二氧化碳排放。公共汽车和出租小汽车每公里的能源消耗分别为180—213千卡和721—831千卡，是轨道交通的2倍和7倍以上；公共汽车和出租小汽车每公里的二氧化碳排放19.4克和44.6克，远远高于轨道交通。

5. 轨道交通运输距离较长，覆盖面广

轨道交通平均运输距离一般达35公里，公共汽车和出租小汽车平均运输距离分别为11公里和22公里，这样相比较而言，轨道交通平均运输的覆盖面广。

6. 轨道交通舒适安全

轨道交通乘坐比较舒适，发生交通事故发生频率极其罕见。

表 6－1　　轨道交通、公共汽车和出租小汽车的技术特点比较

城市主要公共交通产品	轨道交通	公共汽车	出租小汽车
运输能力（人次/小时）	5000—30000	1000—9000	500—2000
运输速度（公里/小时）	40—60	20—40	20—50
人均占地面积（平方米）	0—0.5	1—2	10—20
单位能源消耗（千卡/公里）	70—100	180—213	721—831
人均二氧化碳排放（克/公里）	约 0	19.4	44.6
运输距离（公里）	长距离（20—50）	中距离（3—20）	较广（5—50）
准时性	较高	较差	一般
舒适性	较好	一般	好
安全性（事故发生频率）	罕见	较低	较低
在城市公交系统性质	骨干系统	基本系统	辅助系统

资料来源：2009 年中国轨道交通行业年度报告及相关资料整理。

正由于城市轨道交通有上述无可比拟的优点，随着交通线网的逐步完善和发展，轨道交通承担了更多的客流，满足了城市居民对交通多层次、多方面的需求，在城市公交系统中是骨干系统。

（二）轨道交通的经济特点

1. 投资大，周期长

城市轨道交通沉没成本巨大、技术复杂、建设周期长，是一项资金密集、技术密集的系统工程。单个项目总投资几乎都在数十亿甚至百亿以上。目前，轨道交通设计水平标准、功能要求、安全环保要求、人工和材料成本、征地拆迁等前期工程费用不断提高，轨道交通单位造价总体呈上升趋势。轨道交通每公里的投资为 4000 万—2 亿元，投资差距的主要原因是征地拆迁和施工方便程度。在已建成区的区域内建设轨道交通，成本相对较高。

2. 具有明显的规模经济

城市轨道交通作用的发挥取决于网络规模，覆盖面越大，交通效率越高，实现的客运总量也越大。并非所有城市都具备建设轨道交通的条件，轨道交通只有在超过最低效率规模时，规模经济才逐渐体现，投资回报较快，也因此具有自然垄断的特性。

运营成本稳定，经济效益扩散。由于运营时间固定，人员工资、水电支出、维护费用等变化不大，轨道交通运营边际成本几乎为零且总体稳定。虽然投资金额巨大，且轨道交通在运营后相当长时期内都处于亏损状态，但随着规模经济的逐步显现，以及经营棋式的突破转变，轨道交通盈利能力会逐渐改善。此外，城市轨道交通经济效益存在外部扩散化和多元化，影响范围之广、涉及行业之多，难以用数字量化。轨道交通的外部性使其效益得到放大和扩散，如在建设时期，建筑、设计、机械制造等上下游产业得到带动；在运营时期，人口流动增大，沿线土地升值，房地产、环保、旅游、娱乐、电子商务等行业潜在商机和利润增加。

3. 轨道交通的公益性特点

城市轨道交通提供客运服务以实现旅客位移，旅客必须购票才能乘用运输工具，因此轨道交通具有一定排他性；该项服务供给主体一般由政府担当，以满足公众出行需求为目的，因此轨道交通又具有公共产品属性。作为准公共产品，城市轨道交通以社会公益性为重。加快建设城市轨道交通主要是为了向公众提供运量大、高效安全的公交服务，以缓解日益紧张的交通供求矛盾，也因此其票价被政府严格控制在公众承受能力范围之内，并以财政补贴形式维持运营。可见相比经济效益，城市轨道交通更注重社会效益。

4. 发展轨道交通的效应特点

首先，交通效应。交通功能效应主要指的是轨道交通运营为乘客提供出行服务的同时，由于增大了城市交通供给，从而改善交通结构，缓解由于供求关系不均衡造成的地面交通堵塞。这一效应的作用主要体现在对客流的影响上：加大转移客运量，诱发新增客运量。数据显示，轨道交通客运量的增长速度要快于公共汽车客运量，平均增速达 10 个百分点以上，而公共汽车的客运量增速仅为 5 个百分点。

城市轨道交通效应的具体体现：第一，时效性效益。居民出行向来以工作为主要目的，上班、上学的出行需求占 50% 以上，对于工作出行的客流来说，在路途中节省的时间是可以创造价值的。非工作出行目的的乘客，其节省的时间也是具有闲暇价值的。第二，舒适性效益。乘车时间和舒适度直接影响乘客的精神及身体状态，苏联研究表明，乘客在不舒适条件下每乘车10分钟就会使劳动生产率降低3%—4%，可见良好的服务质量和乘车环境有利于减少疲劳，提高劳动生产率。第三，安全性效益。城市轨道交通拥有封闭的专用行车道，不受其他交通状况和天气因素的干扰，营运管理体系健全规范，完善的保护设施和良好秩序为乘客出行安全提供有效保障，降低了交通事故发生率。第四，诱发新增客流效益。城市轨道交通诱发客流是由于项目兴建，原有交通体系得到改善，诱发了部分居民的出行需求，导致原有出行者的出行行为发生变化，可以表现为出行时间、出行线路、出行方式的调整、出行距离的增加等。第五，营运成本替代效益。城市轨道交通虽然工程造价高、国产化具有难度，但规模经济以及稳定的客运量使其在运营之后能及时收回投资成本，边际营运成本大大低于常规交通工具。城市轨道交通比公共汽车速度快、准时、运量大、营运成本低廉，从而引起乘客出行方式转变和客流的转移。分流与替代相应减少了公共汽车的投资以及运营过程中带来的各种成本。

其次，经济效应。城市轨道交通由其功能带来的外部效应改善了城市交通的通达性、快捷性、舒适性，人们在出行中消耗的时间和精力更少，提高了劳动效率，有利于日常经济活动的开展。地铁、轨道交通的运营，缩短了顾客与沿线商家的距离，使城市各个片区的人流互为穿梭并在枢纽处聚集人气，创造商业氛围，吸引商业投资，既巩固了原市中心的商业中心地位又带动了新城区的快速发展。

图6-1描述了城市轨道交通系统对地区经济发展的作用的过程。由于廊道效应，人员聚集和劳动生产率提升，改善地方投资环境的同时激增了房地产开发需求和土地需求，在市场机制作用下沿线土地和物业价格随之增加；由于诱导效应，潜在商业利润又进一步吸引投资和人员流入，相关经济活动使产业结构不断调整优化，促进城市经济良性发展。大量研究表明，城市轨道交通经济外部效应中最直接且最显著的是对沿线房地产价值的影响。

再次，社会效应。城市轨道交通是具有社会公益性质的准公共产品，作为一项具有战略意义的大型公建项目，其在催生沿线经济，为微

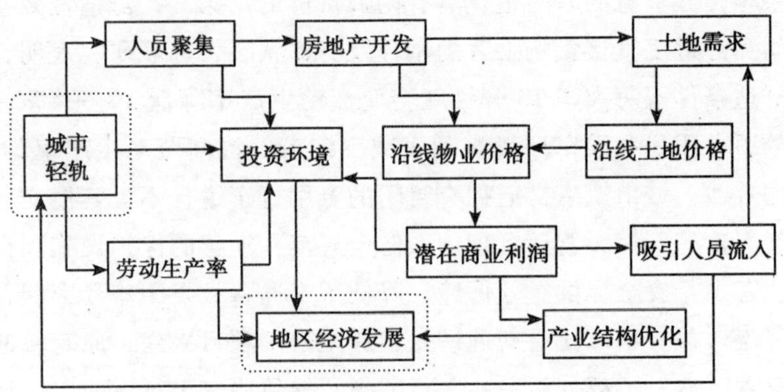

图6－1　城市轨道交通的经济效应原理

观个体带来利益增值的同时，在宏观上也对维持社会的长治久安、和谐稳定具有巨大贡献。特别是在当前交通导向型城市发展模式逐渐被采用，以城市轨道交通为骨干的综合交通体系成了支撑整个城市空间格局的框架，对城市的布局和发展走势有着不可估量的作用。轨道交通社会效应作用途径（见图6－2）。

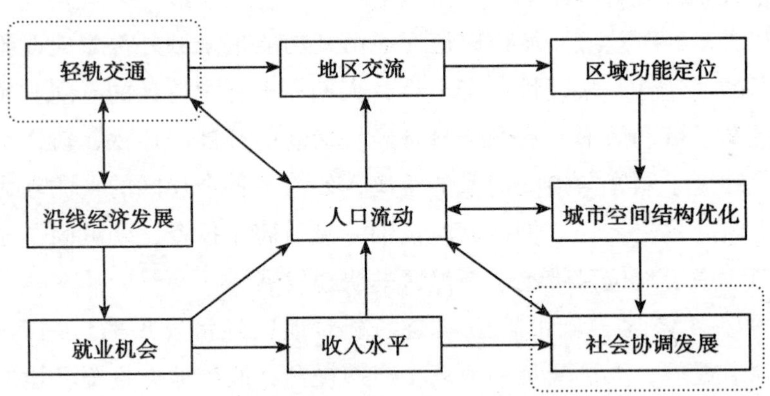

图6－2　轨道交通的社会效应作用途径

最后，环境效应。轨道交通快速通畅、低耗能、零排放的特点使其成为公认的最节能环保的绿色出行方式。作为可持续发展城市综合交通体系的重要组成部分，轨道交通对环境资源产生的巨大外部经济是不可忽视的。环境效应主要通过三条路径实现：一是轨道交通采用电力牵引，并且用先进技术实现节能减排，实现零废气排放量直接减少了对大气的污染；二是轨道交通对城市交通供求结构的影响，分流的城市公交客运减少了地面道路的使用，减少了机动车在能源方面的消耗和污染物排放，并节省了道路建设改造等对土地的占用；三是交通拥挤缓解，由于交通环境的改善，出行质量提高，行车产生的噪音也相应减少。

三　轨道交通的建设条件

根据2003年9月原国家建设部出台的文件要求：申报建设轨道交通的城市应达到的基本条件是地方财政一般预算收入在60亿元以上，国内生产总值达到600亿元以上，城区人口在150万人以上，规划线路客流规模达到单向高峰一小时一万人以上。这一要求的基本内容包括客流情况、政府收入情况、经济总容量和人口规模。随着社会经济的发展，除这些基本要求外，城市轻轨道交通建设的必要性和紧迫性可以从城市交通供需现状及发展趋势中得以体现。城市交通需求与城市经济、人口、城市布局与土地利用情况密切相关，与城市交通结构和交通基础设施发展现状存在相互促进与相互制约的关系。因此，从城市经济发展水平、人口规模、城市布局与土地利用和城市交通结构四个方面来分析城市轨道交通建设的条件。

（一）城市经济发展水平

城市经济发展水平对城市轨道交通建设的影响表现在支持轨道交通的建设以及影响轨道交通客流规模两个方面，具体表现在以下几个方面。

一方面，以地区生产总值为代表的城市经济发展规模对发展城市轨道交通有着重要的影响。城市轨道交通项目社会效益好而自身经济效益差，不仅在建设期间投资规模巨大，在运营期间也通常需要政府的补贴。这要求修建城市轨道交通的城市具备较强的经济实力。据有关文献资料分析：一个城市的基础设施投资占该城市GDP的3%—5%是比较合适的；公共交通包括轨道交通在内的投资比例又占城市基础设施投资的14%—18%，即公交投资约占城市GDP的0.9%。若取公交投资额的80%作为轨道交通的投资，则每年可有0.7%左右的GDP投资力度轨道交通项目建设。因此，只有在对城市经济实力分析研究的基础上，才能论证交通运量上需要进行轨道交通建设的城市是否具备实施条件。

另一方面，人均地区生产总值直接反映一个城市居民可能达到的消费水平。由于轨道交通建设成本巨大，其票价一般高于常规公交，因此乘客对票价的承受力是决定客流的关键因素。随着居民人均地区生产总值的增加，居民对轨道交通消费的承受能力将逐渐增强，这将有利于轨道交通客流规模的增加。已有研究将一个城市的人均地区生产总值达到2000（至少1800）美元作为衡量一个城市是否可以修建城市快速轨道交通线的经济实力的基准。例如，GDP原联邦德国大于2500美元、日本超过3000美元时才开始大规模建设城市（快速）轨道交通。我国上海和广州开始建设地铁时人均GDP分别为2100美元和2000美元。按可比价格计算出的GDP和人均GDP，扣除了价格变动的因素，从总体上反映了城市经济发展水平的变化以及居民可能达到的消费水平。

（二）城市人口规模

人口是决定一个城市交通活动规模的基础。城市人口数量（特别是非农人口）对城市高密度客运量的产生有重要的影响。世界城市人口规模与轨道交通分布如表6－2所示。

表6－2 世界城市人口规模与轨道交通分布

城市人口规模	城市数量	地铁	地铁与轨道交通	轨道交通
200万人以上	39	30	5	4
100万人—200万人	40	29	3	8
50万人—100万人	28	10	2	16
50万人以下	131	23	11	47

资料来源：边经卫：《大城市空间发展与轨道交通》，中国建筑工业出版社2006年版。

从表中可看出，人口相对比较少的城市主要发展轨道交通。轨道交通相对而其他轨道交通，人口规模的要求比较高。

（三）城市布局与土地利用

城市各种经济活动在城市空间上所表现的土地利用是产生交通流的“源泉”。交通系统和土地利用实质上就是“流”和“源”、交通供给与交通需求的关系。实际上两者是相辅相成又相互制约的。

土地利用是产生城市交通的源泉，决定城市交通的发生、吸引与方式选择，从宏观上决定了城市交通需求及其结构模式。轨道交通的建设通过大幅度提高交通供给改变了沿线的可达性，而可达性对土地利用的属性、结构及形态布局具有决定性作用。在城市轨道交通发展战略的制定与建设决策中，轨道交通对城市土地利用与空间结构的导向作用是城市交通规划者和决策者要把握的重要决策原则之一。

（四）城市交通结构

城市客运交通方式分为步行、自行车、摩托车、小汽车以及公共交通（包括常规地面公共交通、大中运量轨道交通、出租车交通等）。城市交通结构一般是指某一时期城市中不同交通方式在完成的城市客、货运量或周转量中各自承担的份额的比重。由于交通工具的拥有量将直接影响到城市居民出行方式的选择，因此交通工具拥有量结构在一定程度上可以体现城市交通结构。

城市机动车拥有量可以反映城市机动化的发展情况。城市机动车交通出行的快速发展，造成了城市中心交通拥堵、城市环境质量下降等问题。城市通过建设轨道交通来缓解当下的交通压力并且引导和促进城市土地开发。自行车拥有量也可以反映城市居民自行车出行的发展情况。公交营运车辆指标包括常规公交营运车辆和轨道交通营运车辆，是指公交企业用于运营业务的全部车辆数，反映城市公交运力的发展规模。

四　轨道交通建设的时机选择

轨道交通是一个城市重要的基础设施，对于基础设施与非基础设施投资的先后顺序方面，第一种类型是基础设施投资超前，即设施投资建设先于直接生产。第二种类型是基础设施投资与直接生产的同步发展，即基础设施的形成和供给能力与物质生产的同步发展，即基础设施的形成和供给能力与物质生产的发展保持着平衡适应的状态。第三种类型是基础设施滞后于直接生产发展。

（一）超前

通常，超前型在城市快速发展初期就开始进行重要的交通设施建设，可以使这些建设成为支撑和引导城市空间演化的重要因素。这时的交通建设一般都具有一定的超前性，能使城市的土地发生增值，促进城市空间布局更趋合理。同时，由于空间演化对城市交通方式的路径依赖，更容易形成交通导向型的发展模式。此时，交通设施的建设规模、交通方式的结构安排以及交通系统的整体水平等，对城市空间演化的未来结果将产生重要影响。超前型城市轨道交通建设时机：在城市发展趋势较为明确的前提下，根据城市布局的优化原则，以轨道交通建设支持和引导城市发展趋势，使城市布局更加优化合理。

在资金筹措方面采取积极的财政策略，通过高强度的集中建设，在较短的时期内完成骨架线路的建设，使城市交通的结构获得突破性的改善；同时，充分发挥轨道交通的主导作用，带动土地开发，优化产业结构，调整功能布局，引导城市扩张。这是一种将轨道交通的建设作为城市经营的资本进行投资的供给模式。一般来说，在城市外围地区，由于存在土地开发的时差，客流的增长呈平缓上升的趋势，使得线路开通后相当一段时间内，经营的压力很大。

（二）同步

同步型在城市快速发展后期，即城市规模已达到一定程度，但城市交通还没有出现难以维持的情况时，才开始进行重要的交通设施建设，往往会形成交通追随型的发展模式，即城市交通总是落后于城市发展的需要，落后于城市空间演化的进程。由于这时的城市空间布局和空间形态都将形成相对稳定的结果，城市空间演化的速度已明显降低，因此，这时进行交通设施建设一般只能改善城市交通状况，进一步满足城市交通的需要，而对城市空间的演化不容易产生较大的影响。同步型城市轨道交通建设时机：在城市交通发展历史资料的基础上，预测推断轨道交通的线路走向、规模、布局等要素。

对轨道交通的投资与城市的实力相适应，且线路的修建规划基本满足城市发展对大容量公共交通体系的需求，并能与城市布局演变的趋势相匹配。在线路建设方面，一般采取修建需求最迫切的路段，逐段修建，线路里程呈平稳的增长趋势。城市交通体系中，轨道交通承担的比例逐步上升，即交通结构逐步改进。在人口、经济增长和城市格局都比较稳定的西方国家，大多采用这种供给模式。滞后型（饥渴型）：当城市人口规模和人口密度都已发展到相当程度，使城市交通难以承受现有交通需求压力时，才开始着手进行重要交通设施的建设，会使城市交通总是处于供小于求的状态，比追随型更为滞后，形成饥渴型的发展模式。

这时，由于城市空间已经形成一定的布局结构，再进行大规模的交通建设和结构调整会带来很高的成本，因此，只能根据现有的条件，被动地改善城市交通状况，此时的交通建设也不会对城市空间演化产生明显的影响，更不会对城市空间演化起到引导作用。

（三）滞后

对轨道交通的投资力度落后于城市发展的需求，交通供需矛盾比较突出，导致交通结构与城市布局之间无法实现协调发展。在城市经济步入快速增长阶段后，如仍采用保守型供给模式，则容易给城市的发展造成不可估量的损失。如曼谷在经济快速增长时期，轨道交通的建设没有跟上，以至于小汽车增长太快，城市交通几乎陷入瘫痪状态。很多情况下，由于建设资金的筹措和收益难以支持轨道交通的建设与运营，城市只能选择保守型的供给模式。

建设时机的选择比较理想的是超前型，即轨道交通对城市发展起到积极的良性的导向作用。其次是同步型，即轨道交通的建设随着城市发展基本达到满足的水平。最差的是滞后型，即轨道交通的发展始终落后于城市发展的需求。

第二节　轨道交通建设的必要性与基础

一　轨道交通建设的必要性

现在红河州公路快速通道已基本形成，城市一体化得到不断加强，但公路快速通道的弊端已不断显现，如交通事故频发、拥堵现象时有发生等，而轨道交通产品技术特点，成为红河州滇南中心城市交通体系建设首选。

（一）红河州城市化与轨道交通建设

虽然红河大道、个屯隧道的建成，使个旧至蒙自的通达时间减缩在30分钟以内，但随着社会经济的发展、产业结构调整以及城镇化水平的快速提高，红河州滇南中心城市将会出现一些大城市已经出现的一系列问题。首当其冲的便是城市人口的迅猛增加，而造成城市规模不断扩大，城市交通设施与城市化发展的矛盾。多数城市由于中心区过度开发，造成人口、产业和功能过度集中，由此引发了对高负荷交通的刚性需求。虽然许多大城市的决策者也意识到了这些问题，并且开始重视周边郊区城镇的发展，但在短期内郊区城镇发展的相对滞后性无法从根本上得以解决，因此在这样一个缺少大容量交通系统作为支撑的城市化进程中，城市地域结构的改变和越来越多的长距离大流量的出行需求，便逐渐成为城市发展过程中的一个棘手问题。另外一个不可忽视的问题便是机动车使用规模的迅速壮大，进一步加剧了城市中心区道路阻塞和环境污染，并成为进一步加重城市人口就业等相关问题的诱导因素。

作为城市基础设施的轨道交通，不仅具有容量大、速度快、安全、准时等众多优点，还能起到缓解城市交通压力，引导城市发展，促进郊区城市化进程，改善城市环境的巨大作用，并能从根本上解决城市发展过程中出现的许多问题。但是现在很多大城市对发展轨道交通的认识仍比较模糊，对发展大容量快速的轨道交通对一个城市发展所产生的巨大作用也认识不足，因此十分有必要将这个问题认识清楚。

（二）红河州产业一体化与轨道交通建设

轨道交通建设大力发展，“时空压缩”为区域产业发展带来新机会。轨道路网的建设将迅速缩短个开蒙城市之间的时间距离，重构个开蒙产业竞合关系。目前国际上普遍认为，相对于没有轨道经过的地区，轨道沿线城镇的产业发展将获得更大的发展机会，同时在城镇群内部，沿线产业的集聚程度将会得到提升、产业链得到拓展，但沿线产业的发展并不是处于平衡状态的，某些节点的产业增长伴随着某些节点的产业而衰退。专业分工理论认为，轨道交通的建设会诱增新的市场需求，这样的市场需求对小城市的促进作用更大。

可以推测出在轨道交通的影响下，红河州滇南中心城市，或区域中产业首位度高的城市具有绝对的产业发展优势，一般城镇的产业存在发展机会，但是必须寻求特色化出路。轨道交通的建设所带来的生产要素、人力资源的短时自由流动，使人流、物流和资金流畅通，将带动城市群区域内产业升级与一体化发展。

快速轨道交通来了个“时空压缩”，相邻城镇间的分工模式将发生改变，在大运量交通的支撑下，两个城镇可以在商务、居住、就业等方面建立广泛的合作关系，这样的分工使两地的市场基本融为一体，形成同城化的功能区。同时“时空压缩”使得郊区小城镇在为城市人口、产业转移提供发展空间的同时也获得了更好的发展机会。因此随着轨道的开通城乡产业将呈现一体化的发展趋势。

（三）红河州滇南中心城市“公交优先”战略与轨道交通建设

红河州滇南中心城市个开蒙三市以个旧市大屯—鸡街为圆心呈三角形分布，三地间的相互距离均在30—40公里。红河州滇南中心城市在1999年提出之后，按照开远南扩、蒙自西拓、个旧东移，并以快速通道连接，在滇南建成一个人口上百万的城市群为目标不断推进。结合三地间的距离和滇南中心城市的建设，建设三地间的快速交通，形成个开蒙三地半小时生活圈，轨道交通的交通运输技术特点决定了轨道交通建设是必然选择。

通过对发达城市市内交通客运量结构的分析与研究表明，公共交通所占比例一般为60%—80%，其中有轨交通的比例达30%—45%。无论私人交通如何发展，公共交通作为主体的地位一直没变，轨道交通往往又占有较大优势，居主导地位。即使私人交通的承载工具数量超过公共交通工具的几十倍，公共交通作为城市客运主要构成的地位仍不改变，真正解决城市交通问题的主要还是轨道交通运输系统。

预防或解决红河州滇南中心城市发展出现的城市交通设施与城市化发展的矛盾，修建城市轨道交通系统是贯彻落实红河州城市发展中“公交优先”战略的重要体现，是红河州城市发展的理性选择，是红河州成为滇南中心城市的必备条件，有利于提升红河州滇南中心城市的城市竞争力。

二　轨道交通建设的基础

红河州滇南中心城市的发展基本趋势好、经济基础坚实和人口基础庞大，奠定了良好的轨道交通建设基础。

（一）发展基础

红河州滇南中心城市的发展基本趋势好表现在人均地区生产总值水平高增长快，经济快速发展，城镇化水平高，产业结构高度化程度高和商业较为发达等方面。

1. 个开蒙的人均地区生产总值水平高增长快

2009年蒙自、个旧和开远的人均地区生产总值分别达到了2208美元、3387 美元和 3490 美元，超过了快速轨道交通线 2000 美元的基准，已超过了上海和广州开始建设地铁时人均地区生产总值。并且个开蒙的人均地区生产总值增长快速。扣除人民币升值的影响，蒙自、个旧和开远的人均地区生产总值近 5 年年平均增长速度分别为 23.49%、15.48% 和 16.70%。这样，个开蒙的人均地区生产总值水平高增长快，为修建轨道交通的提供重要基础。

表 6-3　　个开蒙人均地区生产总值　　单位：美元

年份	2005	2006	2007	2008	2009
全州	882	1044	1297	1687	1855
蒙自	792	978	1296	1813	2208
个旧	1588	1850	2472	3313	3387
开远	1569	1804	2291	3054	3490

资料来源：根据 2007—2010 年《红河州领导干部经济工作手册》整理计算。

2. 个开蒙的经济快速发展

按可比价格计算，蒙自、个旧、开远的地区生产总值 2006—2009 年的平均增长率 16.8%、11.6% 和 10.1%。不考虑价格因素，蒙自、个旧、开远的地区生产总值 2005—2009 年的平均增长率 25.07%、16.36% 和 17.57%。个开蒙的经济快速发展趋势为轨道交通建设提供较好的未来预期。

表 6-4　　个开蒙地区生产总值增长速度　　单位:%

年份	2006	2007	2008	2009	平均增长速度
全州	12.3	11.9	10.0	11.2	11.3
蒙自	19.8	18.7	15.0	13.8	16.8
个旧	12.2	16.1	8.8	9.5	11.6
开远	10.2	12.1	10.3	7.7	10.1

资料来源：根据 2007—2010 年《红河州领导干部经济工作手册》整理计算。

3. 个开蒙的城镇化水平高

2009 年蒙自、个旧和开远的城镇化率分别为 57%、70% 和 63%，比 2008 年分别提高了两个百分点、1.1 个百分点和 1.2 个百分点，远高于全州 35% 和全省 33% 的平均水平。个开蒙的城镇化水平高为轨道交通建设提供了重要的空间支撑。

4. 个开蒙的产业结构高度化程度高

2009 年蒙自、个旧和开远的产业结构高度化指数为 82.36%、93.73% 和 86.78%，高于全州 81.35% 和全省 82.71% 的平均水平。产业特征决定城市人口流动性，人口流动决定城市交通体系如何选择。个开蒙高度化的产业结构决定了人员流动相对较大，需要快速的城市公共交通。

表 6－5　　个开蒙产业结构高度化　　单位:%

年份	2005	2006	2007	2008	2009
全州	81.40	82.70	81.65	81.28	81.35
蒙自	75.87	78.61	79.55	80.12	82.36
个旧	93.72	94.10	94.37	94.20	93.73
开远	85.92	86.91	88.76	85.43	86.78

资料来源：根据 2007—2010 年《红河州领导干部经济工作手册》整理计算。

5. 个开蒙商业较为发达

2009 年蒙自、个旧和开远的社会消费品零售总额分别为 16.35 亿元、25.79 亿元和 15.99 亿元，合计达到了 58.12 亿元，占个开蒙地区生产总值的比重为 24.13%，高于全州 22.69% 的平均水平。个开蒙商业较为发达，带动了较大规模的人员流动。

表 6－6　　个开蒙社会消费品零售总额　　单位：亿元

年份	2005	2006	2007	2008	2009
蒙自	8.28	9.55	11.06	13.50	16.35
个旧	13.75	14.96	17.38	21.38	25.79
开远	7.96	9.03	10.70	12.98	15.99
合计	29.99	33.54	39.15	47.87	58.12

资料来源：根据 2007—2010 年《红河州领导干部经济工作手册》整理计算。

（二）经济基础

红河州滇南中心城市经济基础坚实表现“两大两高”，即在经济总量较大、固定资产投资大，地方财政收入高和职工工资高。

1. 个开蒙的经济总量较大

2009 年蒙自、个旧和开远的地区生产总值分别为 60.67 亿元、105.42 亿元和 74.78 亿元，分别比 2005 年增加了 35.88 亿元、47.91 亿元和 35.64 亿元。个开蒙合计达到了 240.87 亿元，占全州的比重 42.95%。

表 6－7 **个开蒙的地区生产总值** 单位：亿元

年份	2005	2006	2007	2008	2009
蒙自	24.80	30.63	39.12	50.38	60.67
个旧	57.51	66.89	85.64	104.84	105.42
开远	39.14	44.65	53.32	66.32	74.78
合计	121.45	142.17	178.09	221.54	240.87
占全州比重	39.36	39.46	41.44	43.04	42.95

资料来源：根据 2007—2010 年《红河州领导干部经济工作手册》整理计算。

2. 固定资产投资大

2009 年蒙自、个旧和开远的固定资产投资分别为 48.23 亿元、46.10 亿元和 48.01 亿元，个开蒙合计达到了 142.34 亿元，比 2005 年增加了近 73 亿元，是 2005 年的 2 倍多。2005—2009 年累计固定投资达到了 505.37 亿元，占全州的 37.57%。

表 6－8 **个开蒙的固定资产投资** 单位：亿元

年份	2005	2006	2007	2008	2009	5 年累计
蒙自	30.84	41.76	32.73	42.05	48.23	195.62
个旧	17.74	21.07	25.63	36.05	46.10	146.58
开远	20.78	30.15	31.13	33.11	48.01	163.18
合计	69.36	92.98	89.49	111.21	142.34	505.37

资料来源：根据 2007—2010 年《红河州领导干部经济工作手册》整理计算。

3. 地方财政收入高

2009 年蒙自、个旧和开远的地方财政一般预算收入分别为 5.81 亿元、7.73 亿元和 5.01 亿元，个开蒙合计地方财政一般预算收入由 2005 年 8.42 亿元增加到了 2009 年 18.55 亿元，占全州的比重有所提高，由 33.69% 提高到了 35.65%。

表 6－9　个开蒙的地方财政收入　单位：亿元、%

年份	2005	2006	2007	2008	2009
蒙自	2.15	2.86	3.92	4.89	5.81
个旧	3.68	4.31	5.89	7.55	7.73
开远	2.59	2.93	3.76	4.50	5.01
合计	8.42	10.10	13.57	16.94	18.55
占全州比重	33.69	34.24	35.97	37.52	35.65

资料来源：根据 2007—2010 年《红河州领导干部经济工作手册》整理计算。

4. 收入高增加快

2009 年蒙自、个旧和开远的职工年平均工资分别为 24643 元、24306 元和 29859 元，个开蒙平均由 2005 年 15290 元增加到了 2009 年 26269 元，5 年增加了 10979 元，平均每年增加超过 2000 元。全州 2009 年为 24389 元，5 年增加了 9570 元，平均每年增加不到 2000 元。

表 6－10　个开蒙的职工年平均工资　单位：元

	2005	2006	2007	2008	2009
蒙自	14282	17292	20167	22511	24643
个旧	14392	17372	21018	23339	24306
开远	17196	20589	22612	27617	29859
平均	15290	18418	21266	24489	26269

资料来源：根据 2007—2010 年《红河州领导干部经济工作手册》整理计算。

（三）人口基础

红河州滇南中心城市人口基础庞大表现在总人口和城镇人口的规模都比较大以及红河州之间客流量大。

1. 人口规模

2009 年蒙自、个旧和开远的常住人口分别为 40.34 万人、45.67 万人和 31.42 万人，个开蒙合计达到了 117.43 万人。

表 6 - 11 个开蒙的常住人口 单位：万人

年份	2005	2006	2007	2008	2009
蒙自	39.08	39.51	39.91	40.12	40.34
个旧	45.23	45.48	45.66	45.46	45.67
开远	30.98	31.12	31.22	31.31	31.42
合计	115.29	116.11	116.79	116.89	117.43

资料来源：根据 2007—2010 年《红河州领导干部经济工作手册》整理计算。

2. 城镇人口

2009 年蒙自、个旧和开远的城镇人口分别为 22.99 万人、32.06 万人和 19.79 万人，个开蒙合计达到了 74.85 万人。

3. 客流

目前蒙自往来个旧的班线公共汽车早班车是上午 6 点，末班车是晚上 8 点，每 10 分钟双向发一趟，按准载 29 人和实载率 90% 计算，一天的平均客流量约为 4400 人次。蒙自往来开远的班线公共汽车早班车是上午 6 点，末班车是晚上 8 点，早 6 点至 8 点是每 20 分钟双向发一趟，之后就是每 10 分钟双向发一趟，按准载 29 人和实载率 85% 计算，一天的平均客流量约为 4000 人次。考虑部分企事业政府单位往来个开蒙交通车和短途（大屯、鸡街、沙甸），个开蒙城市群之间的客流量在 10000 万人次以上，并且随着城镇化进程的加快，这一客流将有较快的增长。

三 国内城市轨道交通建设情况

2014 年年末，全国 22 个城市共开通城市轨道交通运营线路长度 3173 公里。其中，地铁 2361 公里，占 74.4%；轨道交通 239 公里，占 7.5%；单轨 89 公里，占 2.8%；现代有轨电车 141 公里，占 4.4%；磁浮交通 30 公里，占 0.9%；市域快轨 308 公里，占 9.7%；APM 4 公里，占 0.1%（见图 6 - 3）。

（一）运营概况

1. 运营线路总长突破 3000 公里，制式结构渐呈多样性

2014 年年末，全国城轨交通运营城市 22 个，比上年增加 3 个（长沙、宁波、无锡）；当年新增运营线路长度 427 公里，其中地铁 305 公里，占 71.4%，其他制式 122 公里，占 28.6%。2014 年年末累计运营线路长

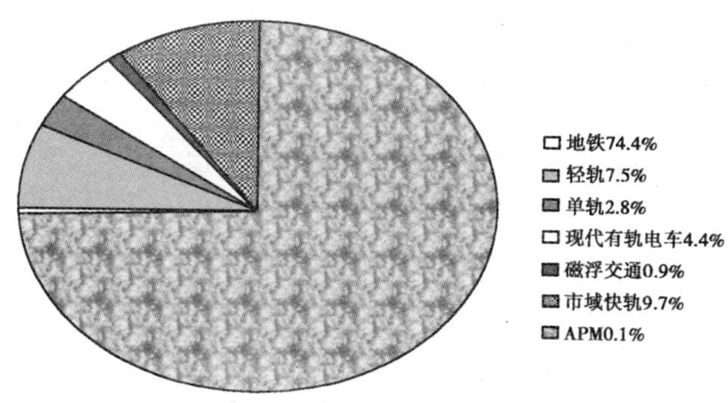

图 6－3 城轨交通运营各制式占比

度 3173 公里，提前一年实现并超过 2015 年年末运营线路长度 3000 公里的预测目标值。其中：地铁 2361 公里，占 74.4%；其他制式 812 公里，占 25.6%。地铁占比又有所下降，制式结构趋于优化（详见表 6－12）。22 个运营城市中，大体形成了五种不同类型的制式结构：一是长春、大连 2 市，首先发展轨道交通和有轨电车。长春 56 公里运营线路中，轨道交通 48 公里，占 85.7%；有轨电车 8 公里，占 14.3%。大连 127 公里运营线路中，轨道交通 104 公里，占 81.9%；有轨电车 23 公里，占 18.1%。二是重庆、武汉 2 市，先建单轨或轨道交通，后建地铁。重庆 202 公里运营线路中，单轨 89 公里，占 44.1%；地铁 113 公里，占 55.9%。武汉 96 公里运营线路中，轨道交通 35 公里，占 36.5%；地铁 61 公里，占 63.5%。三是上海、广州、天津、南京 4 市，已同时拥有三四种制式，上海 643 公里运营线路中，地铁 548 公里，占 85.2%；市域快轨 56 公里，占 8.7%；磁浮交通 30 公里，占 4.7%；有轨电车 9 公里，占 1.4%。广州 247 公里运营线路中，地铁 235 公里，占 95.1%；有轨电车 8 公里，占 3.2%；APM 4 公里，占 1.6%。天津 147 公里运营线路中，地铁 87 公里，占 59.2%；轨道交通 52 公里，占 35.4%；有轨电车 8 公里，占 5.4%。南京 187 公里运营线路中，地铁 98 公里，占 52.4%；市域快轨 81 公里，占 43.3%；有轨电车 8 公里，占 4.3%。四是北京、沈阳、成都、苏州 4 市，在重点发展地铁同时，也发展了其他制式，北京和成都除地铁外还有市域快轨，沈阳和苏州除地铁外还有有轨电车。五是其他十市，仅有地铁一种制式。

表 6－12

2014 年全国城轨交通运营线路长度表

序号	城市	2014 年年末运营线路长度（公里）								其中：2014 年新增运营线路长度（公里）							
		合计	地铁	轻轨	单轨	现代有轨电车	磁浮交通	市快轨	AMP	合计	地铁	轻轨	单轨	现代有轨电车	磁浮交通	市快轨	AMP
1	北京	604	527					77		62	62						
2	上海	643	548			9	30	56		16	16						
3	天津	147	87	52		8				8	8						
4	重庆	202	113		89					32	32						
5	广州	247	235			8			4	8				8			
6	深圳	179	179														
7	武汉	96	61	35						24	18	6					
8	南京	187	98			8		81		106	16			8		81	
9	沈阳	114	54		60												
10	长春	56		48		8											
11	大连	127		104		23											
12	成都	155	61						94		11	11					

续表

序号	城市	2014 年年末运营线路长度（公里）								其中：2014 年新增运营线路长度（公里）							
		合计	地铁	轻轨	单轨	现代有轨电车	磁浮交通	市快轨	AMP	合计	地铁	轻轨	单轨	现代有轨电车	磁浮交通	市快轨	AMP
13	西安	52	52							6	6						
14	哈尔滨	17	17														
15	苏州	76	58			18				18				18			
16	郑州	26	26														
17	昆明	59	59							19	19						
18	杭州	66	66							18	18						
19	佛山	21	21														
20	长沙	22	22							22	22						
21	宁波	21	21							21	21						
22	无锡	56	56							56	56						
合计		3173	2361	239	89	141	30	308	4	427	305	6	0	34	0	81	

数据来源：中国电子信息产业发展研究院 . 2013—2014 年中国轨道交通产业发展研究年度报告，第 2 期（总第 10 期）2015. 5. 4.

2. 客运总量持续攀升，京沪领衔国际大都市

据不完全统计（缺少4条市域快轨线共计227公里运营线路客运情况），全年客运总量126亿人次，比上年110亿人次增加16亿人次，增长15%（详见表6－13）。

表6－13　　2014年全国城市轨道交通客运情况表

序号	城市	2014年年末投运线路长度（公里）	全年客运总量（万人次）	日均客流量（万人次/日）	每公里日均客流强度（万人次/公里日）	单日最高客运量（万人次）	最大断面高峰小时流量（万人次/小时）	最小发车间隔（秒）	日均开行总列次（列次/日）
1	北京	604	338668	953	1.6	1239.0	5.8	120	
2	上海	643	282727	784	1.2	1035.0	5.7	140	6262
3	天津	147	30061	82	0.6	112.0	1.3	300	1129
4	重庆	202	51710	142	0.7	246.0	2.9	162	1810
5	广州	247	222325	610	2.5	841.0	5.3	132	4662
6	深圳	179	103566	284	1.6	395.0	4.0	150	2120
7	武汉	96	35624	108	1.1	158.0	2.2	230	1479
8	南京	187	50317	147	0.8	205.0	3.3	140	1687
9	沈阳	114	26294	72	0.6	104.0	2.1	300	870
10	长春	56	7218	20	0.4	29.0	1.0	270	660
11	大连	127	9241	25	0.2	24.0	1.9	180	403
12	成都	155	28431	78	0.5	120.0	2.4	170	740
13	西安	52	13094	95	1.8	103.0		312	622
14	哈尔滨	17	5386	15	0.9	24.0	1.0	390	240
15	苏州	76	12670	35	0.5	71.0	1.2	300	856
16	郑州	26	6851	19	0.7	35.0	1.4	360	220
17	昆明	59	4921	13	0.2	29.0	0.9	300	403
18	杭州	66	14515	42	0.6	83.0	2.6	210	671
19	佛山	21	5467	15	0.7	26.0		315	379
20	长沙	22	4580	19	0.8	35.0	1.1	400	248
21	宁波	21	1379	6	0.3	15.0	0.5	420	243
22	无锡	56	1561	15	0.3	26.0	0.6	475	483
合计		3173	1256608	3580	1.1				24834

注：因统计渠道不畅，缺少4条市域快轨共计227公里运营线路客运情况。具体为：北京77公里市域快轨（S2线）；上海56.4公里市域快轨（金山线）；成都93.8公里市域快轨（成灌线、成彭线）。

数据来源：中国电子信息产业发展研究院：《2013—2014年中国轨道交通产业发展研究年度报告》第2期（总第10期）2015年5月4日。

22 个运营城市中，全年客运量超过 20 亿人次的有 3 市：北京 33.9 亿人次，占总比的26%；上海 28.3 亿人次，占总比的22%；广州 22.2 亿人次，占总比的 17%，3 市客运量占全国客运总量的 60% 以上，继续位居世界前列。深圳全年客运量 10.4 亿人次，也迈上 10 亿人次大台阶，进入世界前列。

根据不完全统计，自 2012 年以来的三年中，全球城轨交通客运量超过 10 亿人次的城市，由 11 个增加到 12 个，新增 1 市就是深圳。这 12 个大都市是：北京位列榜首，客运量 33.87 亿人次；上海名列第二，客运量 28.27 亿人次；三、四、五位依次为：首尔 25.59 亿人次、莫斯科 24.91 亿人次、东京 23.51 亿人次；广州位居第六，客运量 22.23 亿人次；再后是纽约 16.55 亿人次、墨西哥城 16.09 亿人次、中国香港 16.08 亿人次；巴黎 15.41 亿人次；伦敦 12.29 亿人次；深圳客运量 10.36 亿人次上升至第十二位（详见表 6－14）。

表 6－14 2012—2014 年全球主要城轨城市客运量对照表

序号	城市	年客运量（亿人次）			日均客运量（万人次/日）		
		2012 年	2013 年	2014 年	2012 年	2013 年	2014 年
1	北京	/	32.05	33.87	/	880	953
2	上海	/	25.08	28.27	/	700	784
3	首尔	25.59	/	/	701	/	/
4	莫斯科	/	24.91	/	/	683	/
5	东京	23.51	/	/	644	/	/
6	广州	/	20.05	22.23	/	588	610
7	纽约	16.55	/	/	453	/	/
8	墨西哥城	16.09	/	/	441	/	/
9	香港	/	16.08	/		440	/
10	巴黎	15.41	/	/	422	/	/
11	伦敦	12.29	/	/	337	/	/
12	深圳	/	9.17	10.36	/	/	284

数据来源：中国电子信息产业发展研究院：《2013—2014 年中国轨道交通产业发展研究年度报告》第 2 期（总第 10 期）2015 年 5 月 4 日。

日均客运量 500 万人次以上的有 3 市：北京 953 万人次/日、上海 784 万人次/日、广州 610 万人次/日；日均客运量 100 万—300 万人次的有 4 市：深圳 284 万人次/日、南京 147 万人次/日、重庆 142 万人次/日、武汉 108 万人次/日。单日最高客运量，北京达到 1239 万人次，比 2013 年增长 8.2%；上海为 1035 万人次，比 2013 年增长 13.1%；广州为 841 万人次，比 2013 年增长 16%。

全国平均客运强度 1.1 万人次/公里日。随着新开通运营城市和新投运营线路的不断增多，与 2013 年平均客运强度 1.3 万人次/公里日相比，平均客运强度有所下降。其中，超过平均客运强度的城市有 5 个：广州客运强度 2.5 万人次/公里日、西安 1.8 万人次/公里日、北京 1.6 万人次/公里日、深圳 1.6 万人次/公里日、上海 1.2 万人次/公里日。

最小发车间隔进入 180 秒以内的城市有 8 个：北京 120 秒、广州 132 秒、上海和南京 140 秒、深圳 150 秒、重庆 162 秒、成都 170 秒、大连 180 秒。

3. 列车退出正线率保持较优水平，运营安全稳步提高

2014 年运营状况总体平稳。16 个城市统计（西安、郑州、佛山等 3 市未报，长沙、宁波、无锡 3 市为新开通城市未计），退出正线运营故障率平均为 0.19 次/万列公里，比 2013 年 0.23 次/万列公里降低 17.4%。除 3 市没能达到国标之外，其余 13 市均保持了较低故障率水平［注：《城市轨道交通运营管理规范（GB/T 30012—2013）》］“列车退出正线运营故障率不应高于 0.4 次/万列公里”。

4. 运营收支比有所提高，入不敷出状况仍较普遍

根据对 12 个城市的统计：运营线路总成本 426 亿元，总收入 232 亿元，收支比为 54%，比 2013 年提高两个百分点。6 市收入情况比较好，收支比也仅达到 80% 左右；有 1 个市的收支比还不到 30%，普遍呈现入不敷出的状态。

平均每车公里运营成本 27.9 元，有的城市超过 40 元；平均每车公里运营收入 15.2 元，其中 2/3 的城市还低于平均水平。据此测算，城轨交通行业平均每车公里亏损 12.7 元左右。

2014 年运营线路总能耗 94 亿千瓦时，平均每车公里能耗 6.2 千瓦时/公里，有 3 市高于平均水平，其余 7 市均低于平均水平。

（二）建设概况

1. 6 种制式同时建设，在建线路 4000 公里

截至 2014 年年末，我国城轨交通在建城市 40 个，在建线路 4073

公里，首次突破4000公里。其中，地铁3154公里，占77.4%；轨道交通31公里，占0.8%；单轨22公里，占0.5%；有轨电车312公里，占7.7%；磁浮交通29公里，占0.7%；市域快轨526公里，占12.9%，首次呈现6种制式同时在建的新局面。

有14个城市在建线路超过100公里，其中，超过200公里的6市：北京368公里（地铁305公里、有轨电车9公里、磁浮交通10公里、市域快轨43公里）、广州359公里（地铁351公里、有轨电车8公里）、上海312公里（地铁281公里和有轨电车31公里）、成都241公里（地铁138公里、有轨电车4公里、市域快轨成蒲线99公里）、南京234公里（地铁100公里、有轨电车17公里、市域快轨117公里）、重庆201公里（地铁179公里和单轨22公里）。

2. 建设投资大幅增长，全年完成投资达3000亿元左右

2014年40个在建城市全年完成投资2899亿元，比2013年2165亿元增加734亿元，增长33.9%。需要特别说明的是：有14个城市的部分在建项目，计有557公里线路工程未报投资情况。其中，有轨电车178.1公里、市域快轨365.7公里、轨道交通13.2公里。具体为：北京43公里市域快轨、深圳11.5公里有轨电车、武汉55公里有轨电车、沈阳7.2公里有轨电车、大连40公里有轨电车、长春13.2公里轨道交通和5公里有轨电车、成都3.7公里有轨电车和99公里市域快轨、西安25公里市域快轨、宁波8.2公里有轨电车、佛山13.1公里有轨电车、青岛59.2公里市域快轨和8.8公里有轨电车、昆明87.5公里市域快轨、温州52公里市域快轨、南平25.6公里有轨电车。

考虑到557公里在建工程未报投资情况，2014年完成投资量可能达到3000亿元左右。

完成100亿元以上的有9市：北京416亿元、南京248亿元、深圳194亿元、广州193亿元、上海179亿元、成都177亿元、武汉174亿元、重庆127亿元、苏州110亿元。2014年年底在建项目累计完成投资8945亿元，占可研批复投资的43.3%。

“十二五”以来，前四年完成投资8606亿元（2011年1628亿元、2012年1914亿元、2013年2165亿元、2014年2899亿元），如果2015年保持上年投资水平，“十二五”完成投资将达到1.1万亿元。

3. 新增运营线路长度逐年增加，“十二五”末线路总长将超3500公里

“十二五”前四年，新增运营线路逐年增加，2011年288公里、2012年399公里、2013年460公里、2014年427公里，四年平均增长394公里，2014年年末累计运营线路3173公里。2015年是“十二五”的最后一年，按常例，一般当年新增线路长度将高于前四年水平。据此推算，2015年年末运营线路总长将达到3600公里左右。

第三节 轨道交通建设的效应分析与模式设想

一 轨道交通建设的效应分析

红河州滇南中心城市轨道交通建设将主要对产业发展、土地利用、城市结构和形态以及城市竞争力形成较大的影响。

（一）轨道交通建设对产业发展的影响

交通的便捷性的增强，必然使人们的通勤范围增加，扩大城市的通勤半径，从而产生城市的人口集聚和产业集聚。轨道交通将凭借其运量大、速度快、污染少、占地小等优势，吸引客源，改变人们的出行方式，从而影响客流走向。轨道交通终点和换乘点是红河州滇南中心城市发展核心，有巨大的磁铁效应，成为吸引大量居民的中心，社会活动的中心和文化、商业集聚的中心，对旧城镇改造、城市人口向郊区疏散、卫星城镇的发展和城市地域空间结构的变化具有重要意义，从而改变产业的市场区位。

红河州滇南中心城市内某一区域只有具有便捷的交通条件，人们才可能选择在这里居住，企事业单位才可能在这里布局。轨道交通能提高区域的可达性，聚集了一定的常住人口，提高了区域的人口密度和经济密度，满足了产业布局的需求门槛，这是产业区位选择的基本条件。一个产业集聚区在整个产业等级体系中的作用是看其中心性的大小，即它为区外的消费者提供商品和服务的能力，在满足了基本的需求门槛之后，一个区域的产业能否持续繁荣发展，就主要看是否有大量的外来流动人口来扩大市场需求。轨道交通的主要功能就是畅通人流，把红河州

滇南中心城市彼此连接成网，连通性很大，可以为红河州滇南中心城市内的某一区域带来大量的出于各种目的来此的流动人口，从而产生对商品特别是对服务的需求，促进该区域产业发展。

（二）轨道交通建设对土地利用的影响

轨道交通网络带动土地利用与开发并促进城市发展建设，土地的开发又可促进轨道交通的发展。交通供应是土地利用赖以生存的生命线。高质量的交通建设能确保土地功能的到位，带来土地价格的增值，交通条件是决定非农业用地的级差地租的一个重要因素。轨道交通的开通及其便捷程度对周边地区的地价有很大影响。轨道交通沿线地区由于交通便捷，空间关联性好，土地可带来收益增加，因而地价上升。而不同的经济活动对地价的支付能力是不同的，因此地价的变化会相应导致土地利用方式的置换。与其他行业相比，商业是利润较高的行业，地价支付能力最高。轨道交通干道沿线地价上升，就会使收益回报率较低的居住用地和工业、仓储用地不得不向边缘扩展，腾出空间作为商业用地发展，从而实现土地的集约利用。而且，居住用地本身也由中低收入的住宅转为高收入住宅，居民的购买力提高，区域的经济密度增大，对商品和服务的需求增加。这一土地经济学规律，客观地需要商家进驻干道周边，集约高效地利用土地，这就为干道周边地区的零售商业发展提供了商机。轨道交通建设对整个区域内的人口集聚、市场需求和土地利用结构调整起着重要作用，有助于形成商业密集带。沿着连接红河州滇南中心城市轨道交通线，周边的土地利用将会从农业用地向工业用地和商业用地发生转变，提高土地产出效率。

（三）轨道交通建设对城市结构和形态的影响

交通技术的进步，对城市的空间结构产生重要的影响。有什么样的交通模式就有什么样的城市形态。以自行车、步行和常规公交为城市的交通模式，城市形态多呈单中心布局，城市半径为6—10公里。由于常规公交速度慢，城市以高密度的城市形态为主。尽管在大都市周围建立了一些卫星城镇，但因缺乏与母城之间的快捷联系，使降低中心区人口密度、提高居住质量的愿望难以达到。若高度发达的快速轨道交通系统，导致城市结构呈分散状，郊区城市化发展迅速，城市半径可达50公里以上。红河州轨道交通建设和运营会对公共事业、商业服务业产生吸引力，轨道交通沿线将充分发展生产性、商业性、事务性和服务设施，最终形成新的城市结构，使红河州滇南中心城市形成更加合理的空间结构。

红河州轨道交通的发展将改变红河州滇南中心城市地区的发展形态，使城市沿轨道交通走廊轴向伸展，避免“摊大饼式”发展模式，维持城市中心活力及促进城市呈组团式发展，引导人口分布合理化。随着城市结构和形态的变化，引导房地产的发展方向，改变人们的置业方向，改变城市人口收入分布状况，城市人口的分布也将会随之发生巨大变化。

（四）轨道交通建设对城市竞争力的影响

红河州轨道交通建设和运营将会带来无限的产业发展机会。轨道交通能缓解城市交通拥挤、提高大都市形象与城市文明，优化城市空间结构，减少污染和社会公平，同时能带来巨大的经济效益，进而增强城市居民消费能力，从而形成良性经济发展体系，提升城市的综合竞争力。城市竞争力是在社会、经济结构、价值观念、文化、制度政策等多个因素综合作用下创造和维持的，是城市为其自身发展在区域内进行资源优化配置的能力，具有五大特征：系统性、动态性、相对性、开放性与差异性。轨道交通建设和运营能够从整体出发，全面考虑，始终把握城市系统的整体特性和功能，城市内涵不断发生变化，提升城市系统性、动态性、相对性、开放性与差异性，从而提升城市的综合竞争力。

二　城市群轨道交通发展模式设想

城市发展当前要解决的首要问题是交通和环保问题。城市轨道交通可实现运量大、速度快、时间准、低污染等方面的现代化城市要求，公共汽车、小汽车等交通工具无法替代。

（一）规划明确化

一方面，城市规划编制中应该预留城市轨道交通发展空间。在红河州滇南中心城市的城市规划编制过程中，应该提前规划预留轨道交通线路，控制轨道交通沿线土地利用，从而为现在和将来建设轨道交通打下坚实的基础。

另一方面，城市轨道交通规划。轨道交通建设不仅影响到市政交通，而且还影响到城市发展的全局规划和发展模式，可以说涉及城建的方方面面。因此轨道交通项目建设是一个综合性非常强的系统工程，需要全盘考虑一系列的重要问题。

（二）投资建设运营分离化

根据轨道交通外部性特点，借鉴一些城市轨道交通投资建设运营的经验，红河州轨道交通应采用投资、建设和运营分离模式，政府负责筹资，委托专业公司建设轨道交通，然后授权轨道交通运营公司经营。这种模式的优点在于，政府将轨道交通作为准公共产品，把体制性亏损与经营性亏损区分开来，以提高经营企业的经营效率、减轻公共财政支出。

（三）投资多元化

轨道交通建设投资大。为了解决资金问题和提高效率，很多城市轨道交通都由政府和社会资本等共同投资，投资主体的多元化已成为世界发达城市轨道交通的发展趋势。以大屯－鸡街为中心，呈辐射状的轨道交通建设在60公里以内，以目前比较适中的5000万元/公里计算，需要投资30亿元，考虑动态投资和站点建设，需要35亿元以上，这对于发展程度并不高的红河州而言，更需要投资多元化。

（四）建设专业化

轨道交通建设技术含量高、技术体系复杂，需要专业化建设队伍。通过专业化建设能够节约时间，能够提高生产率，会产生比较优势，有利于对资源的有效使用。红河州轨道交通建设需要专业化。

（五）运营市场化

从有轨道交通的城市运行实践来看，政府垄断经营或者政府干预太多，使运营成本相对较高而效率却很低，在轨道交通运营上引入市场机制已成为一种发展趋势。为了使红河州轨道交通更有效率，有关部门改变政府或其他组织独家经营的方式，打破垄断以促进轨道交通经营市场化。现在，很多城市充分发挥市场作用以提高轨道交通的运行效率。

（六）增值效应权益明晰化

轨道交通建设和运营最明显的增值效应就是土地增值。加强城市轨道交通与土地利用形态的结合，优化轨道交通站点周边的土地利用，做到轨道场站设施与周边物业的一体化开发，轨道交通发展给周边房地产价值带来的增值效益，通过一体化开发，在权益明晰的基础上，按特别效益税形式，部分地返还给政府或轨道交通投资主体，用于轨道交通的建设与管理。

三　对城市群轨道交通项目的建议

（一）强化引导管理，促进城轨交通多制式协调发展

经过多年发展，我国城轨交通正在由以地铁为主，逐步转变为地铁、轨道交通、单轨、现代有轨电车、市域快轨和中低速磁浮交通等多种制式协调发展。一是北京、上海等城市经过多年的快速发展，核心城区的地铁主干网陆续趋于完善，将逐步转向中低运量的补充线和快速通勤的市域快轨建设。二是中小城市和特大城市卫星城正在进入城轨交通快速发展期，而城市规模、交通需求等并不适合发展高运量的地铁，反而轨道交通、单轨、有轨电车、磁浮交通等中、低运量制式是其构建交通骨干网的重要选项。三是轨道交通、单轨、有轨电车、市域快轨、磁浮交通等相较地铁具有投资省、工期短等特点，更易于实施。

从协会调查的情况来看，各地规划现代有轨电车 2020 年将达到 2000 多公里，远景规划 8000 多公里；市域快轨 2020 年将达到 2000 多公里，远景规划 5000 多公里，这预示着现代有轨电车和市域快轨将迎来快速增长期。鉴于管理分散，缺乏统一的管理体制，造成了大量行业基础工作的欠缺，面临着发展水平参差不齐，技术标准高低不一，造价控制不严，关键设备国产化、自主化能力不强，人才匮乏等问题。因此，亟须加强行业引导和管理，以促进现代有轨电车和市域快轨的持续健康发展。

（二）轨道交通的噪声问题

轨道交通的噪声有多大？对房屋有什么损害？对人体有没有辐射？如果想买靠近轨道交通的房子应该保持多少的距离比较好？目前国内虽然没有准确的相关数据，根据上海铁路轨道交通设计院在上海地铁一号线地面段做不同时段的测试，当车速为 80 公里时，噪声为 85—90 分贝。根据国外资料来看，在车况相同的条件下，高架轨道交通噪声要比地面部分高出 3—5 个分贝。《中华人民共和国城市区域环境噪声标准》规定，以居住、文教机关为主的区域以及乡村居住环境的噪声标准值，

白天等效噪声值为55分贝，夜间为45分贝；商业、工业混杂区的等效噪声值为60分贝，夜间为50分贝；城市中交通干线两侧，白天噪声的等效噪声值为70分贝，夜间不超过55分贝。医学专家介绍，一般情况下，噪声如果超过50分贝，长时间处在这种环境里，人的神经系统就会受到影响。国家标准为30米，最好还是远一点的好。

（三）轨道交通建设更需要交通整治

缓解城市交通拥堵问题需要合理的城市规划、城市综合交通规划、城市公共交通规划做保障。缓解城市交通拥堵问题的有效措施是大力推动和发展城市公共交通建设。地铁或者轨道交通作为公共交通的一部分，在公共交通体系中作为骨干而存在，可以承担大量交通出行，但并不是说地铁或者轨道交通等轨道交通就是缓解城市交通拥堵的最好办法。这就好比人的血液循环系统中的大动脉，它们承担了大量血液循环的流量，但如果没有各种各级的微血管和为了保证完成血液循环而存在的静脉，那这个人就存活不了，会出问题。同样的，如果一个城市的道路网规划不合理（比如，北京摊大饼式的扩张，只注重主干道路的建设，忽视支路的作用），公交路网的建设自然也做不到合理，公交不发达，人们只能选择其他的交通方式出行，而已有研究明确指出，城市公交车的人均道路所占资源最低，小汽车最高。城市的发展空间和道路资源都是有限的，当人们更多的选择小汽车出行的时候，城市交通拥堵问题势必加重。所以，要大力推动和发展城市各级各种公共交通建设，而不仅仅限于发展轨道交通，提升公交吸引力才是缓解城市交通拥堵的有效措施之一。

本章小结

轨道交通的交通产品技术特点符合红河州滇南中心城市发展的公共交通需求。红河州滇南中心城市在建设时机上应尽可能超前，应及早纳入建设规划项目。红河州滇南中心城市的轨道交通建设能有效解决城市化进程中出现的问题，能有效推进红河州产业一体化进程，能较好地体现城市发展中所必需的“公交优先”战略。红河州滇南中心城市发展轨道交通的基础较好。红河州滇南中心城市的发展基本趋势好、经济基础坚实和人口基础庞大，良好奠定了轨道交通建设的基础，即红河州滇南中心城市具有大客流、高收入、富政府、长距离、高增长（经济和城镇人口）、优结构等发展轨道交通的良好基础。

红河州滇南中心城市发展轨道交通的效应明显，有利于产业结构调整和升级，有利于提高红河州滇南中心城市区域内土地产出效率，有利于红河州滇南中心城市形成更加合理的空间结构，有利于提升红河州滇南中心城市综合城市竞争力。红河州滇南中心城市轨道交通发展的模式可遵行规划明确化、投资建设运营分离化、投资多元化、建设专业化、运营市场化和增值效应权益明晰化等原则。

总之，红河州滇南中心城市发展需要轨道交通，且红河州滇南中心城市已具备轨道交通建设的基本条件，依照基本模式，提早建设，作为城市建设规划的重点建设项目，实现建设成本低和带动效应大的目标。

第七章

红河州小贷公司可持续发展专题研究

第一节 问题的提出

小额信贷公司（以下简称“小贷公司”）是十七届三中全会的产物，是国家为了进一步深化金融改革而提出的，它标志着民间借贷正式浮出水面。小贷公司为中小微企业和“三农”提供了新的融资渠道，发挥了金融“毛细血管”的作用，有着正规金融机构无法替代的优势，是正规金融机构的有益补充。然而，由于小贷公司正处于成长初期，还是新生事物，因此在发展过程中也遇到了一些难题。

一 小贷公司的发展现状

国际上的小贷公司最早起源于孟加拉，其标志是 1976 年格莱珉银行的成立。此后，许多发展中国家通过结合本国社会结构和经济发展实际，探索出了适合本国小额信贷可持续发展的道路，如印度尼西亚人民银行乡村信贷部、玻利维亚阳光银行等。我国也对小贷公司进行了探索和尝试，并得到了很大发展。据中国人民银行统计数据显示，截至 2012 年 9 月末，全国共有小额贷款公司 5629 家，最多的地区为江苏省（465 家），最少的为西藏自治区（1 家），平均每个地区 182 家；实收资本全国合计 4657 亿元，贷款余额 5330 亿元，从业人员 62348 人，如表 7－1 所示。目前，我国许多小贷公司根据中小微企业、“三农”的特点，开发了农户联保贷款、房地产抵押贷款、企业保证贷款、个人保证贷款、股票质押贷款、存货质押贷款等多类贷款品种，使多类客户都能得到一定的融资服务。贷款发放方向主要为中小微企业贷款、农村种植业、养殖业、经营周转、少量消费；贷款方式主要采取抵押、信用担保；资金的利率、期限由小贷公司与贷款户自主协商确定，主要集中在3.5—4倍，贷款期限主要集中在3—6个月。

表7－1　　小额信贷公司分地区情况统计表（2012－9－30）

	地区	数量（家）	从业人数（人）	实收资本（亿元）	贷款余额（亿元）		地区	数量（家）	从业人数（人）	实收资本（亿元）	贷款余额（亿元）
1	江苏	465	4366	766.51	1012.33	18	重庆	149	2783	223.82	256.54
2	内蒙古	444	4292	344.5	356.42	19	广西	145	1932	71.36	82.33
3	安徽	440	5146	283.33	303.89	20	甘肃	139	1218	41.61	33.87
4	辽宁	392	2890	212.05	184.75	21	湖北	126	1222	91.18	110.56
5	河北	299	3333	175.42	179.6	22	新疆	94	741	56.26	65.79
6	云南	262	2312	108.12	109.32	23	宁夏	90	1088	45.39	42.68
7	吉林	237	1989	59.87	46.3	24	上海	79	687	95.65	135.48
8	山西	235	2337	147.59	145.5	25	湖南	71	808	43.59	50.39
9	浙江	233	2646	483.08	683.45	26	福建	51	591	108.97	138.59
10	山东	233	2478	246.52	288.96	27	北京	41	458	45.95	49.8
11	广东	219	5934	243.57	245.39	28	天津	33	360	35.07	37.63
12	黑龙江	210	1896	61.2	57.11	29	青海	19	217	14.44	22.02
13	河南	207	2780	79.8	81.44	30	海南	18	198	19.8	19.58
14	贵州	187	1882	54.59	50.67	31	西藏	1	9	0.5	0.65
15	陕西	183	1506	128.41	120.43		全国	5629	124696	9314.51	10659.74
16	江西	165	1845	154.34	173.5		平均	181.58	4022.45	300.47	343.86
17	四川	162	2404	214.76	244.89						

资料来源：根据中国人民银行相关数据整理

二　红河州小贷公司的经营发展状况

民建红河州委从2012年9—11月组织相关人员对红河州的小贷公司进行了抽样调研，实际走访包括蒙自、个旧、开远、弥勒、泸西、河口、建水7个县市的14家小贷公司。总体而言，小贷公司为中小微企业和“三农”提供了新的融资渠道，发挥了金融“毛细血管”作用，深受中小微企业和农户的欢迎；但小贷公司在发展过程中也遇到了一些难题。

（一）运营情况

所调查的14家小贷公司大多为2009年7月以后注册成立，最晚有在2012年1月成立；注册资本金最低1000万元，最高5000万元，平均2688.71万元，其中开远市生力和开远市元汇两家小贷公司在经营过程中发生增资，分别由1500万元、3600万元提高到4000万元、56000万元。截至2012年6月，14家小贷公司累计发放贷款1754笔，110063万元，平均每笔62.74万元。其中涉农贷款比例平均大约在70%以上。贷款收回率、收息率良好，大多数公司甚至达到100%。从调查情况来看，没有出现亏损的小贷公司，每家都是盈利的，平均利率在同期银行贷款利率的3—4倍。

（二）贷款发放情况

许多小贷公司根据中小微企业和“三农”的特点，开发了农户联保贷款、房地产抵押贷款、企业保证贷款、个人保证贷款、股票质押贷款、存货质押贷款等多类贷款品种，使多类客户都能得到融资服务。贷款发放方向主要为中小微企业贷款、农村种植业、养殖业、经营周转、少量消费；贷款方式主要采取抵押、信用担保的方法；资金的利率、期限由小贷公司与贷款户自主协商确定，即利率控制在基准利率的0.9—4倍，主要集中在2倍、3.5—4倍，贷款期限主要集中在3—6个月。

（三）自律情况

从调查的总体情况来看，红河州小贷公司以其贷款门槛低、程序简便等特点受到了众多中小企业、农村企业、农户的青睐，所有贷款业务均按制定的业务流程规范运作，公司的运行有序而且规范，没有发生不良贷款现象，没有向股东借款和发放任何贷款，也没有吸收社会公众的存款现象。

第二节　小贷公司发展的制约因素与存在的问题

一　小贷公司发展的制约因素

（一）额度紧张，融资困难

对于小贷公司的未来，最重要的是商业可持续性。调查中发现，几乎每家小贷公司都在喊“穷”。“只贷不存”“无米下锅”是多数小贷公司普遍郁积的心结。目前，许多小贷公司的资金已全部投放，而客户需求仍较多。目前政策限制小贷公司融资比例为注册资本的50%，已不能满足公司的经营需求。根据规定，小贷公司的可贷资金主要由三部分组成：一部分是注册资本，一部分是银行融资，还有一部分是未分配的净利润。受目前政策法规的限制，小贷公司被定性为“新型农村金融组织”，不属于正式金融机构，不能享受同业拆借利率优惠，不能享受农信社、村镇银行同等待遇，使融资成本较高，虽然可以向银行融入资本净额的50%资金，但总体可用资金规模较小，服务中小企业的能力仍显不足。如果按照资本金的50%比例向银行融资，小贷公司的资产负债率仅为33%，明显偏低。这意味着小贷公司的财务杠杆作用有限，最高只有1.5，而商业银行的杠杆率至少为12.5。同时，调查中也普遍反映向银行融资门槛过高：可选的银行数量过少，融资成本高，担保条件过严。“非金融机构”这一身份定位，又使得小贷公司无法进入银行间同业拆借市场融资，只能以工商企业身份获得贷款。这样贷款利率就不能低于银行现行基准利率0.9倍的规定，融资成本比金融机构要高出很多。调查发现，一些金融机构虽有向其融资的意向，但由于小贷公司不属于金融机构，所以只能采取贷款方式，因而相应需要提供担保，而小贷公司本身从事的业务使其不具备充足的抵押和质押资产，从而制约了资金的融入，限制了其信贷放大效应。

（二）定位模糊，不堪税负

由于相关部门对小贷公司定位模糊，小贷公司也享受不到税收优惠政策，在接受央行监管的同时，税收却参照一般工商企业执行。相对于银行可以享受3%的企业营业税优惠，小贷公司却须缴5.56%；到银行贷款，小贷公司也享受不到同业拆借利率。开业前期也无任何减免和优惠，对冲了小贷公司的盈利能力。中小微企业资金需求非常大，有的小贷公司已几乎用完所有的自有资金，无事可做。

（三）征信缺位，风险难控

由于小贷公司不属于金融机构，征信管理技术标准较低，管理经验缺乏，更不能像商业银行一样可以在贷款发放前通过征信系统查询企业和个人征信情况进行有效甄别，其客户群普遍盈利能力又较弱，因而其控制贷款风险的难度增加。根据制度设计，小贷公司的贷款对象以“三不客户”为主，即银行不愿、不能或不敢放贷的客户，主要涉及中小微企业、小商户和农牧户，相较贷款给政府项目和大企业面临更大的市场风险。由于没有得到央行授权来获取客户的征信记录，小贷公司无法了解客户的真实资信情况，发放贷款比较谨慎。同样，在小贷公司逾期的信贷记录，也无法反映在央行的征信记录上。万一贷款客户逾期不还，小贷公司将无法向央行反映，这对央行的监管不利。如果企业不还小贷公司的钱，很容易出现企业间互相追讨三角债的情况。与银行信贷调查相比，小贷公司在客户调查中所得到的信息要少得多，由于小贷公司主要对象为小企业、个体工商户、农户，无论是银行交易流水、纳税及上下游客户关系，还是银行信用记录等都无法与上述规模企业相比，造成了解信息不全面，影响了贷款发放。另外，小贷公司无法像银行一样对发放贷款的使用情况实行跟踪监督。

二　小贷公司存在的问题

（一）从发起意愿上来看，有些小贷公司“动机性”太强

国家引导民间资本设立小额贷款公司的初衷在于服务“三农”，实现普惠制农村金融目标，但政策往往被钻了空子，有些民间资本进入小额贷款行业的目的是进驻金融行业，获取金融机构的特许权价值，将发起成立小额贷款公司看作业务延伸或业务多元化的一部分，希望借助小额信贷公司最终使他们真正拥有自己的银行，因为我国银行类金融机构门槛很高，设立商业银行是可望而不可即的梦想，通过投资小额贷款公司然后再转为村镇银行是获取银行执照的捷径。

（二）从定价机制来看，有些小贷公司“逐利性”强

收益覆盖成本是放贷机构做到可持续发展的基本定价原则，所以小贷公司一般收取较高贷款利率，但国际意义上的小额信贷机构并不靠收取高利率获取利润，而且还会尽量通过技术创新降低交易成本。目前，我国规定小额贷款公司贷款利率在基准利率 4 倍以内，为了获取利润，很多小贷公司直接将利率“一浮到顶”，还有些小额贷款公司突破国家允许的界限变相收取高额利息，名义利率在 4 倍基准利率以内，但通过其他方式提高实际贷款利率，或者在还贷方式上以等额本息还贷，实际

利率高达40%—50%甚至更高；甚至有些小额贷款公司从成立之初开始就不是服务“三农”，而是将它作为发放高利贷的一种合法外衣，使社会公众对小额贷款公司整个行业存在更大的质疑，对处于发展初期的小额贷款公司非常不利。

三 小贷公司的SWOT分析

SWOT分析是把企业外部面临的机会（O）、威胁（T）和内部的自身优势（S）、隐忧（W）结合起来进行分析的一种环境分析方法。从调查情况来看，红河州小贷公司的发展在外部环境上既面临着一些机会，也面临着一些挑战；在内部环境上既有自身的优势，也有一些先天的不足。这主要表现为以下几点。

（一）外部机会

（1）2005年国际小额信贷年提出“普惠金融”理念，建设普惠制农村金融被我国社会各界广泛认可为农村金融改革方向，而发展小额信贷是实现普惠金融目标的重要手段，近年来我国小额信贷成为各级政府金融管理部门和理论界关注的重要内容。这是小贷公司得以成立的理论基础。

（2）2008年5月，银监会与中国人民银行出台《关于小额贷款公司试点指导意见》后，使小贷公司由“地下”走上了台面。

（3）2009年6月，中国银监会发布了小额信贷公司改制设村镇银行暂行规定，小贷公司将来有可能发展为村镇银行，或是金融公司。

（4）云南省金融办对从事人员进行业务指导和培训，已成立了中国小额信贷联盟、云南省小贷公司协会等行业机构，促进了行业沟通与业务交流。

（5）市场需求量大，贷款资金供不应求。

（二）外部挑战

（1）与商业银行庞大的信贷规模相比，小贷公司的资金量只是杯水车薪。此外，小贷公司还遭遇到地方典当行、担保公司、寄售公司的“夹击”，可谓“四面楚歌”。

（2）无论发展成为村镇银行还是金融公司，都受到国家相关政策的限制。例如，银监会要求主办村镇银行的控股方是银行，并且比例不低于15%，因为容易丧失对企业的主导权，许多小贷公司还是顾虑重重的。

（3）2008年银监会和央行就联合发布的《关于小贷公司试点的指导意见》规定，小贷公司从银行业金融机构获得融入资金的余额，不得超过其资本净额的50%。这进一步限制了小贷公司的成长。

（4）由于受传统计划经济的影响，政策上普遍存在对发展小额贷款公司认识不到位的问题，总认为发展经济有众多正规金融机构就够了，对搞活民间资本市场讳莫如深或不屑一顾；对于解决广大农户、个体工商户和中小企业的融资难、贷款难问题，没有紧迫感，缺乏责任感，更谈不上千方百计去探索和开拓新的融资渠道。认识上的误区严重制约了小额贷款公司的发展。

（5）也有少数人鉴于历史上曾有过令人惊恐的金融风险案例，对发展小额贷款公司心存疑虑，存在求稳怕乱的思想，总认为多一事不如少一事，既然尚属试点，上级没有硬性指标，何必自讨苦吃。这些思想无形中给发展小额贷款公司又增设了一道思想障碍。

（6）对小额贷款公司限制和监管政策多，鼓励和扶持政策少，审批程序复杂烦琐，准入条件苛刻，进入门槛太高，在股东数量、持股比例、注册资本、经营范围等方面设限过多，使许多有能力并期望进入该领域的组织或个人望而却步。同时，还存在多头领导和监管，议事拖拉、行文费时、办事效率低等现象。据反映，申办一个小额贷款公司需要100多个公章。

（三）自身优势

（1）小贷公司主要优点在于，它本身就和需要贷款的公司在同一行业，或者说对客户的了解链条是很短的，相对于中大型金融机构，信息对称得多。

（2）经营机制灵活、贷款手续简便、审批省时快捷。通常情况下，一些小贷公司2—3天能完成一个新客户从业务申请到发放贷款的全部流程，而部分老客户只需一天就能拿到贷款。

（3）近年来由于大力发展小贷公司，对缓解地方小微企业、“三农”经济、个体工商、私营经济融资难、筹措难、借贷难的矛盾，起到了积极的促进作用。目前，“缺钱找小贷，融资找小贷、借款找小贷、救急找小贷”已成了许多小微企业、三农经济、个体工商、私营业主的共识。

（4）以信用为主的无抵押物担保。

（四）自身不足

（1）贷款利率高，这是小贷公司最大的不足。

（2）贷款的客户群体较小，贷款种类较为单一，贷款覆盖面较窄。

（3）现有资金远不能满足市场的需求，已严重制约公司的发展，迫切需要拓宽公司的筹资渠道。

（4）管理水平低，工作人员素质不高且缺乏正规培训，运作不规范，特别缺乏对经济形势发展变化、政策取向、产业前景敏感性和前瞻性的认知。

小贷公司是十七届三中全会的产物，是国家进一步深化金融改革提出的，它标志着民间借贷正式浮出水面，尽管小贷公司规模不大，但它解决了很多中小微企业和“三农”的资金问题，有着正规金融机构无法替代的优势，是正规金融机构的有益补充，政府部门应加强服务和引导，应尽量提供政策支持，鼓励小贷公司健康有序发展，为中小微企业及“三农”做出更大贡献；同时，小贷公司也应积极利用自身优势和外部机会，回避自身不足与外部风险，以求得更大发展。

第三节　对策与建议

为加强小贷公司的监管，促进小贷公司的健康发展，更好地为红河州经济发展服务，现提出以下几点建议。

一　政策层面的建议

小贷公司作为主要面向农村、改善农村金融服务的新型经济组织，具有经营机制灵活、贷款手续简便、审批省时快捷等特点，对激活民间资本市场、缓解农村资金短缺和解决融资难问题，支持地方经济发展具有积极作用。但在红河州尚处于成长初期，其自身经营和外部监管方面还存在诸多需要改进和完善的地方。

（一）制定专门地方法规，明确小额贷款公司法律地位

（1）鉴于当前发展小额贷款公司的法律法规缺位，应尽快制定

《云南省（或红河州）小额贷款公司监督管理条例》，明确小额贷款公司法律地位、法人条件、经营范围、业务规范、行为准则、处罚规定和执法主体，为保护小额贷款公司的合法权益和进行有效监管提供法律依据。

（2）考虑到小额贷款公司有利于激活民间资本，对拓宽中小微企业和农户融资渠道、增加社会资金供给、优化资本配置、促进良性竞争具有积极作用，要按照《小额贷款公司改制设立村镇银行暂行规定》中由一家银行业金融机构作为主发起人的规定，在法人治理、风险控制、经营管理及支农服务等方面达到标准和条件成熟时，允许小额贷款公司向村镇银行转制，列入银行业金融机构管理序列。

（3）既然小贷公司不能享受金融机构的相关优惠政策，也有不同于金融机构的特点，而且已被界定为非金融机构，最好不要以金融机构的管理方式去监管，不应规定许多超越《公司法》之外的条条框框，而应遵循《公司法》去规范运作，以公司的管理方式去监管，以发挥小贷公司的灵活性、创新性。

（二）完善政府企业信用平台，提高风险防范能力

（1）利用工商行政管理机关的企业经济户口信息，以及工商、税务、金融等政府相关部门提供的各类企业信用信息以及企业自报的信息，整合系统行政资源，完善政府企业信用平台，扩大政府企业信用平台的社会化效应，为小贷公司评估贷款人的信用等级提供有效信息来源。

（2）把符合条件的小贷公司纳入中国人民银行征信系统，建立小贷公司与中国人民银行征信系统的对接、查询，共享其他金融机构的资信等级评定结果和信用记录，约束和激励贷款人按期还款。

（3）由于小贷公司只能做银行不做的风险高的客户，建议出台计提贷款损失准备相关政策，并将小贷公司纳入中小企业贷款风险补偿机制范畴，以提高小贷公司的风险防范能力。

（三）要调整政策规定

（1）鉴于目前准入条件太高，操作程序复杂，甚至有些脱离实际的状况，应将准入条件回归到国家银监会提出的标准或略有提高，切不可层层加码。例如，股东人数应可多可少，不要一律看齐；注册资金上

下要有一个幅度，不宜僵化；经营区域不宜限制过死，企业毕竟要讲经济效益；银行资信证明、法律意见书等自然人不易取得的证明文书，也不必作为强制条件，以防出现弄虚作假，适得其反。

（2）适当放宽融资比例限制，增加小贷公司可用资金，取消增资扩股的时间规定。鉴于小贷公司普遍反映“无米下锅”的问题，建议考核优秀的小贷公司融资比例可以增加到100%—150%，并采取措施鼓励正规金融机构为小贷公司提供融资服务。

（3）由于小贷公司融资困难，基本处于满负荷运行，短期内难以解决，可适当增加小贷公司数量，以缓解供需矛盾，引进竞争机制，进而提高小贷公司、银行机构的服务质量与管理水平。

（4）同一借款人不超过资本总额的5%的规定可限制一定比例，对于信誉好、有发展潜力的客户，不宜适用“小额、分散”的原则。

（四）要出台政策扶持小贷公司

（1）适当降低税率，考虑对小贷公司开业初期几年内的企业所得税和营业税实行先征后补，或在创建初期可以免征或减征，以减少小贷公司的前期投入，避免出现不规范经营现象。

（2）鉴于小额贷款公司经营定位是“支农”和“支小”，服务对象以低端客户为主，地方政府要正确引导其经营投向，对真正“支农”和“支小”的，在税收方面可参照银行金融机构，给予适当优惠。

（3）成立小贷公司的初衷是服务“三农”，但由于小贷公司的贷款利率高，令农村群众望而却步，建议成立专门服务“三农”的小贷公司，从政策层面控制为较低的贷款利率，由国家给予一定的扶助政策，以更好地扶持农村地区发展。

二　小贷公司层面的建议

（一）拓展金融服务

小贷公司应积极拓展金融服务领域，提升全面服务企业的能力，创造新的盈利点。树立“以客户为中心”的经营意识，实行与客户共成长的精细化、专业化、个性化管理，置身于客户之中。针对客户需要，适当提供技术培训、信息咨询，收集市场行情等配套服务，提供技术与市场等信息服务，从培育客户的成长中赢得自己的生存与发展空间，从而减少小贷项目的风险，提高贷款人的还款能力和理财能力，降低贷款风险。

（二）加强贷款的风险防范工作

继续完善贷款流程，明确各环节的工作重点，准确把握贷款各环节的要点，简捷、快速、高效地开展工作，为做好贷款的风险防范工作打下坚实的基础。

（三）做好员工的培训工作

大力提高员工的政治素质和业务素质，全力打造一支政治合格、技术优秀的员工队伍，以满足业务日益发展的需要。

（四）寻找商机，拓宽业务面

积极关注政府的热点工作，从政府的热点工作中寻找商机，在满足政府热点工作的基础上，拓宽业务覆盖面，培育一批长期的、优秀的客户群体。

（五）拓展融资渠道，加大筹资力度

大力拓展融资渠道，加大筹资力度，在法律和制度允许的范围内最大限度地筹集资金，以满足社会发展对资金日益增长的需求。

总之，小贷公司运营与发展的实践说明，小贷公司不但开辟了一个全新的领域、全新的行业，更是开创了一个充满生气的朝阳产业。小贷公司不仅缓解了红河州中小微企业、三农经济、个体工商、私营企业融资难的矛盾，而且还直接或间接为社会提供和创造了多个劳动岗位。然而，小贷公司毕竟是正处于成长初期的新生事物，政府应切实加强相关的理论政策研究，并在发展环境、信息服务、人才引进、经验交流等方面给以适当的帮助，进行有效的业务指导，特别是加强服务，而不是更多地监管，以促进其健康发展。同时，小额贷款公司也应积极协助有关部门加强行业自律，从而使“小贷”这块“草根金融”得到较快、较好的发展，在中小微企业和“三农”的融资服务中发挥更大作用。

本章小结

本专题基于SWOT分析方法，从小贷公司的经营现状入手，分析了小贷公司发展的制约因素，以及外部机会、威胁和内部优势、劣势，并提出了政策建议和管理对策。SWOT分析是把企业外部面临的机会（O）、威胁（T）和内部的自身优势（S）、隐忧（W）结合起来进行分析的一种环境分析方法。从调查情况来看，红河州小贷公司的发展在外部环境上既面临着一些机会，也面临着一些挑战；在内部环境上既有自身的优势，也有一些先天的不足。

小贷公司发展的制约因素有额度紧张，融资困难；定位模糊，不堪税负；征信缺位，风险难控。小贷公司存在的问题从发起意愿上来看，有些小贷公司“动机性”太强；从定价机制来看，有些小贷公司“逐利性”强。为加强小贷公司的监管，促进小贷公司的健康发展，更好地为红河州经济发展服务，本研究建议：在政府层面上，要制定专门的地方法规，明确小额贷款公司的法律地位，依法监管和经营；完善政府企业信用平台，提高风险防范能力；调整政策规定；出台政策扶持小贷公司。在小贷公司层面的建议有：拓展金融服务；继续完善贷款流程，明确各环节的工作重点；做好员工的培训工作；积极关注政府的热点工作，从政府的热点工作中寻找商机；大力拓展融资渠道，加大筹资力度。

第八章

红河州体彩可持续发展专题研究

第一节　问题的提出

在我国，体育彩票对体育产业的发展功不可没。截至 2013 年，体育彩票累计销售约 7017 亿元，筹集体育彩票公益金约 2030 亿元。在分配给国家体育总局使用的约 138 亿元中，全民健身计划支出约占 66%，奥运争光计划支出约占 34%。体育彩票销售终端层面也体现着公益的力量。目前，全国约有 13 万个体育彩票销售终端，直接为社会提供就业岗位约 50 万个，为服务民生发挥了积极作用。然而，我国的体育彩票尚处于初步发展的阶段，规范体育彩票市场、完善人员配置和增加彩票种类等各个方面都有待提高，以便为我国体育产业的发展作出更大的贡献。为此我们对红河州的体育彩票运行情况进行了调查，以发现体彩工作中存在的问题和困难，进一步做好体彩的工作，服务民生。

一　调研方法

为保证调研的实效性，本次调研采取的方法主要有实地访谈与问卷调查相结合，以及典型推荐与随机抽样相结合的方法。

（一）实地访谈与问卷调查相结合

在访谈上，调研组根据全州 13 个县市的经济发展情况，分别对蒙自、泸西、弥勒、个旧、开远、建水、石屏 7 个内地县市和元阳、河口 2 个边疆县共 9 个县市的 100 多个业主、销售员，及其各网点的部分彩民作了重点访谈，收集了丰富的第一手资料；同时，本调研组还编制了调查问卷，问卷分为彩民和业主两部分；共发放问卷500份，回收488份。其中：彩民部分发放400份，回收392份，问卷回收率为98%；业主部分发放100份，回收96份，其中32家体彩单营店，64家体福兼营店，问卷回收率为96%。

（二）典型推荐与随机抽样相结合

在每个县市，先由销售代表介绍当地的相关情况，并由其推荐5—6家销售网点，推荐网点遵循的原则是：销售量好、中、差至少各1家，体彩单机店和体福兼营店至少各两家；然后调研组再随机走访4—5家销售网点，所遵循的原则与典型推荐的相同。调研组还对车站、农贸市场、闹市区、街边小巷边角地区做了重点考察。实际访谈销售网点总计达90余家。

二 红河州体彩销售总体情况

体育彩票有狭义和广义之分，狭义的体育彩票指的是以体育比赛为媒体、中国体育彩票标志发行的彩票，亦可称为竞猜型体育彩票，如足球彩票、棒球彩票、赛马彩票等；广义的体育彩票指的是发行彩票的目的与体育相关的各类彩票。中国体育彩票是指为筹集体育事业发展资金发行的，印有号码、图形或文字，供人们自愿购买并按照特定规则获取中奖权利的书面凭证。体育彩票不计名，不挂失，不返回本金，不计付利息，不能流通使用。中国体育彩票的销售方式主要有两种，规模销售即开型体育彩票方式和电脑辅助销售传统型体育彩票方式。目前，传统型彩票全部采用电脑辅助销售，因为电脑彩票具有分散、安全、快捷、公平和避免浪费的特点。红河州自开展体彩事业工作以来，取得了明显的经济和社会效益，对促进红河州经济社会全面协调发展，特别是体育公益事业的发展做出了突出贡献。

（一）2012年各县、市销售终端机分布及单机销量情况

从表8－1可以看出：2012年红河州体彩销量与2011年相比只增长3%。其中，增长最大的是绿春县，达46%，而负增长最大的是弥勒县，达－15%。

表 8－1　各县市终端机分布数及单机销量表

地区	城区	乡镇	合计	单机销量		
				2011 年	2012 年	增长率（%）
个旧	53	14	67	465675	469071	1
开远	32	5	37	770095	859516	12
蒙自	60	5	65	662362	683595	3
屏边	2	4	6	217538	228555	5
建水	31	4	35	502530	583655	16
石屏	14	6	20	698007	645121	－8
弥勒	29	15	44	965537	818931	－15
泸西	12	6	18	898614	1194469	33
元阳	8	10	18	348001	359017	3
红河	5	1	6	727248	823126	13
金平	5	4	9	513119	558528	9
绿春	6	6	12	397090	578835	46
河口	7	4	11	787749	679950	－14
合计	264	84	348	642361	663080	3

数据来源：红河州体彩管理中心提供

（二）2012 年各县市电彩、即开销量对比

从表 8－2 可以看出，2012 年（1—11 月）电彩销量最高的是蒙自市，共 2931 万元，最低的是红河县，只有 328 万元，相差达到 2603 万元；当然，这当中除了经济发展水平和人口数量外，最大的差别是终端机布点数量的影响。

表 8－2　2012 年各县市电彩、即开销量对比　（单位：元）

县/市	2011 年 1—11 月电彩销量	2012 年 1—11 月电彩销量	2011 年 1—11 月即开销量	2012 年 1—11 月即开销量	2011 年 1—11 月总销量	2012 年 1—11 月总销量
个旧	22492507	24799666	6019350	4613100	28511857	29412766
开远	16956932	22136820	8796900	8348250	25753832	30485070
蒙自	26699776	29314141	12560550	12094350	39260326	41408491
屏边	1034628	1074006	141450	240750	1176078	1314756
建水	12165754	16202446	3361200	2793300	15526954	18995746

续表

县/市	2011 年 1—11 月电彩销量	2012 年 1—11 月电彩销量	2011 年 1—11 月即开销量	2012 年 1—11 月即开销量	2011 年 1—11 月总销量	2012 年 1—11 月总销量
石屏	6346619	6996557	6535800	4738500	12882419	11735057
弥勒	15451013	18287514	22876050	15052800	38327063	33340314
泸西	6674275	12513418	7885350	7929450	14559625	20442868
元阳	3439089	4018172	2148300	1822200	5587389	5840372
红河	1828030	3275896	2148150	1278600	3976180	4554496
金平	3375899	3925082	726000	768900	4101899	4693982
绿春	3476250	5584347	734850	807000	4211100	6391347
河口	5995758	7445674	1681500	1698450	7677258	9144124
合计	125936530	155573739	75615450	62185650	201551980	217759389

数据来源：红河州体彩管理中心提供。

（三）2012 年各县市电彩、即开销量增幅情况

2012 年的电彩销量比 2011 年有所增加，但即开型销量却在减少，而且减少量较大，达到 1343 万元，减少了 -17.17%；以至于 2012 年的总体销量只比 2011 年略有增加，如表 8-3 所示。

表 8-3　　2012 年各县市电彩、即开销量增幅情况　　（单位：元）

县/市	2011 年电彩销量	2012 年电彩销量	增幅（%）	2011 即开销量	2012 即开销量	增幅（%）	2011 年总销量	2012 年总销量	增幅（%）
绿春	3476250	5584347	60.64	734850	807000	9.82	4211100	6391347	51.77
泸西	6674275	12513418	87.49	7885350	7929450	0.56	14559625	20442868	40.41
建水	12165754	16202446	33.18	3361200	2793300	-16.90	15526954	18995746	22.34
河口	5995758	7445674	24.18	1681500	1698450	1.01	7677258	9144124	19.11
开远	16956932	22136820	30.55	8796900	8348250	-5.10	25753832	30485070	18.37
红河	1828030	3275896	79.20	2148150	1278600	-40.48	3976180	4554496	14.54
金平	3375899	3925082	16.27	726000	768900	5.91	4101899	4693982	14.43
屏边	1034628	1074006	3.81	141450	240750	70.20	1176078	1314756	11.79
蒙自	26699776	29314141	9.79	12560550	12094350	-3.71	39260326	41408491	5.47
元阳	3439089	4018172	16.84	2148300	1822200	-15.18	5587389	5840372	4.53
个旧	22492507	24799666	10.26	6019350	4613100	-23.36	28511857	29412766	3.16
石屏	6346619	6996557	10.24	6535800	4738500	-27.50	12882419	11735057	-8.91
弥勒	15451013	18287514	18.36	22876050	15052800	-34.20	38327063	33340314	-13.01
合计	125936530	155573739	23.53	75615450	62185650	-17.76	201551980	217759389	8.04

数据来源：红河州体彩管理中心提供。

（四）2012 年红河州体育彩票概率游戏的市场占有率

表 8－4 明显表现：在 2011 年，体彩所有玩法中，大乐透是玩法领头羊，其市场占有率达 36.58%，几乎占了体彩的半壁江山，而刚上市的云南 11 选 5 只占 14.19%；到了 2012 年年底，仅一年时间，云南 11 选 5 玩法一跃超过了大乐透，一年中其市场占有率提高了 25 个百分点，达到了 39.43%，增幅为 252.39%，成为体彩玩法中除 5P 勉强增了 0.4% 的唯一大增幅的玩法。可见，如果没有云南 11 选 5 的推动，红河州整体体彩销售量将是负增长。

表 8－4　2012 年体育彩票概率游戏的市场占有率

玩法	2011 年 1—11 月		2012 年 1—11 月			
	销量	所占市场份额	销量	所占市场份额	增量	增幅
超级大乐透	39616784	36.58%	38655593	28.15%	－961191	－2.43%
大乐透幸运彩	582144	0.54%	519122	0.38%	－63022	－10.83%
排列 3	21487112	19.84%	16185600	11.79%	－5301512	－24.67%
排列 5	9979252	9.21%	10018746	7.30%	39494	0.40%
七星彩	18434248	17.02%	16302112	11.87%	－2132136	－11.57%
云南 11 选 5	15366710	14.19%	54150724	39.43%	38784014	252.39%
云南快乐 123	2846092	2.63%	1493578	1.09%	－1352514	－47.52%
合计	108312342		137325475		29013133	26.79%

数据来源：红河州体彩管理中心提供。

第二节　体彩销售中的经验与问题

一　体彩销售中的典型经验

（一）重视销售网点的环境建设

这里所说的环境建设主要指的是网点所提供的各项特殊服务。例如，有的网点由业主提供免费的饮料、矿泉水、卫生间、瓜子等，彩民在店内购买彩票时，得到特殊的服务；有的网点根据当时气候条件在店内设置空调，彩民除了购彩外，可以在店内休息乘凉；有的网点在店门口设置 11 选 5 的音响设备，适当对外放出快开玩法的开奖播报情况等；有的网点在店外设置 LED 显示屏等。通过网点购买环境的改善，吸引更多客户，并能较长时间留住客户。

（二）重视销售网点的日常管理

销售网点的日常管理对销售量的提升十分重要。调研中我们发现，由业主自己管理自己销售的网点，在其他条件同等的情况下，销量都比聘请销售员进行销售的网点要好得多。同样道理，有的网点聘请了销售员进行全权管理，从销售、宣传到资金流动都由销售员管理，这样的网点在同等条件下的销量次之。有的业主聘请销售员销售、管理，自己则在外另搞自己的业务，对网点的管理只是进行远程遥控，或个把星期才过问一次，这样的网点在同等条件下销量最差。因此，重视网点的日常管理十分重要。

（三）多种形式的销售技巧相结合

业主或销售员与彩民的沟通互动很重要。例如，业主或销售员经常性地与彩民交流玩法、提供推荐号码、给初次购买彩票者详细介绍产品的网点，其销量都比较好。而有的业主或销售员只是在彩民主动购彩或询问与购彩相关的问题时才与彩民答对的网点，销售量在同等条件下次之。有的业主或销售员态度生硬、没礼貌，甚至对彩民爱理不理的网点其销售量最差。有的网点业主，自设抽奖活动，或自设奖励活动，以吸引彩民；有的网点业主集合中心推荐的号码，自己再进行综合研究，推荐出一定的复式票号码，在彩民之间采取联彩购买的形式，扩大了销售量。所有这些沟通互动，实际上都是销售技巧。因此，对网点的销售技巧的娴熟掌握是网点销量提升的重要步骤。

（四）诚信、热情是赢得彩民的根本

以诚信取信于彩民，以热情服务于彩民，是调研中销量较好的网点给我们最深的印象。这些网点都曾有过这样的经历，即彩民由于时间等原因，就把钱和彩票号码放在网点上，每期照打，并为彩民做好流水账本。若彩票中了，就及时告诉彩民。而这些彩民与网点之间并不相识，靠的只是诚信。同样，要做到热情服务，把每一位彩民视为来网点做客的朋友，一旦彩民进店了，就热情招呼，拉椅子给彩民，倒上一杯水，并与之交流，让彩民感觉到在网点可以轻松、愉快地投注。

（五）销售网点选址最为关键

选择良好的地理位置是成功销售的关键。销量靠的是人的流量，其他方面做得再好，没有人流量也是不行的。在调研中，很容易发现，在车站旁、菜市场旁、大企业工厂旁、集中的生活小区旁等这些人流量较大的位置的网点，其销量都是好的。而且，每个网点，除少数彩民外，很多都是熟客、固定客，其实这些固定客就是周围的居住客。

二　发现的问题

体育彩票销量为什么停滞不前？是这次调研最为关注的问题。调研组发现，影响彩票销量的因素是多方面的，而且是不同层面的。

（一）国家和省级体彩管理的宏观层面

1. 中奖率低是最根本的因素

彩民认为，中奖率是彩民购彩的最根本因素。他们认为，一个彩民如果长期买了彩票都不中，谁还继续买下去呢？他们分析，从电彩概率玩法来看，大乐透是体彩中 11 选 5 上市前的领头玩法，一直与福彩的双色球媲美，但是双色球每期都中一等奖，而且中的注数还较多，7—8 注，甚至十几注、几十注；而大乐透有的期还不中奖，即使中了，其注数也只是一两注，两三注。这是一等奖的情况，从二等奖来看，大乐透二等奖的奖金没有双色球的二等奖的奖金高。

调研组为了进一步了解这个问题，就将玩法和资金都一样的 3P 与 3D 相比，再与业主和彩民交流。业主和彩民认为：这当中一个因素是两者一上市，彩民首先认可的是 3D，所以形成习惯性购买，因此一直以来，3D 就比 3P 好卖。另一个因素是前几年有一次 3P 的中奖注数不受限而使直选的中奖奖金少了 1000 元，这次奖金分配给彩民一个很大的打击，也因此使彩民更倾向于 3D 了。

从即开型彩票来看，即开型彩票的中奖率更低。从一包来看，有的彩民购买了 600 元的一包，刮完了，只中了 200 多元，亏了 400 多元；他们认为，这样亏上几次，还有谁再买呢？这不是在欺骗吗？国家如果要让即开型彩票工作继续下去，就不能让彩民亏那么多。有的彩民连续刮了七八张，没有一张中奖，甩了票就走，还留下一句话：这国家也在骗人！试想，这样的人到处去宣扬，对彩票、对国家难道没有负面影响吗？

2. 海报宣传过于频繁，有的还起到负面影响

宣传和广告是社会经济生活中每一项产品得以走向市场的氧化剂。同样，彩票也需要宣传、需要广告，通过宣传和广告，让大家知道它、了解它、接纳它。但是，从经济理论的角度来看，并不是宣传和广告越多越好。一方面，管理部门的海报宣传广告多了，业主和销售员疲于应付，在网点店内贴的地方都没有，“五个一”工程、中奖海报、活动广告、中奖及活动条幅、各种玩法走势图等，在一个十几平方米的网点内，能贴得下吗？但不贴也不行。另一方面，中奖海报相反起了负面影响，特别是即开型彩票，谁不知道一种面值彩票的最高奖能有几个，已经有中了最高奖的了，谁还继续刮呢？谁不是冲着最高奖来的呢？

3. 摊派任务量较重，且不符合彩票事业原则

从问卷统计来看，有50%以上的销售点认为任务量不合理或非常不合理；而且，近2/3的销售点认为规定销量违背了体彩事业的自愿购买原则。一方面，作为大多数业主和销售员，销售彩票提成是他们的生活来源，他们都会尽心尽力去把工作做好，销量越高，他们的收入就会越高，因此没有必要下达任务。另一方面，彩票事业是一项公益事业，从彩民来讲是自愿购买行为，所以管理部门下达任务，违背了彩票事业的自愿购买原则和公益性质。

4. 有的品种玩法过于死板

这主要指的是5P和云南11选5两种玩法。有部分业主和销售员认为，5P的玩法应该更加灵活。例如，①与3P分开开奖；②增加4P玩法，即中前4P也有奖；③5P也可以玩组选。云南11选5玩法，是目前最红的玩法，但由于彩民时间有限，因此可以采取追期的方式进行，彩民认为，如果这样做，可能会提高销售量。

5. 销量提成需要进一步完善

这包含两方面：一是发达地区与边疆落后地区要有所区别。例如，深圳、上海、浙江等发达地区，有的彩民一次购彩就是上千元、上万元，这是边疆落后地区一天甚至十多天的销量，但提成却是一样的。也就是说，经济发达地区一个小时的销量和提成可能就是边疆落后地区几天和十几天的销量和提成，这是不公平的。二是随着物价上涨，房租、

水电等费用也在年年上涨，所以彩票销量提成也要提高，这样才能提高业主和销售员的积极性。

（二）红河州的中观层面

1. 网点布局及其位置问题

在已布局的网点中，大多数是与福彩一起，形成体、福兼营店，这有利于满足彩民对体、福彩的共同需求，没有必要为买彩票而跑两处网点。但是，调研中我们发现，总体上，体彩的网点数没有福彩多，这恐怕是体彩总销售量没有福彩多的一个重要原因。另一方面，有的乡镇还没有布局网点，这无论是体彩还是福彩，都是销售工作的空白，应该在这些乡镇上布局销售网点，州级管理中心要积极配合电信、文化部门做好相关工作。

另外，城市中人口密集区，可适当增加网点。这样有两大好处：一是减轻或分散网点销售负担，减轻彩民购买彩票排队之苦，大大方便彩民；二是增加就业机会，减轻就业压力。

2. 宣传材料和方法没有针对性

有网点反映管理中心派发的宣传材料太多，且针对性不强，很多宣传材料贴出去后很少有人喜欢和愿意看，这部分人占了60%以上。在统一形象设计的操作过程中，业主认为较大的困难是两个方面：首先，统一形象需要较大的成本投入，销售网点积极性不高；其次，统一形象设计有可能不符合销售网点的实际情况，而且收费较市场还高。

3. 销售点硬件（机子）质量问题严重

问卷调查显示，有11.5%的销售网点机子常常出问题，87.5%的有时出问题，仅有1%的销售网点机子没有出现过问题；有46.9%的认为机子出现问题后的服务不够及时，有17.7%的表示没人上门服务，仅有37.5%的销售点认为上级管理部门能在网点遇到问题时上门服务。有近47%的网点认为上门服务速度有待提高。有10%的网点认为机子老化需要更新而得不到更新。

4. 促销活动过于交叉和复杂

对于促销活动，管理中费尽心血，但收效甚微。原因在于促销活动过于交叉和复杂。交叉指的是多种促销活动在同一时间进行。这样彩民们会应接不暇，而且不易理解。例如，星期六购大乐透每注中10元奖一张面值5元的刮刮奖；购买一张顶呱刮中20元，奖一注追加大乐透。这些促销活动是同时进行的，让彩民应接不暇，况且是只针对星期六的。彩民购彩后一把放在一起，哪管是星期六的还是星期一、星期三的。另一方面，有的彩民，他们只玩电彩的，并不玩顶呱刮的。这样做并不起多大作用。有的促销活动，还要发送这样那样的号码，到这个号码那个号码上，而且号码一大长串，哪个还有心情？（他们说：如果刮一张不中，不如奖另刮一张来得直接）

（三）业主与销售员的微观层面

1. 业主缺乏有效的管理和指导

很多业主都不是销售员，因此出现两种情况：一是业主几天都不到网点，只是在外遥控，缺乏对店面的具体指导与管理；二是出现问题得不到及时解决，降低彩民的回头率。例如，中奖上千或上万的，销售员不能及时兑奖，这实际上是放弃了该彩民。这两种情况是销售网点销量不好的一个重要原因。

2. 销售员缺乏主动性，缺少销售技巧

这是与销售员的业务素质和综合素质有关的。首先，销售员实际上是打工者，而且多为刚出门的小姑娘，爱玩是她们的天性，因此她们在某个地方的时间都不会长。她们并没有做长期工作的打算。其次，由于她们年龄尚小，很多待人接物的礼仪和耐心还没有养成。最后，一些彩民态度恶劣，稍有不对就对销售员发脾气，给销售员带来了很大的心理压力。这些都是造成年轻销售员的主动性和技巧得不到发挥的原因。

3. 不按销售时间开关门

这一情况表现在网点位置不太好、人流不多、销量不好的网点上。由于销量不好，没有给业主带来利润，于是业主们还可能经营着其他业务。这样，在他们看来，既然没有多少收入，放弃一点时间又有何妨？于是就没有按时开关门了。其结果自然是恶性循环，久而久之彩民越来越少。

4. 有销售完的产品没有及时补充或销售员不在无法购买的情况

这指的是刮呱奖彩票。这两种情况虽然不突出但也有表现。也就是说，有的彩民习惯于某种刮刮票，但当他到来时，恰好没有了这种彩票，彩民只好离去。有的网点，聘请的是两个销售员，一位负责电彩，一位负责顶呱刮。于是即使开门，有可能彩民要刮刮奖票时，恰好售顶呱刮的销售员不在，而另一位销售员又不能打开销售。

（四）其他层面

1. 相近行业的排斥

例如，博彩业、老虎机、夺台球、打麻将等。这些行业对彩票销售工作有很大的影响。

2. 经济发展水平

总体上看，经济发展水平是影响购彩的重要因素。一是从各县市的销量中可看出，红河州内地县市的销量要大大超过边疆贫困县的销量；二是从终端机销量中也可看出，经济发展水平高县市的终端机销量也大大超过贫困县市的终端机的销量。经济发展水平关系到彩民有钱或没有钱买彩票、买多少量的彩票的问题。

3. 彩民心理层面

彩民可以分成这样几个部分：一是高薪阶层的大老板、大领导；二是小企业主和小领导；三是一般公务员；四是打工者、农民和无业人员。在调研中发现，第一种人几乎不买彩票；第二种人少有买彩票；第三种人买小量彩票；第四种人常买彩票，是彩民的主体。简单分析如是：第一种人不缺钱，不需要买彩票；第二种人中部分人希望从购买彩票中获得大收益而买彩票；第三种人顺其自然，生活没问题，因为还有些零花钱，拿点小钱换大钱，看看是不是有运气中大奖；第四种人生活还有些困难，但愿天上掉下大饼，说不定哪一天大奖落在自己头上，以改善一生的生活，于是执着地坚持下去。从对这四种人的心理分析，或许就会知道我们的体彩公益事业应怎么做下去的答案了。

第三节　结论与建议

一　主要结论

（1）制约销售量提升的最主要因素是返奖率不高。

（2）制约销售量提升的直接因素是销售员的业务素质和销售技巧。

（3）制约销售量提升的根本因素是当地或彩民的经济收入水平。

（4）制约销售量提升的重要因素是其他博彩业的竞争。

（5）制约销售量提升的一般因素包括业主的管理、网点环境、销售员薪酬、销售终端机子的更新、促销活动等。

（6）制约销售量提升的个人因素是高薪阶层和领导人物没有参与或很少参与。

（7）大多数业主不能靠销售体彩“发财”，但解决就业、维持生活是没有问题的。

二 进一步改善体彩发展的建议

（一）改善国家和省级体彩管理的宏观调控手段

1. 进一步提高彩票返奖率

彩票中的电彩游戏玩法实际上是概率玩法，既然是概率玩法，那它是基本限定了中奖的概率的。因此可以通过一定的手段来提高它的中奖概率，并合理设置它的中奖等次资金，以此提高返奖率（当然这样将使国家的收益降低了）。

同样，即开型彩票玩法也应该进一步提高返奖率。尽管即开型彩票玩法不是概率玩法，但目前即开型彩票的中奖设置不太科学合理：因为总体的返奖率是集中在大奖票面，使得大部分票面是无奖或小奖，这对大部分彩民是一个很大的打击。

2. 政府的有关部门要成为承担宣传的主力军

政府的有关部门如体育、文化、宣传、传媒、出版等部门，可以在相关电视、广播、影视等媒体上做公益宣传，让广大民众都深入了解体彩公益事业。政府要承担这些宣传的费用。既然是公益事业，那国家也应该是这项公益事业的投入主体。目前的那些小海报、宣传资料可以减少。销售终端网点里，需要做的宣传只需要一些玩法技巧、开奖统计、号码推荐之类的就行了，这样既减少业主或销售员的工作，又可使网点店面整洁舒适。

3. 国家政府要采取积极措施拓展彩民空间

彩票事业被冠之以是一项公益事业，那就应该是全民的事业。但如上所述，第一种人还很少甚至没有参与这项事业，因此他们应该成为下一步拓展彩民空间的主要对象。是否考虑参考目前各单位、部门订阅《人民日报》的方法，让他们也“订阅”一定数量的彩票。或者像捐灾一样，也给他们一定数量的购彩“任务”？总之，怎样拓展这部分人为彩民，根据中国特色最有能力的只能是国家政府，而且能够做得到。

4. 尽量减少或者取缔“地下”具有赌博性质的老虎机、游戏机等行业

这些行业虽然可以提高就业，减少就业压力，给部分人一种生活渠道。但很显然，这些行业所带来的负面影响将大大超过它的正面影响（这个问题不在这里详述），取缔它们是完全应该的而且是正当的。但是，这些行业的背后往往是有“背景”的，没有国家或政府层面的统一力量是不可能的。要使彩票销量得到质的提升，真正让彩票公益事业得到进一步发展，取缔这些行业是最有效的途径，而且将使社会更健康、更纯洁、更文明。

5. 不同层次提高销售提成

销售提成是彩票终端网点业主的收入，也是业主和销售员的生活来源。如果销售量提成能相对满足业主和销售员的基本生活的话，在一定程度上将会减少业主因从事其他行业而不能集中精力从事彩票事业的概率。因此，政府可考虑以不同形式提高销售量提成。

其方法是：根据经济发展水平的不同层次来确定销售量提成，发达地区可以按现在的提成比例进行，而边疆贫困地区应该再提高一定的比例，这个比例可按当地物价上涨情况和经济发展水平与发达地区的差距来确定。

（二）强化红河州体彩管理中心的中观管理和协调

1. 进一步加大辖区内的宣传营销工作力度

州级管理中心要争取上级部门及州委、政府的支持，在电视、电台、报纸等部门的帮助下，加大对彩票公益事业和营销的大力宣传。虽然这项工作已在进行，但还远远不够。

加大宣传力度的方法是：除原来进行的“奖上奖”活动、大奖中奖宣传活动、刊登中奖号码活动、户外宣传促销活动外，还可拍摄一些热闹购彩的场面，拍摄一些关于彩票的纪录片、故事片等进行播放、宣传；把主要领导购彩、对彩票工作的指示等的镜头进行宣传，让人们知

道彩票工作不仅是体育部门的工作，而且是整个政府的工作。这两点宣传，其作用将非同小可。

2. 加大对销售量的返奖工作

与其下达不切实际的销量任务，不如加大对销量的返奖工作。从目前的情况和调研问卷结果来看，大多数网点对下达任务多有抱怨，而且管理中心下达的任务不切实际，很多网点不能完成，不完成就以撤机，再购相当数量的票相威胁（当然这可能是省中心的规定）。因此，下达任务有两大不利：一是任务难以量化或不切实际，对不同网点就不太公平；二是下达任务本身违背了彩票公益事业的基本指导思想和原则。这样一来，与其下达任务量，不如加大对销售量的返奖工作，即认真研究和测算，规定完成多少销售量直接兑现一定比例的奖金。

3. 加强对业主、销售代表的科学管理

网点业主有这样四类情形：①业主是销售员；②业主不是销售员，但随时在网点上指导工作；③业主不是销售员，并从事其他商业活动，每隔几天到网点察看工作；④业主不是销售员，全权交给销售员代管，一两个星期过问一次。总体来看，前两类情形的网点销量都较好，而后两种情形的销量都较差。针对这种情形，要加强对业主的科学管理，以促进网点销量的提高。

方法是：对①②类业主，分别给予一定的精神和物质奖励，以达到激励和示范的作用；对③④业主，视其不同程度给予不同的物质惩罚，以达到警示和限制作用，使其用更多的精力来管理网点的销售工作。

销售代表的情形：总体上销售代表能够兢兢业业工作，认真履行工作职责。但是也存在一些值得重视的问题。例如，有些销售代表本身并不从事销售代表的实际工作，而是另派了其他人做销售代表的工作。这类销售代表的缺点是不太熟悉销售以及促销情况，但在协调各部门的关系上作用较大，如协调城管等。在调研中，通过问卷调查得到以下数据：问卷调查显示，对销售代表的服务态度，有 75 家销售点表示满意（37 家）或非常满意（38 家），19 家表示一般，仅有 2 家表示不满意。对于销售代表的送票及时度，91 家销售点表示及时（43 家）或非常及时（38 家），14 家表示一般，仅有 1 家表示非常不及时。尽管网点对其满意度较高，但作为后勤服务的销售代表，对其稍有不满意都会对整个行业有影响。解决的办法只有对其进行严格考勤，发现问题及时惩处，如有不服及时更换。

4. 加强对销售员的销售技巧和服务技巧的培训

销售员不稳定是销售技能不娴熟、销售服务不到位的根本原因。而销售员不稳定的原因是多方面的，如何解决这个问题将显得十分棘手。

可以考虑这样的方法：由网点业主自选销售员，由网点业主、管理中心共同与销售员签订用工协议，在保证上岗期限（规定两年或三年）的前提下，由管理中心全权负责对其进行销售技巧和服务技巧方面的培训，合格后持证上岗。

5. 及时更换老化设备，提供良好的销售服务

调研中有部分网点反映销售终端机老化而得不到更换的问题。作为各级管理中心，其职责之一就是提供良好的销售终端服务（更何况业主压了机子押金）。如果销售终端服务老化，那必须无条件更换。如果终端机有问题，必须及时进行修理解决。管理中心也应与电信部门协调好，做到网络畅通。与福彩只更换一个电脑界面相比，体彩要更换三个界面，建议重新设计体彩电脑界面。

（三）网点业主与销售员应该抓好的工作

1. 在管理中心的帮助下熟练掌握各种玩法技巧和服务技巧

调研组发现部分业主和销售员对体彩的各种玩法还不十分熟练，无法为彩民提供各种玩法的技巧咨询，无法解答彩民提出的各种问题。除了在管理中心培训时学习的各种玩法外，这些业主和销售员还要认真钻研一些特殊的具有一定规律的玩法技巧，最起码要学会与彩民交流中有理论有依据地提出自己认为好的号码。同时加强提高服务素质，做到对彩民的微笑服务。

2. 营造良好的销售环境和销售条件

这里的销售环境主要指最起码的走势图和相应的硬件设施。除即开型外的任何彩票，都必须有清晰的走势图，没有走势图就等于不知道过去，不知道过去何以预测现在和将来？有经验的彩民都要看走势图。因此要为每一种玩法提供清晰的走势图。相应的硬件设施主要指桌椅板凳、笔、饮用水等，要随时保证这些设施能够满足彩民的需要。另外，有条件的业主要安装电脑，以备彩民查询。

3. 创新销售方式，延长销售后续服务链

除正常的销售方式外，业主和销售员要积极创新销售方式，延长销售后的后勤服务。例如，与大彩民客户保持联系并尽可能成为朋友；为大彩民建立档案，在逢年过节时送上一份问候；在中、晚餐时为不回家的彩民送上一份快餐；在雨后为彩民备好一把伞等。

（四）其他方面

（1）在宣传上，加强体彩公益性的宣传；开展多种形式的联彩；组织一个宣传促销队，到各县市搞现场巡回促销活动；加强对彩民的正面引导，给彩民一个健康的购买理念（不能靠购买一张彩票改变命运），以防止负面事情的发生；对于体彩中心提供的宣传资料，建议取消各项检查，由业主决定是否张贴；公益性的宣传牌子无须挂在店里，建议在体彩提供的小区体育设施处加强体育彩票宣传；有针对性地搞促销活动，鼓励业主的个人促销活动，加大业主的返利力度。

（2）对于即开型彩票，不要把任务分配到各网点，可尝试在便利店、闹市区、超市等处销售；鉴于体彩具有公益性和解决就业方面的优势，可与各县市城管协调，允许即开型彩票摆摊设点；刮刮奖中奖率低在彩民中已形成共识，不宜作为盈利工具，建议提高中奖率，中奖率高了，还可作为宣传工具。

（3）对于优秀销售员要重奖；在销售员的聘用上，尽量选用已婚妇女，侧重中年人；对销售员进行培训，做到持证上岗。

（4）建议内地县市搞体彩专营店，边疆地区搞体福兼营店；最好保持体彩与福彩开关机一致。

（5）鼓励成立体彩行业协会、彩民沙龙等，加强彩民特别是“铁杆”彩民之间的交流。

（6）适当增加体彩销售机，优胜劣汰。

（7）开发新产品，不要跟风。例如，不要福彩搞什么，体彩就搞什么。要善于创新，开发一种中奖率高于福彩的新品种。

本章小结

红河州自开展体彩事业以来，取得了明显的经济和社会效益，对促进红河州经济社会全面协调发展，特别是体育公益事业的发展做出了突出贡献。

本研究得出的主要结论为：制约销售量提升的最主要因素是返奖率不高；制约销售量提升的直接因素是销售员的业务素质和销售技巧；制约销售量提升的根本因素是当地或彩民的经济收入水平；制约销售量提升的重要因素是其他博彩业的竞争；制约销售量提升的一般因素，包括：业主的管理、网点环境、销售员薪酬、销售终端机子的更新、促销活动等；制约销售量提升的个人因素是高薪阶层和领导人物没有参与或很少参与；大多数业主不能靠销售体彩“发财”，但解决就业、维持生活是没有问题的。

为进一步提升体彩销售量，本研究建议：①改善国家和省级体彩管理的宏观调控手段：进一步提高彩票返奖率；政府的有关部门要成为承担宣传的主力军；国家政府要采取积极措施拓展彩民空间；尽量减少或者取缔“地下”具有赌博性质的老虎机、游戏机等行业，不同层次提高销售提成。②强化红河州体彩管理中心的中观管理和协调：进一步加大辖区内的宣传营销工作力度；加大对销售量的返奖工作；加强对业主、销售代表的科学管理；加强对销售员的销售技巧和服务技巧的培训；及时更换老化设备，提供良好的销售服务；网点业主与销售员应该抓好工作；在管理中心的帮助下熟练掌握各种玩法技巧和服务技巧；营造良好的销售环境和销售条件；创新销售方式，延长销售后续服务链。

第九章

红河州乡村旅游可持续发展专题研究

第一节　问题的提出

加快乡村旅游的发展有利于促进农村基础设施建设，带动农民综合素质的提高，有利于促进城乡经济一体化统筹发展战略的实施，有利于推进新农村建设步伐。为此，我们“乡村旅游可持续发展研究”课题组从2014年4月开始，采用访谈、田野调查等方法，对红河州乡村旅游现状和资源利用状况选点进行了调研，以期进一步保护生态环境和弘扬民族文化，丰富和优化我省旅游产品结构、区域结构和市场结构。

一　红河州各市县乡村旅游业的现状

（一）个旧市

目前，个旧市正全力打造老阴山景区、沙甸区穆斯林大街及清真寺景区，旅游工作以发展旅游大项目为重点，对以前形成的合田民俗村、戈贾森林公园、斗姆阁、倘甸农家乐、丫沙底温泉、尼格温泉等景区没有进行提升改造。实际上，也只有戈贾、斗姆阁、倘甸有乡村旅游的雏形，但这些旅游点由于资源分散、交通不便、没有规划、娱乐项目单一、管理不规范、服务水平不高、缺少好营销等原因，变成了“一阵热”，目前处于低水平运转状态。个旧城市化程度高，市区人口稠密，开展乡村旅游有客源保证，以前开发的乡村旅游点能热一阵，证明有潜力可挖。市区周边农村有很多乡村旅游资源，草里苑、文兴村、龙潭口村等村寨，通过生态文明示范村、民族团结示范村等项目资金的扶持，已经建设了很好的基础设施，只要进行引导和宣传，就能作为乡村旅游示范点。个旧市应抓住全省促进乡村旅游发展的机遇，做好乡村旅游的规划和开发工作，将乡村旅游的点和面扩大，在基础设施建设、宣传营销上做好文章，通过做好提升服务质量、增加服务品种等管理工作，是可以打造出个旧乡村旅游的出色品牌的。

（二）开远市

开远市结合全省统筹城乡发展试点开展乡村旅游工作，开展较早，并得到了村民的普遍认可和积极配合，乡村旅游开发已具有一定规模。目前正围绕小坝心－凤凰谷片区进行规划建设，仁者、旧寨、下田所属14个村庄的村内民居改造、绿化美化、公共文体基础设施建设、农作物景观打造、基础设施改造等工作正有序进行，村容村貌、生活环境有了明显的改善和提升，吸引了大批各地前来参观学习的代表和游客，今后还将不断完善规划、增加娱乐项目。按照规划，还将大规模开发泸江河南洞河、三角海亚热带乡村水景旅游项目，并出台了土地、税费减免、资金补助等方面的优惠政策，将形成点面结合的乡村旅游局面。存在的问题是：开发建设资金不足、村民自主开发意识不强、村民市场经济意识不够、旅游点文化内涵不丰富，还需要在政府引导和推动、上级财政资金扶持以及开发投资新机制等方面得到支持。

（三）蒙自市

蒙自市按照旅游规划，在全力打造好碧色寨和长桥海景区的同时，要做好环县城都市农业、滇南水乡体验区、草坝镇现代农业、小东山科技农业、新安所特色古镇、芷村镇滇越史歌、鸣鹫镇洞天深处、西北勒高山醉舞、冷泉镇田野牧歌、期路白至尚乡野十大旅游亮点，但从发展现状来看，只能作为乡村旅游的概念性规划。目前开发的新安所镇特色小镇和万亩石榴园生态农业观光游、草坝镇现代农业观光和科普教育基地游、文澜镇余家寨壮族民俗和赏花尝果吃农家饭菜游、省一大会址和胡志明故居红色游、大地山庄和芷兰山庄的山水田园风光游，也不能算作真正的乡村旅游产品。初步确定作为乡村旅游示范点的小东山村、大沙地村、依三则村，在开展新农村示范建设时也没有进行乡村旅游的规划。因此，考虑蒙自作为滇南中心城市核心区以及旅游集散中心的地位，应将概念性的规划尽快变为现实规划，并扩大点和面，从中先选择部分容易操作的点进行详细规划，建成真正的乡村旅游点，以起到示范带动作用，让更多的点借助蒙自中心地位的优势进入省州规划盘子，争取到更多的资金和政策支持，形成规模化品牌效应，实现可持续发展。

（四）弥勒市

在红烟、红酒效应的影响下，带热了弥勒市的旅游业、房地产业、商业，弥勒温泉、“阿细跳月”也随之声名远播闻名天下。以可邑村、红万村、东风农场（云南红酒庄）、高甸村为典型的乡村旅游也骤然兴起。可邑村走民族文化生态旅游特色发展道路，创造了优良的乡村旅游环境，并以其独特的彝族支系人文景观，成为旅游者了解彝族活文化形态的宝贵载体，每年吸引大批的海内外游客到村子里观光旅游，创造了较好的经济效益和社会效益。红万村借助省非物质文化保护区之名，利用阿细祭火习俗，打造以火文化品牌为主的民族文化生态旅游产业，已经取得了丰硕的成果。东风农场依托地缘、交通优势发展农业生态观光旅游，通过举办葡萄采摘节，建盖天主教堂传播葡萄酒文化等形式，带活了农场职工的农庄、农家乐和酒庄。高甸村通过举办爱佐与爱莎歌舞艺术节，传承了阿哲传统文化，乡村旅游开始起步。县职能部门引导这些点规范管理，文明开发与保护并行，以独特的民族文化吸引游客，成功发展成为乡村旅游的示范点。但因无全县的乡村旅游规划，仅仅这些点一枝独秀，其他点和面上的发展未能顾及，势必错失昆河高速公路全线贯通所带来的第一波大好机遇。

（五）泸西县

泸西县正在全力打造城子古村，通过大量资金投入进行部分保护性开发后，已发展成为云南省历史文化名村、云南省旅游特色村、文学艺术创作基地和亚洲民俗文化摄影之乡，带来了村民可观的经济收益，已形成了全民参与的热潮，但由于资金支持不够、接待设施滞后、资源利用不足、资源保护艰难等困难，保护与发展的矛盾也随之产生。目前，还计划开发阿庐部落后裔大白彝居住地——小直邑村和纯撒尼族聚居地——鲁克村为乡村旅游点，依托小直邑村现有的自然风光和具有很大影响力的大白彝独特的祭祖、祭山、跳羊头鼓舞、跳乐民俗，以及鲁克村的独特地势和撒尼族原始风俗，将其开发成生态风光、民族特色文化乡村旅游产品。不过，“山顶看野花，山腰观梨花，山脚赏菊花”的

“山水田城、休闲之都”，如果发展乡村旅游仅此而已，岂不浪费了上天之作的大好河山。

（六）建水县

目前，建水县主要以西庄镇团山村、临安镇碗窑村、南庄镇李伍村为切入点，结合新农村建设开发乡村旅游，抓好基础设施建设，力争将其做成示范样板。但从实施的情况来看，乡土特色文化开发、村民自主开发意识、管理、销售、资金等原因制约了其快速发展，规模品牌效应还未出现。作为历史文化名帮，建水全县各乡镇都有适宜发展乡村旅游的资源，从北向南有曲江温泉休闲旅游区、南庄绵阳冲水库休闲旅游区、原生态农庄、官厅古镇土司文化区和坡头红河峡谷南沙电站库区；从西向东有西庄团山民居、黄龙禅院、新房、双龙桥、泸江河岸田园、临安碗窑紫陶工艺展示区、南庄李伍村、西门大板井、广慈湖、临安湖等自然、人文景区，只要规划开发得当，将会拓展建水旅游功能，使以古城、燕子洞、文庙、朱家花园为核心的旅游业有一个新的突破。因此，应在做好规划的前提下，逐步开发，由政府进行引导，在投资形式、特色挖掘、人才培养、规范管理、宣传影响上进行扶持，使其成为带动农村新发展的乡村旅游产品。

（七）石屏县

经过多年发展，形成了以异龙湖游船及异龙湖畔杨梅生态园为主体的乡村旅游业。目前主要在异龙镇、坝心镇、宝秀镇、哨冲镇重点建设四个景区。异龙镇马堡龙渡船景区，以毛木咀村为切入点，形成游异龙湖品砂锅鱼、听海菜腔、品杨梅、赏荷花的休闲生态游。坝心镇渔家乐沙滩园区，以品中华大闸蟹、食宿渔家窝铺船体验渔民生活、听渔家海菜腔为建设内容。宝秀镇郑营农家乐，将居古民居、品历史文化、赏田园风光、享农家乐作为开发重点。哨冲镇彝家乐，建设成住土掌房、当花腰人、享彝家乐的景区，让游客充分享受返璞归真、回归自然、体验原汁原味的情趣。但由于规模小、开发度不高、季节性太强、营销力度不够等原因，大部分景区的规模效应还未体现出来。应针对良好的乡村旅游资源制订全县整体的规划，在政策配套、资金投入、商品开发、环境建设、整合资源、品牌促销上扶持发展，逐步开发全县的乡村旅游业。

（八）河口县

全县的旅游重点放在跨境旅游上，没有引导和开展乡村旅游试点，也没有整体规划，目前局部规划了南溪镇马多依村生态农业旅游园，拟开发成特色农业种植观赏项目。河口各乡镇距离县城都不远，很多已具备了发展乡村旅游的条件，县城周边许多有名气的农家乐已有乡村旅游点的雏形，引导和发展后就能形成规模化经营的乡村旅游产品。应尽快编制全县的乡村旅游发展规划，逐步开发建设，解决河口旅游项目单一的问题，作为跨境旅游项目的补充，以适应大通道建成后蜂拥而至的旅游人群的需求。

（九）屏边县

屏边县是云南省唯一的苗族自治县。在对全县的乡村旅游资源进行调查后，结合新农村建设进行了规划，完成了大围山国家公园建设项目、人字桥景区项目、民族文化旅游特色村等十余个生态旅游项目的储备和上报工作。近期拟开发部分点作为民族文化特色旅游示范村。刺竹林村风景秀丽，山清水秀，曾是茶马古道、古驿道“丝绸之路”的途经之地，苗族特色浓郁；人字桥村依托人字桥文化背景，形成了苗族传统文化、人字桥历史文化、越南文化相交融的特色；阿季伍村集九层瀑布（水观音）、火山遗址、浓郁的彝族文化于一体，是大围山原始森林公园的必经之地。从整体情况来看，需要解决提高认识、延伸规划、配套政策、部门协调、宣传促销等问题，还要在加强乡村旅游点基础设施建设、新产品的开发和设计等方面做好准备，以争取上级部门的大力支持。

（十）元阳县

大部分乡村距县城都在一个小时以内的车程，元红、元绿公路穿境而过，“人间仙境、世界奇观”的哈尼梯田使山清水秀、田园风光的乡野村落为外人所熟知，蘑菇房、哈尼饮食成就了乡村旅游。21世纪之初，普高老寨、大鱼塘、箐口等村靠餐饮住宿、棋牌娱乐为主短线经营的农家乐得到相关部门和各乡镇的支持，给予了用地、用电、用水、减免税费等方面的帮助和扶持，一路走来，已经发展成为乡村旅游产品。但从现状来看，由于对乡村旅游市场前景认识不够、基础设施建设落后、乡土特色开发与保护的矛盾、产品初级产生效益差、职能部门引导不力等原因，这些点没有产生示范效应。从长远来看，没有制订全县乡村旅游的详细规划，只建成观光农业基地、休闲度假胜地、纳凉避暑重地、户外运动场地的大框架，将难以利用哈尼梯田大品牌带动大投入，带动有力的宣传营销，也就不可能带来乡村旅游业的大发展。

（十一）红河县

甲寅乡是全国最大的哈尼族聚居地，素有“歌舞之乡”“民族文化之乡”的美誉，作夫村哈尼特色浓郁，有保存较完好的“蘑菇房”，是原生态哈尼村寨；大羊街乡是哈尼族支系奕车人主要聚居地，有“哈尼奕车之乡”的美称，被《中国地理》杂志评为“中国最美的六大乡村古镇之一”，格咪和浦玛两个自然村奕车人特色突出。虽然有丰富的哈尼文化、奕车文化旅游资源，但仅涉及部分乡镇，其他乡镇也有很多各具特色的乡村旅游资源，县乡都没有制订整体的开发规划。目前职能部门规划建设的三个乡村旅游示范点中，安邦村古民居建筑群是最具侨乡特色的中西式古建筑，也是马帮文化的结晶，借湖村和浦玛村自然资源丰富，乡村民俗文化气息浓厚，借助新农村建设，村容村貌变化较大，具备开发潜力。由于认识不够、资金不足、交通滞后等原因，红河县的乡村民族特色资源还未有效地转化为乡村旅游资源。只有有了完整的规划，将民族文化资源亮点挖掘、收集、整合到规划中去，才有能争取将其开发成产品的条件。

（十二）绿春县

目前，绿春县仅确定了三个通达条件和乡土民族特色浓厚的自然村为乡村旅游示范村，没有制订如何开发的规划。戈奎乡托牛村、加梅村、格马村的哈尼民风民俗保存完整，哈尼饮食风格独特，自然条件和基础条件相对较好，相对容易开发，被拟定为乡村旅游示范点。全县的乡村旅游规划也没有制订，随着元绿二级公路的开通，绿春丰富的旅游资源将逐渐显现在世人面前，乡村旅游资源如果不及时规划开发，将错失这一轮省州政策、资金等方面支持的良机。

（十三）金平县

金平县除边境游规划了乡村旅游内容外，还规划了中国·红河蝴蝶谷生态游、勐拉乡村文化游、民族节庆节日游等乡村旅游产品。将边境游延伸至境内乡村，利用中国·红河蝴蝶谷旅游开发区建设开发延谷周边乡村资源，开发猛拉的温泉、胶蕉等热带作物为休闲度假、观光农业旅游产品，借助特有的“花山节”“盘王节”“泼水节”“男人节”“姑娘节”等节庆活动开发民俗民风旅游产品，把具有苗、瑶、傣、哈尼族风味特色的民族菜肴开发成乡村旅游美食产品。目前，金平县结合新农村建设规划了三个分别具有较纯哈尼族、苗族、瑶族特色的村寨为乡村旅游示范点。金河镇哈尼田村，万亩哈尼梯田一览无遗，村庄、梯田、树林相互掩映；金水河镇曼棚新寨，村子掩映在橡胶林中，是一个地道的苗家小村庄；金水河镇白石岩村，瑶族民俗浓郁，是体验瑶族文化的好去处。这三个村庄可充分体现金平县的自治特色，但由于整体基础设施落后、缺乏资金将旅游资源转化开发利用，虽然制订了覆盖全县的乡村旅游规划，但要产生规模效益，还有待时日，还需要上级有关部门的大力支持。

从全州的情况来看，大部分的市县都没有制订全县的乡村旅游规划，仅根据上级部门的要求随意选择了几个点作为发展乡村旅游的示范点，并且是依托新农村建设来选点，因此没有旅游职能部门自己的主张，在规划建设、引导发展上，旅游职能部门无所作为。但是，有完整乡村旅游规划的市县，新农村建设则依照旅游职能部门的规划意见开展，这些乡村依托旅行线路的调整，乡村旅游和新农村建设相互促进，带来了源源不断的旅游人群和经济收入，形成了可持续发展的良好势头。

二　红河州乡村旅游资源开发的成效和问题

（一）开发成效

乡村旅游带动农村大发展的明显效果，驱使一些市县进一步挖掘乡村旅游资源，有了一些点面结合的旅游基础和雏形，涌现出了屏边玉屏、建水西庄、建水临安、石屏异龙、泸西中枢、蒙自新安所等旅游小镇，甲寅乡作夫村、宝华乡龙甲村、西庄镇团山村、曲江镇热水村、文澜镇碧色寨、西三镇可邑村、个旧沙甸区、新街乡箐口村、异龙镇毛木咀村、永宁乡城子村、勐拉乡旧勐村等乡村旅游点。这些村镇纳入旅游规划后，得到了一定的财政资金扶持，带动了村镇基础设施建设的改善和农民收入的增加。

这些初见成效的乡村旅游点因为处于起步阶段，存在职能部门管理不到位、挖掘不充分、展示度不够、规划不全面、品牌效应不高等问题，导致经营规模小、散、弱，接待设施差，村民创收手段单一，基础设施差等困难，村民因乡村旅游带来的收入增幅不明显，全身心发展乡村旅游的积极性受到了很大影响，这也是红河州乡村旅游发展速度不快的原因。

（二）存在的问题

红河州各市县乡村旅游资源丰富，差异巨大，有很大的发展潜力，但发展乡村旅游的情况参差不齐，当地政府重视的程度决定了发展的程度。有的由于没有得到扶持，起步后又停止了发展；有的由于政府大力扶持，具备了持续发展的后劲；有的由于政府根本不重视，还尚未有发展的思路。

三　发展乡村旅游业的意义

（一）发展乡村旅游业可以改善全州旅游产品结构，实现旅游“二次创业”的需要

红河州作为旅游大州，外来游客众多，城镇化水平较高，乡村旅游资源丰富且差异性大，能适应不同需求，要抓住城乡群众在这一领域不断增长的消费需求和有效政策支持的有利机遇，把发展乡村旅游作为新时期各市县旅游工作的重点，对乡村旅游资源进行全面梳理，挖掘和开发有特色优势的乡村旅游资源，以符合地方区域化的消费层面为起点，逐步积累提升，形成系统、协调、便利的乡村旅游消费环境，打造出诱人的区域性乡村旅游点，以此作为改善全州旅游产品结构、丰富旅游活动内容、推动假日旅游发展、增加旅游经济总量的又一经济增长点。

（二）发展乡村旅游业可助推新农村建设发展

乡村旅游涉及广泛的“三农”发展过程，与新农村建设结合起来会发展得更好。例如，小有名气的四川省巴中市“特色村落型农家乐”，昆明安宁市“金色螳川之旅”，楚雄州永仁县“方山诸葛营民族生态旅游示范村”，红河州开远市“小坝心——凤凰谷乡村旅游区”等一批乡村旅游项目，都是与新农村建设结合来互相推动和发展的。

通过加快发展乡村旅游业，可以作为增强新农村建设后劲和农民增

收致富的有效途径，使其在推动解决“三农”问题中发挥重要作用。红河州很多乡村结合旅游业发展和新农村建设工作，对垃圾处理、污水分流、道路硬化、墙面粉饰、民居布局和建设等方面展开工作，群众的生活环境和卫生习惯都有了很大改观，使乡村发展的硬件与软件等方面得到了改变和提升。我们调研所到之地，都是乡村旅游和新农村建设结合发展得较好的村寨，给我们留下了深刻的印象。元阳县的箐口村，哈尼族蘑菇房粉饰整齐，路面清洁卫生，群众热情好客；建水县的团山村，古民居古朴有致，环境清幽宜人，还有碗窑村，紫砂陶自成系列，商品琳琅满目；石屏县围绕异龙湖开展乡村旅游建设，经过多年的打造，山、水、田、林、路，吃、住、游、娱、购已经呈现了相当的规模和有了明显的成效，每周都有大量游客前来休闲度假；开远市的乡村旅游建设主要在小坝心——凤凰谷片区展开，对民居和基础设施进行了改造，别具特色的农村文化书屋、农作物景观打造很是诱人，通灵村花园似的民居、整齐的石板路、溪流穿村而过，是一个躲避喧嚣的休闲好去处。发展乡村旅游业，推动了农村的环境改观，改变了农民的经营意识，促进了农业的产业结构调整，加快了新农村建设的步伐。“三农”的改变和发展，又进一步推动了乡村旅游业的发展。

第二节　加快发展红河州乡村旅游业的建议

一　加强政府支持

云南省发展乡村旅游的要求是：“以建设小康、文明、生态、和谐的社会主义新农村为目标，从农村实际和旅游市场需求出发，发挥旅游产业的关联带动作用，以培育乡村旅游产业为主要任务，坚持政府主导、部门协作、多方参与、市场运作，结合扶贫开发、文明生态村建设和旅游经济强县、旅游小镇建设等，因地制宜，突出特色，不断完善乡村基础设施建设，丰富乡村旅游产品，优化乡村旅游环境，促进各地乡村旅游向市场化、产业化方向发展，实现以旅助农、以农兴旅、农旅结合、城乡互动，为社会主义新农村建设作出应有贡献。”应坚持政府主导、统筹城乡发展、可持续发展、以点带面、群众受益、因地制宜、分类指导的原则。因此，政府相关职能部门应统一编制、统一实施发展规划，在基础建设、产品开发、市场宣传促销、规范管理、旅游人才培养方面给予帮助，通过强化组织领导、加强协调配合、落实优惠政策、加大投融资力度、开展试点工作，在全省创建20个旅游特色县（市、区）、60个旅游小镇，建设200个特色鲜明、功能配套、交通便利、服务配套、环境优美、吸引力强，受广大旅游者欢迎的观光旅游、度假休闲的旅游特色村。

按照《云南省加快乡村旅游发展指导意见》所提出的目标，红河州的乡村旅游业必须按照省政府的统一部署开展工作，才能进入省级盘子，才能争取到上级各方面的支持，才能实现大发展。从红河州近年争取上级部门旅游资金支持的情况来看，除国债项目的专项资金较多外，其余扶持资金每年仅有几百万元，与红河州作为旅游大州应该得到的支持极不相称，通过加快发展红河州的乡村旅游业，可以作为争取上级资金支持的一个突破口。指导意见已经明确地提出了开展乡村旅游工作的具体方式方法，可以作为指导红河州发展乡村旅游业的操作规程。州旅游局也草拟了《关于发展红河州乡村旅游的实施意见》，从州级层面加以指导，使各市县能按照州的发展思路规划和发展本地区的乡村旅游业。作为州级职能部门，要有发展乡村旅游的具体工作切入点，对这些点给予资金的优先扶持，以此作为全州的示范点；要把各市县的这项工作列入年度考核内容，作为拨付扶持资金的依据。各市县对有资源但开发资金有困难的乡村，要引导鼓励社会资本进入，并本着易、奇、特优先的原则来开发；对工作有实效，具备规模效应、精品潜能的乡村旅游点，要认真指导，大力扶持，强化从业人员培训，把游、娱、购统一、丰富起来，让这一新兴的旅游市场得到全面、健康的持续发展。

二　具体建议

红河州“十二五”规划提出了要大力发展乡村旅游，州的实施意见提出要全力实施“建成‘20大民族文化生态旅游村、20个特色生态农业旅游示范点、200个规模化农家乐’”的“红河120乡村旅游开发”工程，力争把开远市、石屏县建成“全国农村旅游特色县”，形成“产品种类丰富，民族特色鲜明，功能配套完善，服务规范健全”的发展新格局，要实现这一目标，需要在各方面给予支持。

（1）州、市县政府每年要安排发展乡村旅游扶持资金，用于乡村旅游点建设和从业人员的教育培训。被列入省级旅游特色村的，再安排专项的配套扶持资金，集中用于扶持有一定发展潜力、实力、前景的项目和经营户，促其尽快做大、做强，起好示范带动作用。

（2）在投、融资方面要引导多元资本和方式进入乡村旅游项目；在土地、税收政策方面要给予开展乡村旅游业者政策优惠，体现政府的关心，坚定从业者的信心。

（3）已经列入计划的乡村旅游发展项目，涉及新农办、扶贫办、民委、民政局等有扶持资金的职能部门，应加强联系，由旅游部门负责协调，在资金、培训、项目设计等方面通力协作，合力对这些项目进行重点扶持。

（4）涉及乡村旅游的山、水、田、林、路和电力、通信等工作，应由各级政府统一协调，要求农、林、水、交通、电力、通信的主管单位给予支持和帮助，解决好发展中的问题。

（5）以瓜果蔬菜等农作物为特色来开展乡村旅游的，旅游、供销等相关部门要帮助其解决好旺季和淡季的矛盾，让投入景区的设施能持续运转，以期得到更好的经济效益。

（6）要结合地方区域性经济的发展水平，来确定是否收取乡村旅游景区的门票，只有让更多的人愿意来玩、来消费，才能从消费者的数量上产生口碑广告效应和经济效益。

（7）乡村旅游点的服务质量，应由旅游主管部门牵头食药监、质监、工商、卫生等部门进行监管，以保证从业者和游客双方的利益。旅游部门要指导旅游商品的设计、开发，帮助挖掘具有地方特色和民族特色的旅游商品提供给广大游客。

总之，红河州发展乡村旅游的前景广阔，但在旅游业发展的过程中，那种间强间弱、间热间冷的情况，需要我们反思、总结和改进。需要政府的帮助和指导，需要社会各个方面的支持和扶助。认真挖掘红河州的旅游资源，结合新农村建设的有效实践，把乡村旅游业打造成新的经济支柱，来进一步推动新农村的建设发展是有希望和美好前景的。

本章小结

红河州各市县乡村旅游资源丰富，差异巨大，有很大的发展潜力。发展乡村旅游的情况也参差不齐，当地政府重视的程度决定了发展的程度。有的由于没有得到扶持，起步后又停止了发展；有的由于政府大力扶持，具备了持续发展的后劲；有的由于政府根本不重视，还尚未有发展的思路。

本研究建议：①州、市县政府每年要安排发展乡村旅游扶持资金，用于乡村旅游点建设和从业人员的教育培训。②在投融资方面要引导多元资本和方式进入乡村旅游项目；在土地、税收政策方面要给予开展乡村旅游业者政策优惠，体现政府的关心，坚定从业者的信心。③已经列入计划的乡村旅游发展项目，涉及新农办、扶贫办、民委、民政局等有扶持资金的职能部门，应加强联系，由旅游部门负责协调，在资金、培训、项目设计等方面通力协作，合力对这些项目进行重点扶持。④涉及乡村旅游的山、水、田、林、路和电力、通信等工作，应由各级政府统一协调，要求农、林、水、交通、电力、通信的主管单位，给予支持和帮助，解决好发展中的问题。⑤以瓜果蔬菜等农作物为特色来开展乡村旅游的，旅游、供销等相关部门要帮助其解决好旺季和淡季的矛盾，让投入景区的设施能持续运转，以期得到更好的经济效益。⑥要结合地方区域性经济的发展水平，来确定是否收取乡村旅游景区的门票，只有让更多的人愿意来玩、来消费，才能从消费者的数量上产生口碑广告效应和经济效益。⑦乡村旅游点的服务质量，应由旅游主管部门牵头食药监、质监、工商、卫生等部门进行监管，以保证从业者和游客双方的利益。旅游部门要指导旅游商品的设计、开发，帮助挖掘具有地方特色和民族特色的旅游商品提供给广大游客。

第十章

对策与建议

第一节　边疆民族地区民生问题的对策

2015 年 10 月 16 日中华人民共和国主席习近平在 2015 年减贫与发展高层论坛上的《携手消除贫困，促进共同发展》演讲中指出："消除贫困，自古以来就是人类梦寐以求的理想，是各国人民追求幸福生活的基本权利。第二次世界大战结束以来，消除贫困始终是广大发展中国家面临的重要任务。"习近平主席接着倡议，在与世界人民一道，加快全球减贫进程、加强减贫发展合作的同时，着力实现多元、自主的可持续发展。对于更好地保障和改善民生，习近平总书记在 2012 年 12 月中央经济工作会议上，提出"守住底线、突出重点、完善制度、引导舆论"的工作思路。"守住底线"就是要形成以保障基本生活为主的社会公平保障体系，织牢民生安全网的"网底"；"突出重点"就是要对重点群体和重点地区进行倾斜；"完善制度"就是要形成系统、全面的制度保障；"引导舆论"就是要促进形成良好舆论氛围和社会预期。这为进一步做好民生工作指明了方向，按照这个思路，结合国家政策与边疆民族地区民生问题的特点，本研究提出以下对策。

一　健全社会保障，保障人民的基本生活

社会保障体系是国家通过立法和国民收入再分配，对社会成员由于年老、疾病、伤残、失业、贫困、低收入等多种原因出现生存困难时提供基本生活需要的一系列政策制度。社会保障是民生的重要支柱，老有所养、失有所助、病有所医、困有所补、共享经济社会发展成果，是人

民群众的基本需求，是社会和谐稳定的客观要求。它被专家们称为经济可持续发展的“调节器”，社会发展的“减震器”，实现经济效率与社会公平的“平衡器”。党中央和国务院高度重视社会保障工作，党的十六届六中全会明确提出，到2020年基本建立覆盖城乡居民的社会保障体系。胡锦涛同志在十七大报告中提出，加快推进以改善民生为重点的社会建设。社会保障是社会安定的重要保证。目前，边疆地区以社会保险、社会救助、社会福利为基础，以基本养老、基本医疗、最低生活保障制度为重点，以慈善事业、商业保险为补充的社会保障体系基本完善，但受地方财力不足、保障水平偏低、个人自付比例较高等影响，使得参保扩面进展慢。对此，应大力发展社会保障事业，健全和完善广覆盖、多层次的社会保障体系，具体应抓好以下四个着力点。

（一）建立多层次的社会保障体系

中国国务院扶贫办主任范小建说，未来10年，中国将继续坚持开发式扶贫方式，把发展作为消除贫困的根本途径，把社会保障作为解决温饱的基本制度，完善社会保障体系，着力构建专项扶贫、行业扶贫、社会扶贫“三位一体”大扶贫格局。适应市场经济条件下就业结构的新变化，采取分类分层保障的方法，不断扩大社会保障覆盖面，尽快将非公有制经济就业人员、非正规部门就业人员、自主创业者等纳入社会保障体系，实现传统就业群体与新型就业群体的利益和谐。完善的社会保障体系不仅取决于覆盖范围的大小，而且取决于保障水平的高低。在扩大覆盖面的同时，不断提高社会保障水平，是广大人民群众共享改革发展成果的需要。从制度层面来讲，一是要按照权利与义务相对应、公平与效率相结合的原则，建立参保缴费与待遇挂钩的激励约束机制，鼓励人们参保缴费；二是要改变目前主要依靠基本保险、保障形式单一的局面，推进企业年金和补充医疗保险，发展商业保险和社会救助，建立多层次的保障体系；三是要建立保障费用正常增长机制，根据经济发展、职工工资、物价变动等情况，适时调整和提高保障水平。当然，保障水平的高低归根结底取决于经济发展水平。保障过高，就会超出经济发展水平和各方面的承受能力，实际上难以做到；保障过低，又难以保障居民的基本生活，社会保障的作用便不能得到有效发挥。

（二）坚持以人为本，提高社会保障管理服务水平

“以人为本”是社会保障工作的根本原则。要把为社会保障对象提

供优质的管理服务作为工作的出发点和落脚点，不断提高管理服务水平。一是抓好基础设施建设。加快公共服务设施和服务网络建设，通过建立社会保障服务中心、退休人员活动中心，搭建街道社区社会保障工作平台，提供贴近基层、贴近社会保障对象的管理服务。二是发展老年服务业。随着人口老龄化和家庭小型化趋势的发展，必须加快构建以居家养老为基础、社区服务为依托、机构养老为补充的老年服务体系。三是增强提供社会保障的能力建设。其核心是推进社会保障的规范化、信息化和专业化建设。特别是社会保险机构，要优化业务流程，规范服务标准，改善管理服务手段，不断提高管理效率和服务水平，通过真心、真情、真诚的服务，对社会保障对象“记录一生、跟踪一生、服务一生、保障一生”。

（三）统筹城乡社会保障制度建设

适应城镇化步伐加快的需要，统筹城乡社会保障制度建设，维护农村居民的社会保障权益，改变农村社会保障发展严重滞后的局面，使现代社会保障制度惠及广大农民群众；积极解决城镇化进程中的农民工和失地农民社会保障缺失问题，实现城乡利益关系的和谐。

（四）积极改革和发展医疗保障制度

扩大城镇医疗保障的覆盖面，推进农村新型合作医疗制度建设，逐步建立同经济发展水平相适应的全民医疗保障体系，切实解决城乡居民看病难、看病贵的问题，有效化解人民群众的疾病风险，促进医患关系的和谐。

二　加强均衡教育，发展科、教、文、卫等事业

（一）加强均衡教育

十八大提出：要坚持教育优先发展，把立德树人作为教育的根本任务，办好学前教育，均衡发展九年义务教育，普及高中阶段教育，加快发展现代职业教育。近年来，红河州学前教育、义务教育、高中阶段教育、职业教育均取得突飞猛进的发展，但仍然存在教育发展不均衡的问题：学前教育没有实现全覆盖，尤其是边远山区的孩子无法接受学前教育；“双语”教育师资力量短缺；职业教育落后，大量劳动者缺乏技能培训，仅能从事知识和技术含量较低的简单劳动；等等，影响全县社会

事业发展和民生改善。

（二）发展少数民族科教文卫等事业

（1）培养少数民族干部。大力培养少数民族干部，是实行民族区域自治、解决民族问题的关键。党和政府历来十分重视少数民族干部的培养，各地在工作中均放手使用和大胆提拔。

（2）在发展少数民族教育事业方面，国家坚持从少数民族的特点和民族地区的实际出发，积极支持和帮助少数民族发展教育事业。

（3）在发展少数民族科技事业方面，采取特殊措施，如重点培养、培训少数民族科技人员，在普通高等院校有计划地招收少数民族学生或举办民族班；帮助少数民族和民族地区引进人才和先进技术设备，扶植提高传统科技，提高经济效益等。

三　弘扬先进文化，引领思想变革

少数民族文化是中华文化的重要组成部分，是中华民族的共有精神财富。政府应通过各种政策措施，尊重和保护少数民族文化，支持少数民族文化的传承、发展和创新，鼓励各民族加强文化交流，繁荣发展少数民族文化事业。党的十八大指出：坚持贴近实际、贴近生活、贴近群众的原则，推动社会主义精神文明和物质文明全面发展，建设面向现代化、面向世界、面向未来的，民族的、科学的、大众的社会主义文化。作为少数民族地区，应当在大力弘扬现代文化的基础上，积极发展地方民族特色文化，丰富各族群众文化生活，用先进文化引领社会思潮、凝聚社会共识。

（一）尊重少数民族风俗习惯

我国各少数民族都有自己的风俗习惯，表现在服饰、饮食、居住、婚姻、礼仪、丧葬等多方面。国家尊重少数民族的风俗习惯表现在社会生活的各方面，政府对少数民族保持或改革本民族风俗习惯的权利加以保护。

（二）尊重和保护少数民族宗教信仰自由

在我国，宗教和民族有着紧密的联系。实行宗教信仰自由，是我们党在处理民族问题上的一贯政策。我国《宪法》规定："中华人民共和国公民有宗教信仰自由。"国家还采取很多措施，以保障少数民族信教群众正常的宗教生活。对佛教的庙宇、伊斯兰教的清真寺、其他宗教的寺庙和教堂以及各种文物古籍，应采取保护政策。

四　加快产业发展，致力消除贫困

边疆少数民族地区的基础建设还相对落后，招商引资难度大，缺少强大的产业支撑，农民相对比较贫困。提高农民收入、消除贫困，重点要在产业发展方面下功夫。应依托边疆地区优质环境资源，大力发展特色种植、养殖业，加大龙头企业引进，提高农民组织化程度，积极打造农产品品牌，提高农牧业的整体效益，带动农民增收致富。

（一）政府谨慎扶持，让产业接受市场考验

农牧产业起步阶段，政府可在企业引进、生产基地发展、农牧民合作组织建设、市场培育等方面给予大力扶持。产业发展有一定规模，放手让企业、农牧民合作组织自主经营，接受市场经济的考验，政府主要以规范、引导为主，不能当“保姆”，减少产业对政府的依赖，避免最终成为政府的负担。

（二）加强资源整合，规模化才会持续发展

近年来，各县（市）均立足各自优势，农业产业竞相发展，但大多规模不够大，许多相同产业在各县市各自发展，各自为政，各自发展水平均不高。若以地区为龙头，制订统一发展规划，整合各自优势，拧成一股绳，发展规模会大幅提高，会极大提高市场竞争力和市场占有率。同时，会节省大量宣传、市场培育资金。

第二节　城市发展与农村服务体系建议

一　发挥优势构建特色智慧型城市发展战略

（一）问题的提出

智慧型城市，又称“知识型城市”，是继“学习型城市”之后的一个重要的新概念，世界上越来越多的国家，把建设智慧型城市作为发展战略，努力赢取未来城市发展的主动权。自2007年以来，被广泛认可的智慧型城市有新加坡、美国的波士顿、西班牙的巴塞罗那、土耳其的

伊斯坦布尔、英国的曼彻斯特、澳大利亚的墨尔本等，我国的深圳也于2009年入围“世界上最受尊重的智慧型城市”。成功的智慧型城市具有这样一些特点：城市基础设施健全完善；以创新作为城市发展的主要动力；有完善的文化艺术基础设施；能广泛吸引人才等。红河州地处滇南低纬南亚热带高原季风区域，风光秀丽，地形相差悬殊，气候宜人，北回归线穿越境内，有种类繁多的生物资源；民族风情各异，世居哈尼、彝、苗、傣、壮、瑶、回、拉祜、布依9个少数民族，民族民间文艺丰富多彩，以可邑村为代表的、独特的彝族支系活文化形态，建水紫陶等别具一格的传统工艺，个旧阿邦等古文化遗址，东汉铜俑灯等国家一级文物中的稀世国宝，森林、水系、梯田和村寨等“四素同构”的哈尼梯田等文化景观，具有得天独厚的气候优势、地域优势、少数民族优势、边疆优势、国际化优势，可构建独特的红河州特色智慧型城市。

（二）构建智慧型城市的意义

（1）智慧型城市将成为未来城市发展的主流和航标。创建具有红河特色的智慧型城市，使我们红河的城市成为智慧的摇篮、创新的观念和先进文化的传播中心，是应对知识挑战和增强综合竞争力的必然选择，是建设创新型城市、建设全民学习和终身学习的学习型社会的重要内容，也是贯彻落实科学发展观、构建社会主义和谐社会的必然要求。

（2）党的十六大、十七大和十八大反复强调，要建设终身学习型的社会。建设智慧型、学习型、创新型的社会，是各级党委政府推动科学发展所面临的一项重要课题。无论是发达国家还是发展中国家，无论是北半球还是南半球，知识、人才、智力资本、学习、创新、制度、文化等要素，推动城市发展的作用日益凸显。传统城市向智慧型城市转型的重要性、紧迫性，引起了越来越广泛的关注。因此，智慧型城市的发展理念和发展战略，具有鲜明的时代特色和充分的历史合理性。

（3）建设智慧型城市是城市发展模型的重大创新。自20世纪80年代以来，科学技术迅猛发展，经济全球化进程不断加快。人类正逐步从工业社会向知识社会迈进，在人类生活的许多领域，知识已经成为最重要的战略资源。以知识为基础的知识经济，已经成为一种全新的经济形式。只有不断地强化以知识为基础的建设，进一步整合城市各种资源，加速城市转型和产业结构调整，全面提升人力资本的战略地位，才能促使城市全面升级，赢得竞争的主动权，保持城市的可持续发展。

（三）红河州构建智慧型城市的优势

红河州构建智慧型城市有得天独厚的五大优势：一是机遇优势；二是产业优势；三是区位优势；四是人文优势；五是生态优势。

1. 机遇优势

机遇优势主要是政策优势。从国家层面来看，国家实施西部大开发战略，国务院支持云南对外开放桥头堡建设，国家“兴边富民”、石漠化地区的扶贫攻坚等方面，给予云南省诸多突破性的大政策。这些政策只要能抢得先机，将可转化为巨大的能量。从云南省范围来讲，高原特色农业开发、三年产业建设年等，红河都是主力军和主战场。这样巨大的政策优势，构成了红河发展的巨大发展机遇优势。

2. 产业优势

红河州的产业优势自有鲜明的特色，与省内各州市相比，三大产业优势是领舞云岭的。一是烟草产业，二是重化工业，三是高原特色农业。这三大产业在全国仍处于先拔头筹的优势。

3. 区位优势

红河州的区位优势表现在地缘与交通两个方面。从地缘上看，红河靠近两大市场，一个与东盟大市场衔接在一起；另一个与广东、广西大市场将连在一起。交通方面，红河现在已基本形成铁（铁路）、公（公路）、机（机场）的综合立体交通格局，大通道格局雏形。这种地缘与交通优势正形成区位优势，进而趋向转化为经济优势。

4. 人文优势

红河州历史文化非常深厚，人文优势独领风骚，仅“三千四百年”文明就足以翔证。一个千年哈尼梯田、一个千年临安古城、一个千年建水紫陶，一个百年滇越铁路、一个百年开埠通商、一个百年云锡矿业、一个百年过桥米线，以云锡为代表的近代工商文明发轫于云南近代工业，跻身现代新型工业强列，登上国际舞台；以蒙自为代表的开埠通商打开云南百年对外开放之门。有西南联大分校旧址、国家历史文化名城建水及中国第二大孔庙、法国领事馆、哥胪士洋行等人文景观；参与监修《四库全书》的唯一滇籍官员尹壮图、为建水赢得文献名邦美誉的包见捷、清末经济特科状元袁嘉谷、著名数学大师熊庆来、清末云南金融业创始人王炽、黑虎将军张冲等历史文化名人，这些都是我们的人文优势。

5. 生态优势

红河州水系纵横、土地肥沃，植被丰富、物种富集，生物多样性特征明显，气候宜人，生态优势总体良好。

机遇、产业、区位、人文、生态是红河州现阶段最根本的、带动面更大、带动力更强、持续性更久的五大优势，是"中国梦"铺就红河路、建设"宜居红河·美丽家园"，到2020年与全国全省同步全面建成小康社会的支柱，是红河州最具持久魅力的文化软实力。

(四) 智慧型城市的路径构成

建设智慧型城市，有助于我们转变城市发展理念，实现城市发展模式创新，更加注重城市文化内涵和知识含量，借鉴国际上智慧型城市建设的先进经验，加快城市转型步伐，深化产业结构调整，走出一条具有少数民族特色和符合科学发展观要求的城市化、现代化的新道路。

1. 准确定位，建构城市愿景

城市愿景是大多数居民对于城市未来发展的期望。现有的智慧型城市（如墨尔本）的城市愿景为其智慧型城市建设提供了导航。愿景的编织要建立在现实可能的基础之上。准确的城市定位有利于加强经济发展累积因果循环效应，推动城市经济在原有路径上螺旋式上升。

2. 人力资本是构建智慧型城市的关键

吸引投资和人才是决定智慧型城市经济竞争力和社会竞争力的关键。人力资本的发展被视为从传统城市向知识驱动型城市过渡的重要手段。

3. 产学研集聚是构建智慧型城市的有效途径

产业集聚所具备的规模经济性、知识积累性、持续学习能力、社会网络联系，是城市可持续发展的关键。文化集聚能创造多样化的宽松环境，促进创新型企业集聚，形成和完善上下游产业链，刺激城市产业集群式创新，最大限度地激发城市创新活力，成为吸引知识型人才和投资的城市名片。产学研集聚和互动在众多智慧型城市发展过程中发挥了重要作用。

4. 终身教育学习和终身服务体系是智慧型城市的支撑

学习型社会要求学习的普遍化，包括学习型公民、学习型组织、学习型城市、学习型政党、学习型政府等内容。这就要求学习行为要具有实质性和长久性，即个人要终身学习和受教育，企业要不断学习和变革。这就要求建立各类教育相互沟通、相互衔接的终身教育制度，以及以覆盖城乡面向全体市民的终身学习服务体系做支撑。要实现学历教育之间、学历教育与非学历教育之间、正规教育与非正规教育之间的正向衔接和横向沟通。

当今社会知识更新周期不断缩短，知识更新步伐大大加快，知识资本的重要性日渐增强。红河州实施智慧型城市发展战略，有助于打造滇南中心城市、国家边疆重镇，有助于实现富民强州的中国梦红河路。

二　城市商业设施应优先规划建设

（一）存在的问题

按照州政府滇南中心城市蒙自核心片区现场办公会提出的要求，到 2014 年，蒙自核心区建成面积要力争达到 37 平方公里，城镇化水平达到 63% 以上，区域城市人口达到 30 万人以上，滇南中心城市核心区基本建成，在国家政策允许的前提下，要力争完成蒙自县的撤县设市工作。到 2020 年，建成区面积要力争达到 60 平方公里，城镇化水平达到 80%，区域城市人口达 50 万人以上。根据这一目标，蒙自掀起了新一轮城市建设高潮，几条主干道已经相继开工建设，规划的学校、幼儿园即将动工。可以想见，按照 2014 年的人口规划目标需求，将兴建大批的住宅小区。但是这些住宅小区能否吸引人群实际入住，使规划的区域城市人口预期目标实现呢？通过调查了解，我们认为，这主要取决于商业设施、学校布局的建设情况。目前，学校布局规划已经公布，考虑子女就近入学的人群已经可以选择住宅小区。但商业设施（主要是农贸市场、超市）规划、建设一直未见端倪，想就近解决日常生活需求的人群只能持观望态度，这也是目前已建成的很多小区已销售完毕但不见人入住的原因。

从现在已购置住宅的人群来看，主要还是以有工作的人群为主，购房者主要考虑工作和日常生活方便，不会把生活圈放得很大，能就近解决日常生活需要是首选。目前，凤凰路以西、红河大道以南、五大中心周边已建成的大批住宅小区、大型的商业服务设施极少，特别是提供日常生活的农贸市场、超市等商业设施几乎没有，即使有规划也不见动工。因为这些小区生活不方便，许多已购房者宁愿蜗居在老城区的旧房也不愿迁居新小区，要等生活方便才作考虑，在蒙自工作的周边城市人群宁愿每日奔波也要等小区生活方便才入住，这些都是蒙自人气不旺的原因之一。由于为小区服务的商业设施缺乏，许多商业服务无法开展，特别是以销售农产品为主的农民和小商贩不能到这些地方摆摊，小区居民的日常生活也就不方便。长此以往，将不利于通过消费带动经济发展，还将影响区域规划人口目标的按期实现。总之，有商业服务设施就能组织起商业服务活动，就能带动人口的增加，拉动消费的增长，人口增长了才能为核心区的各项建设打下基础。

（二）改进建议

（1）在新一轮城市建设中，商业服务设施（主要是农贸市场、超市）要规划先行、建设先行。对已规划的商业服务设施实行公示，让欲购房者有参考依据。

（2）规划的商业服务设施不要一味贪大求洋，以免影响招商引资，也不利于日后管理。除中心区规划建设大型商业服务设施外，其他非中心区可划小服务半径规划建设小型商业服务设施，或规划专门用地建设，或利用公共建筑的底层建设。

（3）对未规划建设商业服务设施的已建成小区，可利用不当街的空地建设或者租用附近符合条件的民房建设商业服务设施。

三　城市商业街区应统一对外招商

（一）问题的提出

随着个开蒙滇南中心城市建设步伐的加快，政府投资的各项城市基础设施建设不断铺开，城市道路不断向外延伸，城市规模不断向老城以外扩展，房地产开发商建设的住宅、商业街区也随着城市建设的需要快速建成，但这种城市建设快速发展的部分负面效应开始显现出来：由于支撑城市运转的人气和商业的氛围没有形成，已建成的住宅、商业街区没有商业规模，导致人气不旺，恶性循环，很多住宅和商业街区建成后少有人问津，使得城市新区变成了空城。纯商业街区更是冷清，蒙自的新天地商业步行街、风尚国际、顺风汽车城、个旧的大桥商业街等都是典型的例子。特别是蒙自新天地商业步行街是商业房地产开发的样板，中央、省和其他州市的领导来红河参观考察都到过这条商业街，但这条商业街已建成四年多时间，仍然冷冷清清，一片萧条景象，给红河的商业发展和对外形象造成极大的负面影响。通过笔者的调查了解，造成这种情况的原因如下。

房地产开发商在销售这些商业街区的房产时，没有为这些商业街今后的发展生存作长远考虑，只是为了促销夸大了商业街的投资效益，他们的资金回收后，对商业街区运行的好坏就不再花工夫了。而为管理商业街区成立的物管公司，也只能靠收取物管费维持运转，根本无力进行招商引资。商业街区的业主购买房产后就各自为政，不会像住宅小区那样成立业主委员会来监管房产和物管，没有形成一个统一的组织来牵头进行招商，业主由于与预期的收益期望值不一，根本无法组织成立统一机构来对商业街区进行管理，也不愿意出资或统一租金由现有的物管公司统一招商。由于宣传力度不够，很多区位优势很好的商业街区无人来投资，或者投资后人气不旺效益不好，买卖亏本只能关门大吉，致使许多商业街区建成多年后仍然萧条。

长此以往，将对滇南中心城市第三产业的发展产生制约，抑制红河州通过扩大消费拉动经济增长的步伐，影响房地产、第三产业等行业对滇南中心城市的资金投入，动摇对政府管理能力的信心，不利于滇南中心城市的长远建设发展。

（二）改进建议

据红河州统计局的统计资料显示，2015 年 1—8 月，全州经济继续保持平稳增长态势，工业生产、消费、财政收支稳定，投资保持较快增长，金融机构人民币存贷余额增速略有下降，总体上看经济下行压力依然存在，实现稳增长目标仍需付出艰苦不懈的努力。当前全州经济主要呈现以下特点：上半年，全州实现生产总值（GDP）471.78 亿元，按可比价格计算，同比增长 10.1%。其中，第一产业增加值 50.39 亿元，同比增长 6.0%；第二产业增加值 229.27 亿元，同比增长 11.9%；第三产业增加值 192.12 亿元，同比增长 8.8%。全部工业增加值 194.38 亿元，同比增长 11.0%；建筑业增加值 34.97 亿元，同比增长 18.1%。8 月末，全州金融机构人民币各项存款余额 1527.35 亿元，比上年同期增长 7.6%，增速比 1—7 月回落 1.7 个百分点，其中，住户存款

855.58 亿元，比上年同期增长 9.7%，增速比 1—7 月回落 1.2 个百分点。全州银行业融资余额 1245.26 亿元，比上年同期增速 17.1%，增速比 1—7 月回落 3.5 个百分点，其中，金融机构人民币各项贷款余额 954.44 亿元，比上年同期增长 10.9%，增速比 1—7 月回落 2.1 个百分点。从统计资料并结合红河州金融业的状况来看，成立地方商业已经具备条件并且十分必要。

（1）借鉴昆明等城市对商业街区发展的扶持办法，由州级有关职能部门负责，将滇南中心城市中运转不景气的商业街区统一纳入州级对外招商的盘子，在昆交会或者其他交易会上进行招商，在招商时注意选择规模较大的商业投资商，以带动其他小规模投资商的进入。如果方法可行，可扩大到全州的商业街区。

（2）由滇南中心城市的个开蒙三县市有关职能部门负责牵头，代表业主对这些商业街区进行经营管理，协调被连片承租的业主的统一租金定价（可通过中介机构评估确定）。

（3）对这些商业街区的经营活动给予一定时期的税费减免或优惠，先让它们的经营活起来。

（4）制定对房地产开发商的约束办法，对新开发的商业街区由房地产开发商负责商业街区的商业活动到成熟为止，以减少政府为此承担的负担。

四　深化农村供销社改革

党的十七大报告提出要“统筹城乡发展，推进社会主义新农村建设”，要“探索集体经济有效实现形式，发展农民专业合作组织，支持农业产业化经营和龙头企业发展”。红河州的农村供销合作社想在这一领域有所作为，就要充分利用这一有利政策，进一步加强农村供销合作事业的改革，在农村市场网络建设上下功夫，以完善农村社会化服务体系来促进自身的发展壮大。

（一）红河州供销合作社的现状

红河境内的供销合作事业始于民国抗日战争初期，新中国成立后，红河州的供销合作事业进入了一个崭新的发展时期，1978 年 1 月从红河州商业局分设后正式改名为红河州供销合作社。目前，全州供销合作社有14个行业管理机构，154个独立核算企业，108个基层供销社，1317个经营服务网点，拥有资产总额73250万元，所有者权益21574万元。供销合作社的改革与发展历程，曾有过计划经济体制下的辉煌，有过与国营商业"三合三分"的曲折发展，也有过在市场经济体制转轨过程中的阵痛和困惑。

面对濒临灭亡的困境，红河州供销合作社认真贯彻落实中央和省州党委政府关于深化供销合作社改革的精神，紧紧围绕把供销合作社真正办成农民的合作经济组织这一根本目标，在体制改革中求生存，在机制创新中谋发展，在服务"三农"中创佳绩。一是认真做好传统经营业务，确保农资化肥、农副产品、生活资料的供应，促进农副产品购销。二是全面完成企业产权制度改革，使企业改革市场化和职工身份社会化。三是借助州政府的补助承建创办了红河农产品信息网站和对农村农产品经纪人进行培训，促成农产品及时、顺畅交易，有效地帮助农民解决农产品"卖难"问题。四是参与和推动农业产业化经营，培育和发展具有辐射带动作用的龙头企业，创办商品试验示范基地。五是拓展经营服务新领域，培植新的经济增长点，通过转变经营方式，充分利用当地资源，利用闲置场地和设施，拓展旅游、典当、幼儿教育、家政服务等行业。六是发展"两社一会"新型农村合作经济组织，积极参与社会主义新农村建设。所谓"两社一会"是指农村专业合作社、综合服务社、专业协会。目前这一新型农村合作经济组织已遍布全州乡村，涵盖90万多户城乡居民，涉及种植、养殖、加工、销售、社区服务等诸多领域。

通过开展以上工作，把扭亏增盈作为各项工作的重中之重，采取"改革扭亏、经营扭亏、管理扭亏"三位一体的措施，层层落实目标责任制，加大企业管理力度，稳步推进和减少亏损额。

（二）供销合作社存在的问题和困难

1. 改革改制存留的问题

一是部分企业房产和地产确权认证的问题尚未得到彻底解决，个别县级供销社机关的历史遗留问题还没有得到妥善解决。二是全州供销合作社企业组织结构的调整未能与改制工作同步组织实施，改制企业的法人治理结构有待进一步完善，改制企业的合作制原则有待进一步贯彻。三是供销合作社企业发展思路有待进一步理清，发展后劲有待进一步加强，为农服务意识有待进一步强化，为农服务方式有待进一步创新。四是部分改制企业债往哪里摆和退休人员社会化管理的问题还没有得到根本解决。五是部分改制重组企业注册登记工作尚未完成。

2. 网站和农产品经纪人的问题

从红河农产品信息网站和农产品经纪人发挥的作用来看，网站的宣传推广力度不够，服务功能没有全部得到发挥，对农产品经纪人的重视还不够。网站的维护费和农产品经纪人的工作经费，州级财政没有纳入正常的年度预算，给今后的发展带来了很大困难。

3. 发展“两社一会”的问题

一是部分县市党政领导和供销社领导对发展这一新型农村合作经济组织的认识有待于进一步提高，没有把这项工作摆上重要议事日程；二是管理职能应进一步明确，部分地区还没有明确政府职能管理部门；硬性政策亟待制定，尚未制定相应的实施细则和办法；运作还有待于规范，在经济活动中暴露出来的一些问题亟待研究解决；三是工作还有一定差距。不仅发展数量不多（离供销社发展“两社一会”覆盖全州 1174 个行政村的要求还有较大的差距），而且县市供销社之间发展水平也存在较大的差异（北部七个县市发展较多，南部六县发展较少）；相当一部分新型农村合作经济组织的运行和管理机制还不健全，少数农村合作经济组织的活动开展也不够正常；多数专业合作经济组织的农产品加工和流通能力较弱，辐射带动能力不强，促进农民增收的效果也不太明显；各级政府对“两社一会”等新型农村合作经济组织给予的资金扶持力度不够。

（三）改进建议

（1）各级党委、政府要加强领导，把农村供销合作工作纳入议事日程，帮助供销合作社切实解决改革、改制过程中出现的问题。一是各级党委和政府要切实加强督促、协调工作，妥善解决供销合作社房产、地产确权认证、重组企业注册登记问题；二是研究、制定和出台专门政策，妥善解决供销合作社改制企业历史债务和退休人员社会化管理问题；三是政府应根据形势发展的需要，制定出台进一步加快供销合作社改革发展的意见，支持供销合作社推进以优化股权结构，完善法人治理结构，建立规范管理制度为主要内容的二次改革；四是帮助供销社进一步提高改制企业经营管理者和员工队伍的素质，增强其发展创新能力。

（2）加强红河农产品信息网的建设发展，对网站进行改扩建，增加基层信息站点，培训信息员，加强信息员队伍建设，促进网站市场化运作；制定农产品经纪人发展规划，壮大队伍，加大培训力度，进一步提高他们在农村经济建设中的地位和作用。将网站运行费用和农产品经纪人培训费用纳入财政预算。

（3）高度重视“两社一会”工作。一是切实加强领导。各级党委政府要从实践“三个代表”重要思想和解决“三农”问题的高度出发，把发展“两社一会”纳入农业社会化服务体系、农村经济发展和社会主义新农村的总体规划，列入议事日程，统筹安排，统一部署，认真组织实施，切实解决有关问题；成立州、县（市）人民政府发展“两社一会”工作领导小组，负责对全州“两社一会”工作统一协调、指挥和服务，并把发展“两社一会”工作纳入农村工作的目标考核，明确任务，兑现奖惩。二是强化政策支持。出台专门文件明确其法律地位、组织形式和运作方式，在财政、税收、信贷方面制定相应的扶持政策，享受国家对农业社会化服务组织和鼓励民营企业发展、扶持龙头企业发展的用地、用电、用水等优惠政策；简化“两社一会”注册登记手续和管理程序，减免注册登记费用；保护“两社一会”的资产。三是加大资金扶持力度，从农业和商业财政专项扶持资金以及供销社资产净收益中安排资金给予帮扶。四是制定和出台供销社引领“两社一会”发挥作用的意见，明确供销社对“两社一会”的管理职能。五是充分利用农民朋友对农村供销社历史形成的亲和感情，将商务部门正在开展的“万村千乡市场工程”与发展“两社一会”工作结合起来，通过两个政府职能部门的合作，把“两社一会”这一新型农村合作经济组织作为“万村千乡市场工程”的场地之一，解决商务部门物资进乡村、农村供销部门农产品出乡村难的问题。

第三节 企业发展与服务建议

一 加大中小企业征信体系的建设力度

（一）建立中小企业征信体系的必要性

2008年以来，导致全球经济危机的金融风暴使红河州众多的中小企业深受其害。为了帮助红河州受困的中小企业渡过这个难关，州委州政府出台了一系列扶持政策，还专门为中小企业融资难的问题召开了红河州首届州内企业招商暨银行业提升中小企业金融服务项目推介会。

中小企业融资难的问题有多方面的原因，为了逐步解决这些问题，中国人民银行根据国家有关规定，把建设中小企业信用体系作为解决中小企业融资难问题的突破口，依托企业征信系统，积极推动建立中小企业信用档案，切实帮助中小企业解决融资难的问题。征信就是信用信息服务，由第三方的征信机构依法采集、保存、整理、提供企业和个人的信用信息，满足从事放贷等信用活动的机构在信用交易中对客户信用信息的需要。同时，也在一定程度上为政府公共管理提供服务。征信体系是现代金融体系运行的基石，是防范金融风险，保持金融稳定，促进金融发展和推动经济社会和谐发展的基础。

建立中小企业信用档案是建设中小企业信用体系的基础工作。中小企业是国民经济的重要力量，但中小企业融资难严重制约着其发展。人民银行根据国家有关规定，把建设中小企业信用体系作为解决中小企业融资难问题的突破口，依托企业征信系统，积极推动建立中小企业信用档案。信用档案中的历史记录，是企业弥足珍贵的无形财富，它可以帮助银行和其他企业更全面、准确地了解本企业，进而为本企业的融资和其他经济交易提供便利；它可以充当信誉抵押品，减轻本企业在融资中实物资产抵押、担保的压力。许多已得到银行贷款的企业由衷地反映在申请融资时，请人吃饭，不如建信用档案。

红河州中小企业信用体系的建设工作已于 2007 年 4 月正式启动，但从实际情况来看，预期效果不明显。2008 年，全州登记的中小企业户数 9082 户，纳入中小企业信用档案户数 2131 户，申请办理信用贷款卡的企业户数 229 户，其中有信用贷款意向的 137 户，取得银行信用融资的企业户数 83 户，累计发放信用贷款 60658 万元。从上述数字来看，全州中小企业纳入信用档案的户数不到登记户数的 1/4，申请办理信用贷款卡的户数只占到登记户数的 1/40。2008 年 12 月末全州中小企业贷款余额已达 100 多亿元，但信用贷款所占的比例不到 1/10。也就是说，红河州目前大部分中小企业还没有建立信用档案，所贷款项主要不是通过信用贷款取得的。一方面中小企业贷款难，另一方面这种便利的贷款方式企业还没有普遍采用，究其原因，主要是对中小企业征信体系建设的力度不够。

（二）建立中小企业信用体系的相关法律法规、政策文件

（1）《中华人民共和国中小企业促进法》第十八条明确规定：国家推进中小企业信用制度建设，建立信用信息征集与评价体系，实现中小企业信用信息查询、交流和共享的社会化。

（2）《国务院关于鼓励支持和引导个体私营等非公有制经济发展的若干意见》（国发〔2005〕3号）第十九条明确规定：推进企业信用制度建设。加快建立适合非公有制中小企业特点的信用征集体系、评级发布制度以及失信惩戒机制，推进建立企业信用档案试点工作，建立和完善非公有制企业信用档案数据库。对资信等级较高的企业，有关登记审核机构应简化年检、备案等手续。要强化企业信用意识，健全企业信用制度，建立企业信用自律机制。

（3）发展改革委在《国家发展改革委关于印发贯彻落实国务院关于鼓励支持和引导个体私营等非公有制经济发展的若干意见重要举措分工方案的通知》（发改企业〔2005〕966号）文件中明确规定：建立适合非公有制中小企业特点的信用征集体系、评级发布制度以及失信惩戒机制，研究制定中小企业信用制度管理办法。（人民银行牵头，发展改革委、商务部、工商总局等参加。）

（4）原国家经济贸易委员会、国家工商行政管理总局、公安部、财政部、中国人民银行、海关总署、国家税务总局、中国证券监督管理委员会、国家质量检验检疫总局、国家外汇管理局《关于加强中小企业信用管理工作的若干意见》（国经贸中小企业〔2001〕368号）中明确规定：加强组织协调，实现中小企业信用监督管理的社会化。各级经贸、财政、金融、税务、工商、质量技术监督、海关、外汇管理、公安等有关部门，要探索建立部门间联合的信用信息征集与信用评价体系。要制定措施支持社会信用服务中介机构收集和汇总中小企业有关信用信息，充分利用计算机和网络等先进技术和现代化工具，在法律框架内，逐步建立信息分布、信息共享和网络化的信用体系，实现中小企业信用资料的查询、交流及共享的社会化。

（三）改进建议

（1）加强对中小企业征信体系建设的领导，由政府牵头，成立有

人民银行、各商业银行、负责中小企业管理的政府职能部门参加的领导小组，改变当前仅由人民银行领导此项工作所造成的势单力薄、工作局面难以大规模展开的状况。

（2）根据红河州金融改革推进的程度，适时成立州政府金融办公室，专门负责中小企业征信体系建设等政府与金融部门之间的日常服务协调工作。

（3）将中小企业征信体系建设纳入负责中小企业管理的政府职能部门的工作任务，由这些部门负责中小企业征信体系建设的推进工作。

（4）鉴于中小企业征信体系建设工作正在起步阶段，是一个新生事物和庞大的系统工程，政府相关职能部门和广大中小企业还有一个了解、熟悉、使用的过程，必须进行大力宣传，目前仅靠人民银行和各商业银行有限的专项经费，难以取得规模效应，建议由各级政府安排一定的专项经费，用于此项工作的宣传、服务。

（5）建设社会征信体系。加快建设以道德为支撑、产权为基础、法律为保障，覆盖政府、经济组织、中介和个人的社会征信体系。制定和完善社会信用体系建设规划纲要和诚信红河建设方案。探索建立公安、法院、工商、国税、地税、交通、人社等多个部门及金融、通信、邮政等公用事业服务单位信用信息共享平台，以及自然人、法人和其他社会组织统一社会信用代码制度。健全以各类企业和从业人员为重点的行业信用信息记录制度。积极开展信用个体、信用村、信用乡（镇）、信用县（市）建设。教育引导公民把诚实守信作为基本行为准则，加大媒体对不守法、不诚信行为的曝光力度。完善守法诚信褒奖机制和违法失信惩戒机制。

二　多方位支持非公企业应对危机

红河州的实体经济以非公企业占多数的中小企业为主，受金融危机的影响最深。它们是红河州就业的主渠道，如果企业停产或者倒闭，员工将大量流向社会，将给政府带来巨大的压力。为“保增长、保民生、保稳定”，政府出台了一系列的施救措施，支持非公企业发展。广大非公企业也积极履行社会责任，红河民建33户会员企业就积极响应民建省委的倡议，做到了“不裁员、不减薪、不欠薪”的共同约定。从红河州去年确定的各项目标任务仅外贸出口任务未完成的情况来看，可以说通过共同努力抗住了金融危机的冲击波，进入了专家所说的“后危机时代”。非公企业在这一时期的经营状况又如何呢？我们对部分企业进行了调查，从企业反映的问题来看，有些要有国家的大政策才能解决，有些只要当地政府伸出援手就能解决。

（一）企业反映的问题

1. 融资难的问题无根本改变

尽管融资环境正在不断改善，但由于银行体制原因，对于没有担保、没有资产抵押的企业，即使有项目，市场潜力大，也难以得到银行贷款。例如，红河唐人生物公司的二期建设项目需要投资6000万元，由于公司自有资金基本投入一期建设，二期建设所需的4000万元资金无担保、无抵押，无法取得银行贷款，只能暂停；金平天惠投资公司计划投资2300万元种植3千亩香蕉，土地租用手续已谈好，但公司资产仅够抵押2千亩所需贷款，另外1千亩只能放弃；短期需要资金的企业，即使有担保抵押，按照银行的规定批到贷款后，可能已经丧失商机。因为国有商业银行的贷款难贷，这些企业只能找贷款条件松一点的信用社贷，甚至借高利贷，导致融资成本高昂。

2. 改制不彻底影响发展

由于企业改制过程中有些政策不明晰，影响了企业的发展。例如，乍甸乳业公司目前使用的土地是国有划拨，公司改制时没有把土地纳入改制范围，土地权益不明晰，影响了企业的发展和引资合作，使公司规划的生态牛奶加工及基地建设项目受到严重影响；个旧振兴锡矿在整合矿山资源时被规定：要交销售收入的7%给云锡公司作管理费，并且矿产品只能低于市场价卖给云锡公司，这使企业很困惑。

3. 创业门槛高业务难扩展

允许非公企业投资的领域有限，在这些领域中竞争激烈，利润较低，很多企业都不断转行，但注册资本要求高、审批程序环节多、费用高等问题，对创业形成了巨大障碍。例如，蒙自腾胜酒店在经营有规模后，想再投资做酒店布草洗涤，计划注册成公司，但由于注册成公司要求太高，只好改注为个体，一定程度上影响了业务发展。另外，融资难也影响创业的意愿，想创业的人贷不到款，没有其他融资信息，只能打工或者吃低保。

4. 求助无门

非公企业数量众多，相关部门无法做到主动一一关心，很多企业对政府各部门的职能不了解，发生困难后不会找政府求助；由于宣传、沟通不够，大多数非公企业享受不到国家的有关专项扶持资金。目前，财政、发改、经贸、科技、农业、林业等部门都有这类资金，但大多数非公企业都不知情，还是老观念，认为只有国有企业可以享受。我们在帮助民建会员企业协调解决问题时，感觉这两方面的情况比较突出。

5. 负担重影响扩大再生产

从红河州公布的财政收入数与企业利润数等数据比较来看，企业承担的税费负担还是比较沉重的。另外，原材料价格上涨、劳动力成本上升等因素也使企业生产成本增加。虽然政府出台了一些减税减费、财政扶持措施，但范围有限、力度过小或者手续烦琐难以落实。有企业就因为申报手续太烦琐，放弃申请经济作物种植的有关政府补贴资金。

6. 只想“西瓜”忽视“芝麻”

有的地方政府对非公企业不热情，只想招商大企业，对主动来投资的非公企业很冷漠。有企业到某地投资种植经济作物，想借机做点公益事业并希望得到政府肯定，但请示报告很久也无答复，企业觉得不可理喻，打住了再扩大投资的念头，把资金转到了其他地方投资。其实，大企业能增加税收，小企业也能解决扶贫。

7. 只管眼前不顾大局

有些政府部门出台招商政策时没有作前瞻考虑，为了解决眼前的困境，对早已出台的政策出尔反尔，使企业的投资收益受损，企业上访又导致政府的信誉损害。

8. 有些服务部门职能不到位打击了投资者积极性

例如，由于电信、水电等垄断企业服务滞后，蒙自顺风汽车城的企业如果要安装电脑，需自己出 2 万元拉网线，水电的线路费也要自己出。汽车城已经有多家企业开业，但门前的道路仍未修通，给企业经营带来不便。一位从开远来开分店的老板说，在开远开店，需要任何服务，一个电话，不管是政府部门还是垄断企业的人，都会及时上门服务，而在蒙自不但办事效率低，有时候上门也无人理。

9. 非公企业自身软肋影响发展

红河州大部分非公企业属于家族制企业，管理粗放。随着企业规模逐渐扩大，技术逐渐升级，市场竞争日益激烈，家族制管理已越来越不适应企业发展的需要。

10. 有些不得不承担的社会职能也增加了企业负担

例如，个旧振兴锡矿为解决3000多名矿工子女就学问题开办的凤鸣小学，对在校的700多名学生基本实行义务教育，但由于对学生有一定收费，又是民办学校，所以国家给予义务教育阶段学生享受的“两免一补”政策无法落实，学校日常开支、教师的工资、学生在校所有费用已由企业承担近千万元，无形中增加了企业的负担。

（二）改进建议

1. 解决融资难

中小企业融资难的问题，国家老早就不断制定解决办法。由于我们国家的体制、金融政策、银行商业化运作、中小企业本身的问题等原因，国家要考虑金融安全，银行也要考虑央行政策、贷款安全和效益等因素，另外国家政策性银行的扶持也很有限。因此，要想靠国有商业银行来彻底解决这个问题不太现实。但可以根据国家的有关金融优惠政策来缓解这个矛盾。例如，大力发展小额贷款公司。红河州目前仅有10个名额，显然与红河州的经济实力和需要不匹配，要争取更多名额并为发展成民营社区银行或中小商业银行做好准备；多引进地区股份制银行。现在发达地区的股份制银行正在大力拓展跨区域业务，抓住机会多引资地区股份制银行；成立州的地方商业银行。红河州多年都是存款余额大于贷款余额，有实力的企业不少，参股成立自己的商业银行是可行的；加快中小企业征信体系建设。加强宣传，引导非公企业加入国家正在大力倡导的中小企业征信体系建设中来，它是手续简便的一个贷款渠道；充分利用政府举办的中小企业担保公司的信誉以及成立更多的民营担保公司，为更多的中小企业担保；引导条件好的企业组成联合企业上市融资。

2. 解决负担重和创业门槛高

国家进行宏观调控的一个政策就是税收政策，我们只能适应国家宏观调控的需要，不要对国家减少宏观税赋、放宽市场准入期望值太高，可以把自己权利内的税费减到最低或免除。例如：简化注册程序，提供创业申请一站式服务；减免初创企业的各种税费；对非公企业放低自己掌控的市场准入门槛；允许经营困难的企业暂缓缴税，缓缴养老、失业等社会保险费；减收或免除企业税外收费。创业能增加就业扩大内需，减少政府投入社会保障的资金，实际上是从另一个方面增加财政收入。

3. 增强政府和垄断企业的服务意识

对于有些乡、县政府甚至州级政府部门，建设服务型政府只是说说而已。就目前就业压力大的形式，政府不能抓大放小，任何形式的企业投资都会对政府有帮助，政府服务企业的良好口碑可以起到筑巢引凤的效应；出台招商引资政策要慎重，不能出尔反尔，换领导就换政策，影响政府信誉；政府应承担的社会职能不能推卸给企业，应该具体情况具体解决，即使是对非公企业，该享受的政策也要足额兑现；对有些国有垄断企业，政府的管理措施不到位，政府对它们的积极支持没有换来它们对地方经济的热心服务，是否可以将其纳入目标考核范畴，通过奖惩措施加强管理。

4. 争取政策扶持

中小企业在危机中受伤最重，受惠最小。有国家政策无法照顾到的原因，有企业自己不知道或不会争取的原因。相关职能部门要发挥纽带作用，为企业提供政策信息，帮助它们争取扶持政策，让企业享受政府给予的无偿资助、担保抵押、贷款贴息、招商引资、对外贸易等优惠政策；增加创业“贷免扶补”小额贷款数量，让更多有创业意愿者借助创业扶持金创业成功。

5. 指导非公企业走可持续发展道路

相关职能部门要像对国有企业一样指导非公企业制订发展规划，将其发展纳入国民经济和社会发展规划，加强政策引导和宏观指导，向它们提供更加广阔的发展空间。引导企业做好发展战略研究，向新技术型、开发型、外向型、生产型、社区服务型企业方向发展，走联合发展道路，尽快走上区域化、专业化和集团化的发展道路。引导企业加强与政府各职能部门的联系，以便发生困难时有求助渠道，有优惠政策时能及时享受。

6. 解决非公企业发展自身软肋的问题

由相关职能部门引导非公企业逐步建立现代企业制度，尽快走出家族式管理模式；建立规范的财务管理制度，诚实守信，树立良好的企业形象；通过技术改造、技术培训、科技创新、产业升级、提高产品科技含量来增强企业竞争力，从人才、品牌、技术等实力建设逐步实现企业的转型升级。

三 促成红河地方商业银行成立

（一）红河州金融行业分布状况

目前，红河州域内仅有4家商业银行、1家政策性银行、1家储蓄银行、1家信用社。这些银行中只有工商银行、农业银行、建设银行、中国银行四家国有商业银行和农村信用社经营存贷款业务，邮政储蓄银行目前只能开展存款业务，农业发展银行只经营政策性存贷款业务。根据国家金融政策的调整，红河州经济较落后的县都撤销了建设银行和工商银行的分支机构，在这些县现有的银行中，只有农业银行和信用社经营贷款业务，这是导致这些县贷款规模较小的原因之一。

（二）成立地方商业银行的必要性

据红河州统计局的统计资料显示，2015年1—8月，全州经济继续保持平稳增长态势，工业生产、消费、财政收支稳定，投资保持较快增长，金融机构人民币存贷余额增速略有下降，总体上看经济下行压力依然存在，实现稳增长目标仍需付出艰苦不懈的努力。当前全州经济主要呈现以下特点：上半年，全州实现生产总值（GDP）471.78亿元，按可比价格计算，同比增长10.1%。其中，第一产业增加值50.39亿元，同比增长6.0%；第二产业增加值229.27亿元，同比增长11.9%；第三产业增加值192.12亿元，同比增长8.8%。全部工业增加值194.38亿元，同比增长11.0%；建筑业增加值34.97亿元，同比增长18.1%。8月末，全州金融机构人民币各项存款余额1527.35亿元，比上年同期增长7.6%，增速比1—7月回落1.7个百分点。其中，住户存款855.58亿元，比上年同期增长9.7%，增速比1—7月回落1.2个百分点。全州银行业融资余额1245.26亿元，比上年同期增速17.1%，增速比1—7月回落3.5个百分点，其中，金融机构人民币各项贷款余额954.44亿元，比上年同期增长10.9%，增速比1—7月回落2.1个百分点。从统计资料并结合红河州金融业的状况来看，成立地方商业已经具备条件并且十分必要。

1. 成立地方商业银行是与红河州经济社会发展规模相匹配的需要

2008 年红河州的国民生产总值、州域内的工业总产值、进出口总值、财政收入、固定资产投资都达到了历史新高，这些数字表明红河州已经是名副其实的经济大州。但从金融业分布的情况来看，红河州又是一个小州，与省内外的其他民族自治州相比，与省内其他经济发展水平跟红河州相当的市相比，红河州金融业的发展都处于相对中下的水平，红河州金融业的发展与红河州经济社会发展的规模已经十分不匹配。这么多年来，除因历史沿革成立的银行和因政策扶持需要而成立的银行外，红河州没有其他商业银行的分支机构成立，原有的几家城市信用社和经济落后县的国有商业银行也因政策因素被改制和撤销了。很多有实力的、知名度较高的商业银行在红河州见不到，这些银行因有政策限制或以经济利益为中心，都不在州市设分支机构，但红河州经济社会的发展已经迫切需要更多的银行来支撑，红河州金融业的发展必须与红河州经济社会的发展相匹配，在目前其他商业银行不能或不愿入驻的情况下，成立自己的地方商业银行是比较可行的办法。

2. 红河州经济社会发展的速度需要有自己的银行

经济的大规模、快速发展需要有更多的资金支持，当然就更离不开银行的支撑。从统计资料来看，红河州 12 月的储蓄存款余额与贷款余额相当，也就是说，仅红河州居民的储蓄存款就能够满足红河州各商业银行目前的贷款规模，无须各银行再向上级行拆借资金来放贷。但从红河州的实际情况来看，却因为各家银行贷款规模较小，资金无法满足红河州经济社会发展的需要，导致许多行业的资金需求无法满足，而红河州的存款余额几乎超出贷款余额一倍，多余的资金还得拆借到州外，一方面红河州的资金需求无法满足，另一方面多余的资金又要向外拆借，形成了资金供需的矛盾。红河州饱受非议的几条高等级公路的修建都因资金缺乏无法按时完工或开工，很多经营很好的中小企业因得不到资金的支持，面临停工或倒闭，其他因资金原因导致困难的情况也很多。受贷款规模的控制，各家银行也是心有余而力不足，政府和银行都受困于这个问题。通过成立地方商业银行，增加贷款规模，缩小贷款余额与存款余额之间的差距，将自己的钱用于自己的建设上，可以进一步缓解资金供需的矛盾。

3. 维护金融秩序也需要自己的银行

银行不多，贷款规模小是导致经济、金融案件发生的原因之一。由于在银行贷不到资金，许多小企业只有到地下钱庄借高利贷进行经营，虽然目前国家对地下钱庄不再采取高压政策，但如何引导其守法经营也还是空白，由此导致了许多经济案件甚至刑事案件发生。所以增设金融机构，特别是在经济落后的县增设金融机构帮助中小企业和居民解决融资困难很有必要。目前只有成立地方商业银行并扩展其机构到各县市才能解决这些困难。

4. 成立地方商业银行的政策许可

根据《中国银行业监督管理委员会中资商业银行行政许可事项实施办法》“机构设立”的规定，成立股份制商业银行法人机构的条件包括：注册资本为实缴资本，最低限额为10亿元人民币或等值可兑换货币；地方政府不向银行投资入股，不干预银行的日常经营等；发起人可以是境内非金融机构。成立城市商业银行法人机构的条件包括：应设立在地级以上城市，注册资本不低于1亿元人民币，且为实缴资本；申请人应当是合并重组后的城市信用社股份有限公司。

从成立地方商业银行的有关规定来看，红河州要成立注册资本较低的城市商业银行，必须要由合并重组后的城市信用社股份有限公司来申请，由于红河州城市信用社早已改制合并入农村信用社，通过城市信用社股份有限公司来申请成立城市商业银行也不可能。那么，只能从成立股份制商业银行方面来考虑。另外，从我国去年应对金融危机的政策来看，成立地方商业银行符合国家金融产业发展的政策，通过积极的申请，相信国家能够按照政策规定给予批准。

（三）申办地方商业银行的条件分析

1. 经济条件分析

红河州经过多年的发展，特别是近几年来，通过国有企业改制，扶持民营企业的发展，经济形势蒸蒸日上，虽然目前金融海啸正在影响红河州的各行各业，但红河州出台的各项应对措施已经生效，2008年的各项经济指标基本都按期望完成，支撑红河州经济发展的主要国有企业仍然有发展后劲，以红河烟厂、云锡公司、红磷公司、解化厂等为代表的一大批国有企业仍有盈利，这就为我们创办地方商业银行提供了先决条件，因此可以由这些企业作为主要股东发起成立股份制性质的地方商业银行。按照成立股份制商业银行注册资本的最低要求，仅仅这些国有企业的出资就已经完全可以解决资本金的问题，当然还可以吸收更多的企业参股。

2. 前景分析

从红河州存款余额大于贷款余额的现状来看，吸收存款不困难，红河州银行业的布局面较窄，经济落后县的布局更少，吸收存款更容易，收支不断增长的财政资金更是地方商业银行运营的重要保证，而红河州效益好、资金需求旺盛的中小企业也很多，银行的效益是有保障的。目前红河州固定资产、工商企业的投资都处于高峰期，资金需求巨大，加上当前鼓励消费扩大内需的政策，都是成立银行很好的时机，只要有贷款规模和对贷款的有效管理，就能保证开局良好，待形成稳定经营策略后，就能平稳或快速发展。

3. 地方商业银行成立后的政府监管

按政策规定，地方政府不得向地方商业银行投资入股，不干预银行的日常经营，所以地方商业银行的业务监督管理只能由银监局、中国人民银行负责，政府需要进一步做好服务协调工作，使政府与金融部门之间形成长效的联动机制。为此，建议州政府设立红河州金融办公室，协调、组织有关部门对地方商业银行进行管理，协调地方商业银行各股东之间的关系。金融办公室还应负责协调制订地方金融及金融产业发展的中长期规划和工作计划；协调、支持和配合各类金融监管机构对各银行、证券、保险等金融机构及行业自律组织的监管，负责地方政府与金融机构的联系，做好衔接协调和信息交流工作，协调解决金融业发展中应由地方解决的矛盾和问题；组织协调防范化解和处置地方金融风险，整顿与规范金融秩序，配合有关部门查处和打击非法金融机构和非法金融业务活动，协调各有关职能部门共同加强社会信用建设，维护金融秩序，促进红河州金融业安全、稳健运行。

成立地方商业银行与红河州经济社会发展的现状相匹配，与红河州目前的经济发展形势相适应，将是红河州经济社会发展的一个新亮点，所以应抓住机遇促成其尽快成立。

四 传承创新紫陶工艺，有效利用紫陶资源

（一）建水紫陶的发展情况

建水紫陶采用当地得天独厚的红、黄、紫、青、白五色土配制，经过书画、雕刻、填刮、烧炼、磨光等工序，陶器色泽深紫，花纹雪白，叩声如磬，其中深黑嵌白者，尤为上品。建水紫陶自宋末年间便开始生产，历史上有宋有青瓷，元有青花，明有粗瓷，清有紫陶的说法，是与江苏宜兴陶、广西钦州陶、四川荣昌陶齐名的四大名陶。建水紫陶品种繁多，造型大多古朴典雅，别具一格，色调为红底白花和黑底白花或白底红、黄、蓝花等，装饰上采用刻画雕填。生产工艺上采用无釉磨光，即坯体不上釉，烧成后只需打磨、抛光，产品就清新光洁，一旦敲击铿锵有声，形成了有别于其他陶器的独特之处。2008 年，建水紫陶制作工艺被国务院列为第二批国家非物质文化遗产。2010 年 8 月，建水成功申报中国名陶之乡。建水紫陶经历了清、民国的鼎盛，现在借“中国名陶之乡”之名，必将全面提升在国内外的知名度，更好地促进紫陶工艺的传承与创新，形成独特的地方风格，带动建水制陶行业的进一步发展。

建水紫陶工艺以书画镂刻、彩泥镶填为主要手段，集书画、金石、镌刻、镶嵌等装饰艺术于一身，经填充彩泥、修坯、风干、入窑焙烧、分次打磨后，呈现出斑驳陆离的肌理变化，产生出古拙斑斓的金石之气，加上独创的“残贴”和“淡艳”装饰工艺，使其制陶工艺独一无二，因此，工艺基本靠传承，所以产生的大师有限，由于建水紫陶产业未形成规模效应，虽有名气但经济效益不明显，加上工艺技术难学，愿意从事紫陶制作的人员不多，出师的学徒很少，能满足国家、省中高级职称评定条件的从业者有限，导致大师级的人才队伍未能壮大，目前有职称、有影响的人才中大都年龄偏大，中青年较少，从业的中青年主要从事初级工艺活，很难有机会学到大师的真功夫，使建水紫陶工艺的传承和创新受到了影响。另外，由于各方面的原因，政府在培植紫陶业全面发展方面还有疏漏，侧重于名声宣传、产品推广、效益效应，忽视了人才培养。如果仅靠大师的传帮带来传承制陶工艺，将很难使这一工艺发扬光大，创新开发利用也就有限。

（二）建水紫陶发展中存在的问题

作为“中国四大名陶”的名品、国家非物质文化遗产的紫陶工艺以及“中国名陶之乡”的建水，虽然历史悠久，陶品有名，但由于种种原因，独特的紫陶资源优势没有被充分发掘，紫陶资源的有效利用仅处于初级水平，相对于丰富的紫陶土资源和极具特色的紫陶产品来说，未能给建水带来规模的经济效益和社会效应，近几年虽承载盛名，但经过几年的发展也还是处于小打小闹的境地，到2010年的产值只有6000多万元，从业人员只有2000余人，为建水县创造的财富和就业机会几乎被忽略。究其原因，仅凭建水一县之力单打独斗，难以在资金投入、产业建设、人才培养、产品标准、对外宣传营销、资源整合利用等方面有所作为，只有得到上级各部门的大力支持才能使建水紫陶获得提速发展。

建水紫陶的原料主要取自碗窑村附近的陶土，县境内的优质陶土储量有2000万吨之多。但笔者在碗窑村调研乡村旅游时了解到，对紫陶土的开采基本处于无序状况，且滥用紫陶土，村内的制陶庄沿村随意分布，导致村内环境脏、乱、差，污染严重，与中国名陶之乡的称谓极不相称。在部分制陶庄我们也了解到，制陶庄也为无序开采、浪费紫陶土担忧，担心长此以往将使碗窑村内及周边山体地质环境受到严重影响，产生严重的地质灾害，影响到碗窑村正在发展的制陶经济。从长远看，无序开采将耗尽优质紫陶土，影响建水紫陶产业的持续发展，使紫陶制作工艺这一国家非物质文化遗产无法发扬光大，使中国四大名陶之名淹没于历史。2010年10月中央电视台就报道了江苏宜兴由于无序开采紫砂泥，使地质环境受到严重破坏，当地政府不得不封停开采紫砂泥的矿井，由于封停矿井导致谣传紫砂泥枯竭，加上炒作，紫砂泥和紫砂壶价格一路暴涨，使很多依靠紫砂陶为生的农民、小作坊受到冲击，严重扰乱了宜兴的紫砂陶产业经济，这一事例值得正在发展的建水紫陶业注意。

（三）改进建议

（1）鉴于建水紫陶的特殊制陶工艺依靠传承，制陶工艺耗时难学，而有影响的制陶艺人大都年事已高，急需培养新人。为紫陶产业的长远发展着想，政府应出面组织制陶工艺的传承工作。在鼓励老艺人传授技艺的同时，要倡导制陶工艺的创新，使建水紫陶工艺既保持特色优势又能适应时代发展的需要。应充分利用建水紫陶工艺的唯一性，建立自己的人才评价体系。对从事初级工艺活的从业人员，应鼓励业主从相应专业的职业教育生中聘用，合格者由相关部门颁发从业资格证，既能从产品初级阶段提升质量又能解决大批的学生就业；对中高级职称者也应鼓励、协助其继续深造，并通过各级政府相关部门制定以建水紫陶工艺为标准的中高级职称评价体系，壮大中高级人才队伍，带动促进建水紫陶产品档次的提升和知名度的扩宽。

（2）将建水紫陶以知名品牌的标准进行打造，尽快制定出台建水紫陶的工艺、产品等行业标准，把建水紫陶标准打造成全国的、世界的标准，使建水紫陶在商标、质量等方面体现出唯一性，像云锡公司的大锡产品标准就是中国标准与世界标准一样，以此确保建水紫陶的质量，保护好建水紫陶的特色工艺和品牌。

（3）制定紫陶土开采的管理办法，要把紫陶土作为特有矿产资源，实行特许、有序的保护性开采，以保证紫陶产业经济不受紫陶土开采的影响。对因开采紫陶土而破坏的地质环境要及时整治，防止出现群死群伤的地质灾害。

（4）抓紧建设规划中的建水紫陶园区，将碗窑村的制陶庄全部迁入园区。对碗窑村的环境和进村道路进行整治，建设成以紫陶博物馆、紫陶体验区为特色的乡村旅游点。

（5）紫陶园区要有艺术陶、生活工业用陶等分类区域，使紫陶能有高端艺术品、产业化产品等多方面的发展。政府要出资重点扶持紫陶园区有前途的制陶企业、制陶庄，通过做大做强这些企业、陶庄来淘汰工艺落后、无发展前途的企业、陶庄，以达到有效利用紫陶土、实现紫陶产业经济规模化的目的，使紫陶产业持续发展成为建水县文化产业的支柱产业。

本章小结

首先，本章对边疆民族地区的民生问题提出对策，包括健全社会保障，保障人民基本生活；加强均衡教育，发展少数民族科教文卫等事业；弘扬先进文化，引领思想变革；加快产业发展，致力消除贫困。

其次，本章对城市发展与农村服务体系提出具体建议：①发挥优势，构建特色智慧型城市的发展战略；②城市商业设施应优先规划建设；③城市商业街区应统一对外招商；④深化农村供销社改革，完善农村社会化服务体系。

最后，从以下四个方面对企业发展与服务提出建议：①扩大中小企业征信体系；②多方位支持非公企业应对“后危机时代”的影响；③促成红河地方商业银行的成立；④传承创新紫陶工艺，有效利用紫陶资源。

附　　录

附录1　红河州体彩销售情况及问题调查问卷（彩民部分）

尊敬的彩民：

您好！我们是红河州文化体育局委托的体育彩票销售情况调查员。我们将对红河州体育彩票的销售情况和存在的问题进行详细调查，目的是了解红河州体育彩票事业的基本情况和存在的问题，更好地为体彩事业服务，促进体彩事业更进一步发展。请您抽出一点时间配合我们的工作，对下列的问卷进行回答。我们对您的热情配合表示最真挚的感谢！

云南省体育彩票管理中心红河销售管理部

说明：请在相应选项上打“√”。

1. 您是抱着什么心态购买彩票的？

A. 想中大奖　　B. 个人喜好，不一定非要中奖

C. 偶尔玩玩　　D. 为体育公益事业做贡献

E. 其他________

2. 您购买彩票的最主要方式是？

A. 一个人购买　　B. 与其他人联合购买

C. 网上购买

3. 您一般在一天当中什么时间购买彩票？

A. 8—10点　　B. 10—12点

C. 12—14点　　D. 14—17点

E. 17—20点

4. 您希望体育彩票销售点提供哪些设施和服务？（可多选）

A. 可上网的电脑　　B. 开奖号码走势图

C. 完备及时的投注参考资料

D. 投注技巧分析　　E. 其他________

5. 您通常从哪些渠道获得彩票信息？（可多选）

A. 开奖节目　　B. 手机短信

C. 网站公告　　D. 报纸公告

E. 电台播报　　F. 网点公告

G. 其他________

6. 您喜欢哪种类型的品种？（可多选）

A. 排列 3　　B. 排列 5

C. 七星彩　　D. 足球彩票

E. 超级大乐透　　F. 竞彩

G. 其他________

7. 您知道体育彩票公益金的用途吗？

A. 非常清楚　　B. 知道一些

C. 不知道

8. 您认为目前的体育彩票销售点怎么样？（可多选）

A. 形象统一　　B. 服务热情

C. 设施完备　　D. 资料齐全

E. 图表清晰实用　　F. 销售员训练有素

G. 销售点分布广便于购买

9. 您认为制约购买彩票的最大因素是什么？

A. 经济能力因素　　B. 思想认识因素

C. 管理部门的服务意识　　D. 销售网点的服务意识

E. 其他________

10. 您每月花在彩票上的钱是多少？

A. 50 元以下　　B. 50—100 元

C. 100—200 元　　D. 200—500 元

E. 500 元以上

11. 您是抱着什么样的心态去购买彩票的？

A. 有奖幸运，无奖奉献　B. 中大奖

C. 碰运气　D. 消遣娱乐

E. 其他

12. 您对体育彩票点的增多有什么看法？

A. 很有必要　B. 有一点必要

C. 没必要　D. 与我无关

13. 您对体育彩票的开奖信息与具体种类等有了解吗？

A. 很了解　B. 比较了解

C. 了解一点点　D. 不了解

14. 您认为购买彩票是种投资方式吗？

A. 是　B. 否

15. 您认为体育事业的发展与中国体育彩票有较大关系吗？

A. 是　B. 否

16. 在现实生活中，您觉得体育彩票事业的发展对您身边的体育设施的建设等是否带来了积极影响？

A. 是　B. 否

17. 您比较满意体育彩票服务体系中的哪一项？

A. 接待彩民　B. 购买方便

C. 咨询服务　D. 满足彩民投诉

18. 您一般多长时间购买一次体育彩票？

A. 天天购买　B. 一周几次

C. 一月几次　D. 时间不一定

19. 您觉得相关管理部门需要对彩民提供哪些方面的服务？

附录2　红河州体彩销售情况及问题调查问卷（业主部分）

尊敬的业主、销售员：

您好！我们是红河州文化体育局委托的体育彩票销售情况调查员。我们将对红河州体育彩票的销售情况和存在的问题进行详细调查，目的是了解红河州体育彩票事业的基本情况和存在的问题，更好地为体彩事业服务，促进体彩事业更进一步发展。请您抽出一点时间配合我们的工作，对下列的问卷进行回答。我们对您的热情配合表示最真挚的感谢！

云南省体育彩票管理中心红河销售管理部

说明：请在相应选项上打“√”。

1. 您销售的彩票类别是？

A. 体彩　B. 福彩

C. 体福兼营

2. 您的营业时间是？

A. 8：00—17：00　B. 8：00—20：00

C. 9：00—20：00　D. 9：00—22：00

E. 其他________

3. 您所在工作区域最受欢迎的体育彩票是（多选题）？

A. 排列 3　B. 排列 5

C. 七星彩　D. 足球彩票

E. 超级大乐透　F. 其他（________）

4. 与福彩相比，您认为体育彩票的主要优势有哪些？（多选题）

A. 中奖率高　B. 简单易懂

C. 玩法独特　D. 开奖频率高

E. 宣传到位　F. 其他________

5. 下列因素中，您认为哪些是影响体育彩票销售的关键因素？（多选题）

A. 中奖率　B. 广告宣传

C. 营业员介绍　D. 简单易懂

E. 习惯性购买　F. 娱乐性

G. 刺激性　H. 其他________

6. 统一规范的形象设计对于提升彩票形象与信誉非常重要。您所在城市的彩票经营网点在以下哪些方面达到了统一规范？（多选题）

A. 彩票标志　B. 零售点的外观设计

C. 销售员的服装　D. 各类宣传品的制作

E. 其他________

7. 您认为推广统一规范的形象在具体操作过程中存在哪些困难？

A. 缺乏统一的上级调控规划

B. 不符合销售网点的实际情况

C. 需成本投入，销售网点积极性不高

D. 其他________

8. 您希望体育彩票今后的品牌宣传工作中在下列哪个方面进一步发展？（多选题）

A. 增加销售点方便彩民

B. 丰富玩法品种

C. 多举行派送活动

D. 提高服务质量，公益金使用情况及时向社会公布

E. 组织投注技巧交流会

F. 体育彩票的销售、计奖、开奖等环节更加透明

G. 统一销售点形象

H. 其他________

I. 帮助彩民了解体育彩票

9. 您认为哪些方法与技巧能提升您店的彩票销量？

A. 沟通与交流　　B. 心理暗示

C. 营造良好的氛围、提供规范的服务

D. 合适的彩票搭售　　E. 掌握专业知识，了解彩民需求

10. 您认为影响体彩销售量的最大问题是什么？

A. 管理中心的服务滞后　　B. 品种玩法不丰富

C. 店面服务滞后　　D. 彩民购买力不足

E. 其他________

11. 体彩管理中心给销售点下的任务量合理吗？

A. 非常合理　　B. 合理

C. 一般　　D. 不合理

E. 非常不合理

12. 体彩管理部门给销售网点规定销量是否违背体彩事业的自愿购买原则？

A. 是　　B. 否

13. 您网点的机子常出现问题吗？

A. 常常　　B. 有时会出现

C. 没有出现过

14. 您的网点需要服务时，上级管理部门能上门服务吗？

A. 能　　B. 能，但往往不及时

C. 不能

15. 您对销售代表的服务态度是否满意？

A. 非常满意　　B. 比较满意

C. 一般　　D. 比较不满意

E. 非常不满意

16. 您认为销售代表的送票是否及时？

A. 非常及时　　B. 比较及时

C. 一般　　D. 比较不及时

E. 非常不及时

17. 您对体彩销售有何建议？

附录3　红河州物业管理专题调研问卷A（部分）

（各县市物业管理行政主管部门填写）

各县市住建局：

为做好调研课题——关于开展红河州物业管理专题调研课题的调研工作，进一步加强行业行政监管，促进我州物业管理健康发展，州政府现开展全州物业管理相关问题综合调查。请您按照要求填报。

问卷填写说明：

1. 填写人要求：请物业管理相关科室负责人填写；

2. 请在合适的答案序号前打“√”，或在____上填写您的看法；

3. 如无特殊说明，每一问题仅一个答案。

第一部分　关于物业管理的定位

Q1. 您认为，物业管理行业在我州国民经济与社会发展中的地位如何？

1. 完全不重要　2. 不重要
3. 比较不重要　4. 不确定
5. 较重要　6. 重要
7. 非常重要

Q2. 您认为，目前我州物业管理市场秩序如何？

1. 非常规范　2. 比较规范
3. 不确定　4. 不规范
5. 非常不规范

Q3. 您认为，目前我州物业管理法规执行的难易程度如何？

1. 非常容易　2. 比较容易
3. 不确定　4. 比较困难
5. 非常困难

Q4. 您认为，目前我州居民“花钱购买物业管理服务”的市场消费意识如何？

1. 非常高　2. 比较高
3. 不确定　4. 比较低
5. 非常低

Q5. 您认为，目前我州物业管理在省内同行中的地位如何？

1. 处于绝对优势地位　2. 处于相对优势地位
3. 不确定　4. 处于相对弱势地位
5. 处于绝对弱势地位

Q6. 您认为，我州物业管理行业发展最主要的经验是什么？

1. 政府的重视和政策扶持　2. 健全的法规和制度体系
3. 较为成熟的市场机制　4. 其他（请注明）：________

Q7. 您认为，目前我州物业管理行业发展存在的主要问题是什么？（最多选两个答案）

1. 居民的物业服务消费意识普遍不高，或者对物业管理理解不够
2. 物业管理服务产品缺乏综合竞争力
3. 物业管理市场价格机制和竞争机制有待健全
4. 物业管理行政监管职能有待调整
5. 物业管理法规难以得到切实执行
6. 其他（请注明）：________

Q8. 您认为，未来五年我州物业管理行业的发展战略主要应包括哪些？（最多选两个答案）

1. 重新定位和诠释物业管理
2. 转变企业经营管理模式
3. 完善物业管理市场机制
4. 提升行业的社会地位
5. 提升物业管理服务产品的竞争力
6. 其他（请注明）________

……

附录4　红河州滇南中心城市群轨道交通项目建设访谈提纲

1. 您认为本规划的实施是否能全面改善滇南中心城市群的交通环境？
2. 您认为本规划的实施对当地经济的发展是否有利？
3. 您认为本规划所设计的线路是否合理？
4. 您认为城区线路采用现代有轨电车是否适宜？
5. 如果城区内也采用架空线供电方式，您认为是否影响景观？
6. 您认为本规划的实施中，施工期及建成后会带来哪些负面影响？
7. 您认为该项目还应增加哪些污染防治措施？
8. 您是否赞同本规划？
9. 您对本规划的环境保护还有哪些其他要求？

参考文献

中文文献：

[1]［美］丹尼斯·米都斯等著：《增长的极限》，李宝恒译，四川人民出版社1983年版。

[2]［美］德内拉·梅多斯、乔根·兰德斯、丹尼斯·梅多斯：《增长的极限》，李涛、王智勇译，机械工业出版社2013年版。

[3]［美］朱利安·林肯·西蒙著：《没有极限的增长》，黄江南、朱嘉明编译，四川人民出版社1986年版。

[4]［美］朱利安·林肯·西蒙著：《资源丰富的地球》，武夷山译，科学技术文献出版社1988年版。

[5] 安虎贲、杨帆、杨宝臣：《基于DPSIR模型的林业资源型城市可持续发展评价研究——以伊春为例》，《科技管理研究》2015年第5期。

[6] 白福臣、赖晓红、肖灿夫：《海洋经济可持续发展综合评价模型与实证研究》，《科技管理研究》2015年第3期。

[7] 曹阳、甄峰：《基于智慧城市的可持续城市空间发展模型总体架构》，《地理科学进展》2015年第4期。

[8] 曾丽丽：《民生问题的唯物史观基础》，中共中央党校硕士学位论文，2012年。

[9] 曾晓霞等：《基于能值定理的生态足迹模型修正研究——以长沙市为例》，《中国环境科学》2015年第1期。

[10] 陈村子、毛子骏：《资源约束下城市基本生态控制模式分析与设计》，《中国行政管理》2015年第3期。

[11] 狄乾斌、韩雨汐、高群：《基于改进的 AD-AS 模型的中国海洋生态综合承载力评估》，《资源与产业》2015 年第 1 期。

[12] 董磊磊：《边境民族社区民生问题研究》，云南师范大学硕士学位论文，2013 年。

[13] 董一冰、焦宇：《建国初期刘少奇关于民生问题的探索——基于民生视角的〈建国以来刘少奇文稿〉解读》，《毛泽东思想研究》2013 年第 4 期。

[14] 樊启祥等：《可持续发展视角的中国水电开发水库移民安置方式研究》，《水力发电学报》2015 年第 1 期。

[15] 付蓓、韦怀远：《改革开放以来广西民族地区民生建设的实践研究》，《湖北民族学院学报》（哲学社会科学版）2012 年第 4 期。

[16] 高庆彦等：《基于熵思想的民族区城市生态系统研究——以云南省 16 个市州为例》，《地域研究与开发》2015 年第 2 期。

[17] 何巍：《高校文化艺术资源服务民生策略研究》，《大众文艺》2013 年第 20 期。

[18] 何玉长：《中国经济学 60 年的经验总结：民生问题是中国经济学之根本问题》，《西北大学学报》（哲学社会科学版）2009 年第 3 期。

[19] 胡放之、李良：《城镇化进程中民生改善进程问题研究——基于湖北城镇化进程中低收入群体住房、就业及社会保障的调查》，《湖北社会科学》2015 年第 2 期。

[20] 黄茄莉：《国际可持续性评价方法研究进展与趋势》，《生态经济》2015 年第 1 期。

[21] 贾首杰等：《基于脱钩分析方法的能源足迹与经济发展的关系研究——以河南省为例》，《甘肃农业大学学报》2015 年第 2 期。

[22] 景思源、庄晓惠：《社会转型期民生问题视角下的政府责任缺失浅析》，《东南大学学报》（哲学社会科学版）2014 年第 S1 期。

[23] 劳凯声、李孔珍：《教育政策研究的民生视角》，《教育科学研究》2012 年第 12 期。

[24] 李春梅、孟蓉蓉：《基于民生问题导向的基层政府行政责任研究——以温州市为例》，《决策咨询》2012 年第 6 期。

［25］李国君：《生态文明视野下的民生问题研究》，天津财经大学硕士学位论文，2012 年。

［26］李建群、刘晓勇：《西方左翼两种典型的可持续发展研究范式》，《中国人民大学学报》2015 年第 3 期。

［27］李龙熙：《对可持续发展理论的诠释与解析》，《行政与法》（吉林省行政学院学报）2005 年第 1 期。

［28］李秋成、周玲强、范莉娜：《社区人际关系、人地关系对居民旅游支持度的影响——基于两个民族旅游村寨样本的实证研究》，《商业经济与管理》2015 年第 3 期。

［29］李抒望：《民生问题对于当代中国的意义》，《中共珠海市委党校珠海市行政学院学报》2011 年第 2 期。

［30］李尊杰、张勇：《民族团结进步创建活动要切实解决少数民族民生问题》，《中国民族报》2011－03－25。

［31］刘剑虹、陈传锋、成晓：《当前我国农村民生状况百村万民调查报告》，《浙江社会科学》2015 年第 7 期。

［32］刘琳：《成都市居民生活满意度调查报告——以青羊区为例》，《成都行政学院学报》2015 年第 2 期。

［33］刘芃岩主编：《环境保护概论》，化学工业出版社 2011 年版。

［34］刘蓉、张巍：《民生框架下的财税制度选择》，《税务研究》2012 年第 8 期。

［35］罗宏伟：《开远黑泥地村：黑土地变成“金土地”》，《红河日报》2013－12－25。

［36］吕惠萍、匡耀求：《基于产业发展的城镇化可持续发展研究——以佛山市顺德区为例》，《经济地理》2015 年第 1 期。

［37］马艳梅、吴玉鸣、吴柏钧：《长三角地区城镇化可持续发展综合评价——基于熵值法和象限图法》，《经济地理》2015 年第 6 期。

［38］蒙吉军编著：《综合自然地理学》，北京大学出版社 2005 年版。

［39］任腾、陈晓春：《基于 DEAHP 模型的区域生态经济系统可持续发展评价》，《湖南大学学报》（自然科学版）2015 年第 3 期。

［40］舒永久、傅静：《民生问题的形成原因与对策》，《人民论坛》

2010 年第 23 期。

[41] 舒永久、王玲玲：《当前我国社会利益矛盾化解路径思考》，《人民论坛》2013 年第 17 期。

[42] 宋开慧：《银殿山——龙虎山自然保护区周边社区发展问题研究》，广西大学硕士学位论文，2013 年。

[43] 宋丽的：《马克思的全面发展理论视角下的中国特色社会主义民生建设》，中南民族大学硕士学位论文，2012 年。

[44] 苏玉娟：《大数据技术在解决民生问题中的应用》，《中共山西省委党校学报》2015 年第 1 期。

[45] 孙飞霞、郭雪萌、史文冲：《中国村镇银行可持续发展影响因素分析》，《经济师》2015 年第 2 期。

[46] 汪晶晶等：《旅游生态系统能值研究进展》，《生态学报》2015 年第 2 期。

[47] 王静敏、李春会：《我国民生问题构成要素的理论分析》，《经济纵横》2014 年第 4 期。

[48] 王静敏、马秀颖：《我国民生问题满意度调查与分析》，《调研世界》2013 年第 6 期。

[49] 王鹏、于宏、霍学喜：《退社行为对农民合作组织可持续发展的影响分析——基于三个果农合作社典型案例》，《农业经济问题》2015 年第 7 期。

[50] 王钰、张连城、张自然：《对中国制造业可持续发展能力的评价及其影响因素分析——基于 1995—2012 年制造业 28 个行业面板数据的实证》，《哈尔滨商业大学学报》（社会科学版）2015 年第 1 期。

[51] 魏宏亮：《公共物品视角下民生问题的解决思路简析》，《学理论》2014 年第 16 期。

[52] 吴理财、吴孔凡：《美丽乡村建设四种模式及比较——基于安吉、永嘉、高淳、江宁四地的调查》，《华中农业大学学报》（社会科学版）2014 年第 1 期。

[53] 吴忠民：《中国目前社会矛盾的基本根源是民生问题》，《学习时报》2013 - 10 - 28。

[54] 武春友、于文嵩、郭玲玲：《基于演化理论的生态效率影响

因素研究》,《技术经济》2015 年第 5 期。

[55] 武亚军、张莹莹:《迈向“以人为本”的可持续型企业——海底捞模式及其理论启示》,《管理案例研究与评论》2015 年第 1 期。

[56] 郗希等:《可持续发展视角下的城镇化与都市化抉择——基于国际生态足迹面板数据实证研究》,《中国人口·资源与环境》2015 年第 2 期。

[57] 肖宇亮:《从民生财政的视域探讨我国民生问题及对策分析》,《内蒙古民族大学学报》(社会科学版)2013 年第 2 期。

[58] 薛珑:《城乡居民民生统计指标体系构建及实证》,《统计与决策》2013 年第 11 期。

[59] 杨洪波:《在红河州 2014 年度美丽家园建设推进会上的讲话》,2014 年。

[60] 杨渊浩:《试论毛泽东的民生思想》,《华中师范大学学报》(人文社会科学版)2013 年第 5 期。

[61] 叶尔兰·司依尔拜:《新时期边疆少数民族地区改善民生的思路与对策》,阿勒泰新闻网,2013 - 08 - 07。

[62] 于法稳:《当前美丽乡村建设几个突出问题》,《人民论坛》2014 年第 S1 期。

[63] 俞巧云、章才华、王金华:《南京探索出“江宁模式”》,《新华日报》2007 - 11 - 12A04。

[64] 翟丽霞:《抗日战争时期中国共产党在陕甘宁边区解决民生问题的思想研究》,西北师范大学硕士学位论文,2012 年。

[65] 张环宙、黄克己、吴茂英:《基于博弈论视角的滨海文化旅游可持续发展研究——以普陀山为例》,《经济地理》2015 年第 4 期。

[66] 张佳琦、段玉山、伍燕南:《基于生态足迹的苏州市可持续发展动态研究》,《长江流域资源与环境》2015 年第 2 期。

[67] 张先贤:《从有关民生问题谈深化行政和司法体制改革的紧迫性》,《广州社会主义学院学报》2014 年第 1 期。

[68] 张雪莹:《1949 年—1976 年党的民生政策研究》,长春理工大学硕士学位论文,2012 年。

[69] 张宗林:《社会矛盾指数:一个民生问题的分析工具》,《江

苏科技大学学报》（社会科学版）2012 年第 2 期。

[70] 赵丹丹、高世葵：《基于 AHP 的资源型城市可持续发展水平评价研究——以山西省为例》，《资源与产业》2015 年第 5 期。

[71] 赵乙人：《当代中国民生建设问题的社会风险研究》，华南理工大学硕士学位论文，2014 年。

[72] 中国电子信息产业发展研究院：《2013—2014 年中国轨道交通产业发展研究年度报告》，2015 年第 2 期（总第 10 期）。

[73] 周培：《中国城镇化发展路径与对策分析》，《统计与决策》2015 年第 19 期。

[74] 周小亮：《民生问题求解路径的马克思主义经济学理论脉络探索》，《马克思主义研究》2015 年第 8 期。

[75] 周易、周学增：《破解转型时期民生困局路径选择》，《人民论坛》2015 年第 2 期。

[76] 周智、黄英、黄娟：《基于居民感知的少数民族地区旅游城镇化可持续发展研究——以云南大理古城周边地区为例》，《现代城市研究》2015 年第 5 期。

[77] 左年生、杨军：《守住青山绿水，打造美丽乡村“高淳模式”》，《南京日报》2013 - 09 - 09A02。

英文文献：

[1] Forrester, J. W. (1971), World Dynamics. Wright-Allen Press.

[2] Forrester, J. W. (1958). Industrial Dynamics-A Major Breakthrough for Decision Makers. Harvard Business Review, Vol. 36, No. 4, pp. 37 - 66.

[3] Meadows, D. H.; Meadows, D. L.; Randers, J.; Behrens III, W. W. (1972), The Limits to Growth: a report for the Club of Rome's project on the predicament of mankind, Universe Books.

[4] Meyer, N. I.; Nørgård, J. S. (2010), Policy Means for Sustainable Energy Scenarios, Denmark: International Conference on Energy, Environment and Health-Optimisation of Future Energy Systems, pp. 133 - 7.

[5] Nørgård, J. S.; Peet, J.; Ragnarsdóttir, K. V. (2010), The

History of The Limits to Growth, Solutions, 2 (1): 59 -63.

[6] Graham, M. T., (2008), A comparison of The Limits to Growth with thirty years of reality, Commonwealth Scientific and Industrial Research Organisation (CSIRO) Sustainable Ecosystems.

[7] van Vuuren, D. P.; Faber, A. (2009), Growing within Limits-A Report to the Global Assembly 2009 of the Club of Rome, Netherlands Environmental Assessment Agency.

后 记

“长太息以掩涕兮，哀民生之多艰。”民生问题对于边疆民族地区而言，始终是个永久而沉重的话题，任重而道远。在这里，我这个东北“大汉”与祖国的西南边疆人民结下了不解之缘。我之与民生问题结缘，始于2012年7月参加红河州政府组织的物业管理调研。当时由本书的作者之一、时任中国民主建国会红河州委的专职副主委王仕铭任开远市物业管理调研组组长，我受邀为组员之一。在开远物业管理调研过程中，王兄对当地民生状况的深层次理解，以及对工作认真负责的态度深深吸引了我，也使我对民主党派的参政议政有了重新的认识。同年10月，经王仕铭兄长及民建红河州委的邱康秘书长介绍，我非常荣幸地加入了中国民主建国会。自此，在王兄的领导和组织下，我们调研组对红河州民生问题的关注一发不可收拾，先是小贷公司调研，然后是体彩调研，“美丽家园”调研……

三年多来，我们调研组行程6000余公里，跑遍了红河州下属13个县市的大街小巷、深山老林。最难忘的一次要算2015年9月26日去金平县马鞍底乡调研。就在调研的前一天下午，我接到了吉林大学商学院的电话，要我9月29日参加吉林大学的博士后出站答辩。这次答辩本来是安排在12月的，后来有个博士后同学因急着出站，所以提前了。我熬了一个通宵，到9月26日早晨8点钟，完成了对博士后出站报告的最后一次修改。随后接到王兄的电话，去金平做“美丽家园”调研……本来我们留下了足够的时间返回，因为我已预订了当天晚上12点的火车票去昆明，然后乘飞机去长春，以便参加吉林大学博士后出站答辩。然而，在从金平马鞍底返回的大山里迷了路，转了好几圈也没转出来，最后走一步问一步，总算有惊无险，及时赶上了火车。

当然，调研中最大的困难是语言问题。每到与受访者交谈时，王兄总是不厌其烦地、逐字逐句地给我翻译，再加上他多年的基层工作经验，又给我补充了许多历史背景信息。称王兄是红河州边疆民族经济发展的见证者，一点也不为过：从云南的第一个海关、第一个邮政所、第一家洋行，到百年滇越铁路历史，到云南锡业公司，到红河卷烟厂，他都能娓娓道来，且有自己的独到见解。本书中有些观点的形成，大多是在和王兄的交流中所得。

付出总会有回报。应该说，我们调研组的成绩还是值得肯定的。由本书所进行的红河州民生问题研究及各项建议，均已形成参政议政提案，被红河州政协所采用，推荐给相关部门做参考，并对执行情况予以回复。参加本书红河州“美丽家园”专题调研的成员有云南大学管理学院黄宁教授；民建红河州委办公室的邱康秘书长、科员张桎、司机李洪伟；参加红河州体彩专题调研的有红河学院的罗有亮研究员、范淑萍副教授、马孟丽副教授、张群副教授、毛雨讲师、张薇老师等；在红河州棚户区改造专题调研中，红河日报记者苏萍为课题组提供了大量翔实的资料；在小贷公司专题调研中，云南天惠投资有限公司董事长冯文彬协助做了大量访谈工作，在此一并致谢。借此机会还要感谢红河学院的副书记田志勇教授，感谢他的知遇之恩、感谢他的一路指引。还要感谢红河学院商学院的各位领导，在调研期间给予妥善的时间、工作上的协调。

必不可少的感谢留给我的亲人、家人和朋友，特别是妻子王兰凤，女儿孙宏济。感谢她们在我背后的默默付出。

孙立新

2015 年 11 月 26 日